安全生产法律法规汇编

（第四册）

中国石油化工集团公司安全监管局
中 国 石 化 安 全 工 程 研 究 院

中国石化出版社

图书在版编目(CIP)数据

安全生产法律法规汇编／中国石油化工集团公司安全监管局，中国石化安全工程研究院组织编写．—北京：中国石化出版社，2016.6
(安全培训系列图书．汇编类安全工具书系列)
ISBN 978-7-5114-4145-4

Ⅰ.①安… Ⅱ.①中… ②中… Ⅲ.①安全生产-安全法规-汇编-中国 Ⅳ.①D922.549

中国版本图书馆CIP数据核字(2016)第138660号

中国石化出版社出版发行
地址：北京市东城区安定门外大街58号
邮编：100011 电话：(010)84271850
读者服务部电话：(010)84289974
http://www.sinopec-press.com
E-mail：press@sinopec.com
北京富泰印刷有限责任公司印刷
全国各地新华书店经销
*
787×1092毫米 16开本 150.5印张 2629千字
2016年8月第1版 2016年8月第1次印刷
定价：568.00元(全六册)

《安全培训系列图书》
编审委员会

《安全生产法律法规汇编》编写组

组　　长：孙万付

副 组 长：牟善军　白永忠

编写人员：张卫华　苏国胜　闫　进　刘小明　崔伟珍
孙志刚　赵　震　王　坤　李国栋　赵婉颖
常云海　王　斌　张丽萍　李　欣　董国胜
赵英杰　张　艳　王洪雨　尹　楠　赵　洁
毕丽景

编写说明

为方便广大干部职工查阅并贯彻落实国家安全生产法律法规，由安全监管局牵头、安全工程研究院具体负责对国家现行安全生产法律法规进行了梳理、汇编，形成了《安全生产法律法规汇编》。

《安全生产法律法规汇编》收录了国家现行安全生产法律、法规、部门规章、重要文件和规范性文件共230项。按照专业管理类别分为通用类、危险化学品类、石油天然气类、建筑施工类、油气资产及反恐防范类等五个篇章。

每个篇章收录的法律法规按照法律效力从高到低、发布日期从新到旧的原则进行了排序，以方便广大读者使用。

本书适用于中国石化集团公司各级领导干部、安全管理人员，同时也可作为各级政府安全监管人员和其他生产经营单位安全管理人员参考用书。所收录的法律法规截止日期为2016年7月15日。

目　　录

（第一册）

第一篇　通用类

（第二册）

（第三册）

五、应急消防

六、事故管理

七、交通运输

（第四册）

第二篇　危险化学品类

(第五册)

（第六册）

第三篇　石油天然气类

第四篇　建筑施工类

第五篇　油气资产及反恐防范类

第二篇

危险化学品类

中华人民共和国国务院令

第 591 号

《危险化学品安全管理条例》已经 2011 年 2 月 16 日国务院第 144 次常务会议修订通过，现将修订后的《危险化学品安全管理条例》公布，自 2011 年 12 月 1 日起施行。

总理　温家宝

2011 年 3 月 2 日

危险化学品安全管理条例

（2002 年 1 月 26 日中华人民共和国国务院令第 344 号公布　2011 年 3 月 2 日中华人民共和国国务院令第 591 号修订　2013 年 12 月 7 日中华人民共和国国务院令第 645 号修正）

目　　录

第一章　总　　则

第一条　为了加强危险化学品的安全管理，预防和减少危险化学品事故，保障人民群众生命财产安全，保护环境，制定本条例。

第二条　危险化学品生产、储存、使用、经营和运输的安全管理，适用本条例。

废弃危险化学品的处置，依照有关环境保护的法律、行政法规和国家有关规定执行。

第三条 本条例所称危险化学品，是指具有毒害、腐蚀、爆炸、燃烧、助燃等性质，对人体、设施、环境具有危害的剧毒化学品和其他化学品。

危险化学品目录，由国务院安全生产监督管理部门会同国务院工业和信息化、公安、环境保护、卫生、质量监督检验检疫、交通运输、铁路、民用航空、农业主管部门，根据化学品危险特性的鉴别和分类标准确定、公布，并适时调整。

第四条 危险化学品安全管理，应当坚持安全第一、预防为主、综合治理的方针，强化和落实企业的主体责任。

生产、储存、使用、经营、运输危险化学品的单位(以下统称危险化学品单位)的主要负责人对本单位的危险化学品安全管理工作全面负责。

危险化学品单位应当具备法律、行政法规规定和国家标准、行业标准要求的安全条件，建立、健全安全管理规章制度和岗位安全责任制度，对从业人员进行安全教育、法制教育和岗位技术培训。从业人员应当接受教育和培训，考核合格后上岗作业；对有资格要求的岗位，应当配备依法取得相应资格的人员。

第五条 任何单位和个人不得生产、经营、使用国家禁止生产、经营、使用的危险化学品。

国家对危险化学品的使用有限制性规定的，任何单位和个人不得违反限制性规定使用危险化学品。

第六条 对危险化学品的生产、储存、使用、经营、运输实施安全监督管理的有关部门(以下统称负有危险化学品安全监督管理职责的部门)，依照下列规定履行职责：

(一) 安全生产监督管理部门负责危险化学品安全监督管理综合工作，组织确定、公布、调整危险化学品目录，对新建、改建、扩建生产、储存危险化学品(包括使用长输管道输送危险化学品，下同)的建设项目进行安全条件审查，核发危险化学品安全生产许可证、危险化学品安全使用许可证和危险化学品经营许可证，并负责危险化学品登记工作。

(二) 公安机关负责危险化学品的公共安全管理，核发剧毒化学品购买许可证、剧毒化学品道路运输通行证，并负责危险化学品运输车辆的道路交通安全管理。

(三) 质量监督检验检疫部门负责核发危险化学品及其包装物、容器(不包括储存危险化学品的固定式大型储罐，下同)生产企业的工业产品生产许可证，并依法对其产品质量实施监督，负责对进出口危险化学品及其包装实施检验。

(四) 环境保护主管部门负责废弃危险化学品处置的监督管理，组织危险化学品的环境危害性鉴定和环境风险程度评估，确定实施重点环境管理的危险化学品，负责危险化学品环境管理登记和新化学物质环境管理登记；依照职责分工调查相关危险化学品环境污染事故和生态破坏事件，负责危险化学品事故现场的应急环境监测。

（五）交通运输主管部门负责危险化学品道路运输、水路运输的许可以及运输工具的安全管理，对危险化学品水路运输安全实施监督，负责危险化学品道路运输企业、水路运输企业驾驶人员、船员、装卸管理人员、押运人员、申报人员、集装箱装箱现场检查员的资格认定。铁路监管部门负责危险化学品铁路运输及其运输工具的安全管理。民用航空主管部门负责危险化学品航空运输以及航空运输企业及其运输工具的安全管理。

（六）卫生主管部门负责危险化学品毒性鉴定的管理，负责组织、协调危险化学品事故受伤人员的医疗卫生救援工作。

（七）工商行政管理部门依据有关部门的许可证件，核发危险化学品生产、储存、经营、运输企业营业执照，查处危险化学品经营企业违法采购危险化学品的行为。

（八）邮政管理部门负责依法查处寄递危险化学品的行为。

第七条 负有危险化学品安全监督管理职责的部门依法进行监督检查，可以采取下列措施：

（一）进入危险化学品作业场所实施现场检查，向有关单位和人员了解情况，查阅、复制有关文件、资料；

（二）发现危险化学品事故隐患，责令立即消除或者限期消除；

（三）对不符合法律、行政法规、规章规定或者国家标准、行业标准要求的设施、设备、装置、器材、运输工具，责令立即停止使用；

（四）经本部门主要负责人批准，查封违法生产、储存、使用、经营危险化学品的场所，扣押违法生产、储存、使用、经营、运输的危险化学品以及用于违法生产、使用、运输危险化学品的原材料、设备、运输工具；

（五）发现影响危险化学品安全的违法行为，当场予以纠正或者责令限期改正。

负有危险化学品安全监督管理职责的部门依法进行监督检查，监督检查人员不得少于 2 人，并应当出示执法证件；有关单位和个人对依法进行的监督检查应当予以配合，不得拒绝、阻碍。

第八条 县级以上人民政府应当建立危险化学品安全监督管理工作协调机制，支持、督促负有危险化学品安全监督管理职责的部门依法履行职责，协调、解决危险化学品安全监督管理工作中的重大问题。

负有危险化学品安全监督管理职责的部门应当相互配合、密切协作，依法加强对危险化学品的安全监督管理。

第九条 任何单位和个人对违反本条例规定的行为，有权向负有危险化学品安全监督管理职责的部门举报。负有危险化学品安全监督管理职责的部门接到举报，应当及时依法处理；对不属于本部门职责的，应当及时移送有关部门处理。

第十条 国家鼓励危险化学品生产企业和使用危险化学品从事生产的企业采用有利于提高安全保障水平的先进技术、工艺、设备以及自动控制系统，鼓励对危险化学品实行专门储存、统一配送、集中销售。

第二章 生产、储存安全

第十一条 国家对危险化学品的生产、储存实行统筹规划、合理布局。

国务院工业和信息化主管部门以及国务院其他有关部门依据各自职责，负责危险化学品生产、储存的行业规划和布局。

地方人民政府组织编制城乡规划，应当根据本地区的实际情况，按照确保安全的原则，规划适当区域专门用于危险化学品的生产、储存。

第十二条 新建、改建、扩建生产、储存危险化学品的建设项目(以下简称建设项目)，应当由安全生产监督管理部门进行安全条件审查。

建设单位应当对建设项目进行安全条件论证，委托具备国家规定的资质条件的机构对建设项目进行安全评价，并将安全条件论证和安全评价的情况报告报建设项目所在地设区的市级以上人民政府安全生产监督管理部门；安全生产监督管理部门应当自收到报告之日起45日内作出审查决定，并书面通知建设单位。具体办法由国务院安全生产监督管理部门制定。

新建、改建、扩建储存、装卸危险化学品的港口建设项目，由港口行政管理部门按照国务院交通运输主管部门的规定进行安全条件审查。

第十三条 生产、储存危险化学品的单位，应当对其铺设的危险化学品管道设置明显标志，并对危险化学品管道定期检查、检测。

进行可能危及危险化学品管道安全的施工作业，施工单位应当在开工的7日前书面通知管道所属单位，并与管道所属单位共同制定应急预案，采取相应的安全防护措施。管道所属单位应当指派专门人员到现场进行管道安全保护指导。

第十四条 危险化学品生产企业进行生产前，应当依照《安全生产许可证条例》的规定，取得危险化学品安全生产许可证。

生产列入国家实行生产许可证制度的工业产品目录的危险化学品的企业，应当依照《中华人民共和国工业产品生产许可证管理条例》的规定，取得工业产品生产许可证。

负责颁发危险化学品安全生产许可证、工业产品生产许可证的部门，应当将其颁发许可证的情况及时向同级工业和信息化主管部门、环境保护主管部门和公安机关通报。

第十五条 危险化学品生产企业应当提供与其生产的危险化学品相符的化学品安全技术说明书，并在危险化学品包装(包括外包装件)上粘贴或者拴挂与包装内危险化学品相符的化学品安全标签。化学品安全技术说明书和化学品安全标签所载明的内容应当符合国家标准的要求。

危险化学品生产企业发现其生产的危险化学品有新的危险特性的，应当立即公告，并及时修订其化学品安全技术说明书和化学品安全标签。

第十六条 生产实施重点环境管理的危险化学品的企业，应当按照国务院环境保护主管部门的规定，将该危险化学品向环境中释放等相关信息向环境保护主管部门报告。环境保护主管部门可以根据情况采取相应的环境风险控制措施。

第十七条 危险化学品的包装应当符合法律、行政法规、规章的规定以及国家标准、行业标准的要求。

危险化学品包装物、容器的材质以及危险化学品包装的型式、规格、方法和单件质量(重量)，应当与所包装的危险化学品的性质和用途相适应。

第十八条 生产列入国家实行生产许可证制度的工业产品目录的危险化学品包装物、容器的企业，应当依照《中华人民共和国工业产品生产许可证管理条例》的规定，取得工业产品生产许可证；其生产的危险化学品包装物、容器经国务院质量监督检验检疫部门认定的检验机构检验合格，方可出厂销售。

运输危险化学品的船舶及其配载的容器，应当按照国家船舶检验规范进行生产，并经海事管理机构认定的船舶检验机构检验合格，方可投入使用。

对重复使用的危险化学品包装物、容器，使用单位在重复使用前应当进行检查；发现存在安全隐患的，应当维修或者更换。使用单位应当对检查情况作出记录，记录的保存期限不得少于2年。

第十九条 危险化学品生产装置或者储存数量构成重大危险源的危险化学品储存设施(运输工具加油站、加气站除外)，与下列场所、设施、区域的距离应当符合国家有关规定：

(一) 居住区以及商业中心、公园等人员密集场所；

(二) 学校、医院、影剧院、体育场(馆)等公共设施；

(三) 饮用水源、水厂以及水源保护区；

(四) 车站、码头(依法经许可从事危险化学品装卸作业的除外)、机场以及通信干线、通信枢纽、铁路线路、道路交通干线、水路交通干线、地铁风亭以及地铁站出入口；

（五）基本农田保护区、基本草原、畜禽遗传资源保护区、畜禽规模化养殖场(养殖小区)、渔业水域以及种子、种畜禽、水产苗种生产基地；

（六）河流、湖泊、风景名胜区、自然保护区；

（七）军事禁区、军事管理区；

（八）法律、行政法规规定的其他场所、设施、区域。

已建的危险化学品生产装置或者储存数量构成重大危险源的危险化学品储存设施不符合前款规定的，由所在地设区的市级人民政府安全生产监督管理部门会同有关部门监督其所属单位在规定期限内进行整改；需要转产、停产、搬迁、关闭的，由本级人民政府决定并组织实施。

储存数量构成重大危险源的危险化学品储存设施的选址，应当避开地震活动断层和容易发生洪灾、地质灾害的区域。

本条例所称重大危险源，是指生产、储存、使用或者搬运危险化学品，且危险化学品的数量等于或者超过临界量的单元(包括场所和设施)。

第二十条 生产、储存危险化学品的单位，应当根据其生产、储存的危险化学品的种类和危险特性，在作业场所设置相应的监测、监控、通风、防晒、调温、防火、灭火、防爆、泄压、防毒、中和、防潮、防雷、防静电、防腐、防泄漏以及防护围堤或者隔离操作等安全设施、设备，并按照国家标准、行业标准或者国家有关规定对安全设施、设备进行经常性维护、保养，保证安全设施、设备的正常使用。

生产、储存危险化学品的单位，应当在其作业场所和安全设施、设备上设置明显的安全警示标志。

第二十一条 生产、储存危险化学品的单位，应当在其作业场所设置通信、报警装置，并保证处于适用状态。

第二十二条 生产、储存危险化学品的企业，应当委托具备国家规定的资质条件的机构，对本企业的安全生产条件每 3 年进行一次安全评价，提出安全评价报告。安全评价报告的内容应当包括对安全生产条件存在的问题进行整改的方案。

生产、储存危险化学品的企业，应当将安全评价报告以及整改方案的落实情况报所在地县级人民政府安全生产监督管理部门备案。在港区内储存危险化学品的企业，应当将安全评价报告以及整改方案的落实情况报港口行政管理部门备案。

第二十三条 生产、储存剧毒化学品或者国务院公安部门规定的可用于制造爆炸物品的危险化学品(以下简称易制爆危险化学品)的单位，应当如实记录其生产、储存的剧毒化学品、易制爆危险化学品的数量、流向，并采取必要的安全防范措施，防止剧毒化学品、易制爆危险化学品丢失或者被盗；发现剧毒化学品、易制爆危险化学品丢失或者被盗的，应当立即向当地公安机关报告。

生产、储存剧毒化学品、易制爆危险化学品的单位，应当设置治安保卫机构，配备专职治安保卫人员。

第二十四条 危险化学品应当储存在专用仓库、专用场地或者专用储存室(以下统称专用仓库)内，并由专人负责管理；剧毒化学品以及储存数量构成重大危险源的其他危险化学品，应当在专用仓库内单独存放，并实行双人收发、双人保管制度。

危险化学品的储存方式、方法以及储存数量应当符合国家标准或者国家有关规定。

第二十五条 储存危险化学品的单位应当建立危险化学品出入库核查、登记制度。

对剧毒化学品以及储存数量构成重大危险源的其他危险化学品，储存单位应当将其储存数量、储存地点以及管理人员的情况，报所在地县级人民政府安全生产监督管理部门(在港区内储存的，报港口行政管理部门)和公安机关备案。

第二十六条 危险化学品专用仓库应当符合国家标准、行业标准的要求，并设置明显的标志。储存剧毒化学品、易制爆危险化学品的专用仓库，应当按照国家有关规定设置相应的技术防范设施。

储存危险化学品的单位应当对其危险化学品专用仓库的安全设施、设备定期进行检测、检验。

第二十七条 生产、储存危险化学品的单位转产、停产、停业或者解散的，应当采取有效措施，及时、妥善处置其危险化学品生产装置、储存设施以及库存的危险化学品，不得丢弃危险化学品；处置方案应当报所在地县级人民政府安全生产监督管理部门、工业和信息化主管部门、环境保护主管部门和公安机关备案。安全生产监督管理部门应当会同环境保护主管部门和公安机关对处置情况进行监督检查，发现未依照规定处置的，应当责令其立即处置。

第三章 使用安全

第二十八条 使用危险化学品的单位，其使用条件(包括工艺)应当符合法律、行政法规的规定和国家标准、行业标准的要求，并根据所使用的危险化学品的种类、危险特性以及使用量和使用方式，建立、健全使用危险化学品的安全管理规章制度和安全操作规程，保证危险化学品的安全使用。

第二十九条 使用危险化学品从事生产并且使用量达到规定数量的化工企业(属于危险化学品生产企业的除外，下同)，应当依照本条例的规定取得危险化学品安全使用许可证。

前款规定的危险化学品使用量的数量标准，由国务院安全生产监督管理部门会同国务院公安部门、农业主管部门确定并公布。

第三十条 申请危险化学品安全使用许可证的化工企业，除应当符合本条例第二十八条的规定外，还应当具备下列条件：

(一) 有与所使用的危险化学品相适应的专业技术人员；

(二) 有安全管理机构和专职安全管理人员；

(三) 有符合国家规定的危险化学品事故应急预案和必要的应急救援器材、设备；

(四) 依法进行了安全评价。

第三十一条 申请危险化学品安全使用许可证的化工企业，应当向所在地设区的市级人民政府安全生产监督管理部门提出申请，并提交其符合本条例第三十条规定条件的证明材料。设区的市级人民政府安全生产监督管理部门应当依法进行审查，自收到证明材料之日起45日内作出批准或者不予批准的决定。予以批准的，颁发危险化学品安全使用许可证；不予批准的，书面通知申请人并说明理由。

安全生产监督管理部门应当将其颁发危险化学品安全使用许可证的情况及时向同级环境保护主管部门和公安机关通报。

第三十二条 本条例第十六条关于生产实施重点环境管理的危险化学品的企业的规定，适用于使用实施重点环境管理的危险化学品从事生产的企业；第二十条、第二十一条、第二十三条第一款、第二十七条关于生产、储存危险化学品的单位的规定，适用于使用危险化学品的单位；第二十二条关于生产、储存危险化学品的企业的规定，适用于使用危险化学品从事生产的企业。

第四章 经营安全

第三十三条 国家对危险化学品经营(包括仓储经营，下同)实行许可制度。未经许可，任何单位和个人不得经营危险化学品。

依法设立的危险化学品生产企业在其厂区范围内销售本企业生产的危险化学品，不需要取得危险化学品经营许可。

依照《中华人民共和国港口法》的规定取得港口经营许可证的港口经营人，在港区内从事危险化学品仓储经营，不需要取得危险化学品经营许可。

第三十四条 从事危险化学品经营的企业应当具备下列条件：

（一）有符合国家标准、行业标准的经营场所，储存危险化学品的，还应当有符合国家标准、行业标准的储存设施；

（二）从业人员经过专业技术培训并经考核合格；

（三）有健全的安全管理规章制度；

（四）有专职安全管理人员；

（五）有符合国家规定的危险化学品事故应急预案和必要的应急救援器材、设备；

（六）法律、法规规定的其他条件。

第三十五条 从事剧毒化学品、易制爆危险化学品经营的企业，应当向所在地设区的市级人民政府安全生产监督管理部门提出申请，从事其他危险化学品经营的企业，应当向所在地县级人民政府安全生产监督管理部门提出申请（有储存设施的，应当向所在地设区的市级人民政府安全生产监督管理部门提出申请）。申请人应当提交其符合本条例第三十四条规定条件的证明材料。设区的市级人民政府安全生产监督管理部门或者县级人民政府安全生产监督管理部门应当依法进行审查，并对申请人的经营场所、储存设施进行现场核查，自收到证明材料之日起30日内作出批准或者不予批准的决定。予以批准的，颁发危险化学品经营许可证；不予批准的，书面通知申请人并说明理由。

设区的市级人民政府安全生产监督管理部门和县级人民政府安全生产监督管理部门应当将其颁发危险化学品经营许可证的情况及时向同级环境保护主管部门和公安机关通报。

申请人持危险化学品经营许可证向工商行政管理部门办理登记手续后，方可从事危险化学品经营活动。法律、行政法规或者国务院规定经营危险化学品还需要经其他有关部门许可的，申请人向工商行政管理部门办理登记手续时还应当持相应的许可证件。

第三十六条 危险化学品经营企业储存危险化学品的，应当遵守本条例第二章关于储存危险化学品的规定。危险化学品商店内只能存放民用小包装的危险化学品。

第三十七条 危险化学品经营企业不得向未经许可从事危险化学品生产、经营活动的企业采购危险化学品，不得经营没有化学品安全技术说明书或者化学品安全标签的危险化学品。

第三十八条 依法取得危险化学品安全生产许可证、危险化学品安全使用许可证、危险化学品经营许可证的企业，凭相应的许可证件购买剧毒化学品、易制爆危险化学品。民用爆炸物品生产企业凭民用爆炸物品生产许可证购买易制爆危险化学品。

前款规定以外的单位购买剧毒化学品的，应当向所在地县级人民政府公安机关申请取得剧毒化学品购买许可证；购买易制爆危险化学品的，应当持本单位出具的合法用途说明。

个人不得购买剧毒化学品（属于剧毒化学品的农药除外）和易制爆危险化学品。

第三十九条 申请取得剧毒化学品购买许可证，申请人应当向所在地县级人民政府公安机关提交下列材料：

（一）营业执照或者法人证书（登记证书）的复印件；

（二）拟购买的剧毒化学品品种、数量的说明；

（三）购买剧毒化学品用途的说明；

（四）经办人的身份证明。

县级人民政府公安机关应当自收到前款规定的材料之日起3日内，作出批准或者不予批准的决定。予以批准的，颁发剧毒化学品购买许可证；不予批准的，书面通知申请人并说明理由。

剧毒化学品购买许可证管理办法由国务院公安部门制定。

第四十条 危险化学品生产企业、经营企业销售剧毒化学品、易制爆危险化学品，应当查验本条例第三十八条第一款、第二款规定的相关许可证件或者证明文件，不得向不具有相关许可证件或者证明文件的单位销售剧毒化学品、易制爆危险化学品。对持剧毒化学品购买许可证购买剧毒化学品的，应当按照许可证载明的品种、数量销售。

禁止向个人销售剧毒化学品（属于剧毒化学品的农药除外）和易制爆危险化学品。

第四十一条 危险化学品生产企业、经营企业销售剧毒化学品、易制爆危险化学品，应当如实记录购买单位的名称、地址、经办人的姓名、身份证号码以及所购买的剧毒化学品、易制爆危险化学品的品种、数量、用途。销售记录以及经办人的身份证明复印件、相关许可证件复印件或者证明文件的保存期限不得少于1年。

剧毒化学品、易制爆危险化学品的销售企业、购买单位应当在销售、购买后5日内，将所销售、购买的剧毒化学品、易制爆危险化学品的品种、数量以及流向信息报所在地县级人民政府公安机关备案，并输入计算机系统。

第四十二条 使用剧毒化学品、易制爆危险化学品的单位不得出借、转让其购买的剧毒化学品、易制爆危险化学品；因转产、停产、搬迁、关闭等确需转让的，应当向具有本条例第三十八条第一款、第二款规定的相关许可证件或者证明文件的单位转让，并在转让后将有关情况及时向所在地县级人民政府公安机关报告。

第五章　运输安全

第四十三条　从事危险化学品道路运输、水路运输的，应当分别依照有关道路运输、水路运输的法律、行政法规的规定，取得危险货物道路运输许可、危险货物水路运输许可，并向工商行政管理部门办理登记手续。

危险化学品道路运输企业、水路运输企业应当配备专职安全管理人员。

第四十四条　危险化学品道路运输企业、水路运输企业的驾驶人员、船员、装卸管理人员、押运人员、申报人员、集装箱装箱现场检查员应当经交通运输主管部门考核合格，取得从业资格。具体办法由国务院交通运输主管部门制定。

危险化学品的装卸作业应当遵守安全作业标准、规程和制度，并在装卸管理人员的现场指挥或者监控下进行。水路运输危险化学品的集装箱装箱作业应当在集装箱装箱现场检查员的指挥或者监控下进行，并符合积载、隔离的规范和要求；装箱作业完毕后，集装箱装箱现场检查员应当签署装箱证明书。

第四十五条　运输危险化学品，应当根据危险化学品的危险特性采取相应的安全防护措施，并配备必要的防护用品和应急救援器材。

用于运输危险化学品的槽罐以及其他容器应当封口严密，能够防止危险化学品在运输过程中因温度、湿度或者压力的变化发生渗漏、洒漏；槽罐以及其他容器的溢流和泄压装置应当设置准确、起闭灵活。

运输危险化学品的驾驶人员、船员、装卸管理人员、押运人员、申报人员、集装箱装箱现场检查员，应当了解所运输的危险化学品的危险特性及其包装物、容器的使用要求和出现危险情况时的应急处置方法。

第四十六条　通过道路运输危险化学品的，托运人应当委托依法取得危险货物道路运输许可的企业承运。

第四十七条　通过道路运输危险化学品的，应当按照运输车辆的核定载质量装载危险化学品，不得超载。

危险化学品运输车辆应当符合国家标准要求的安全技术条件，并按照国家有关规定定期进行安全技术检验。

危险化学品运输车辆应当悬挂或者喷涂符合国家标准要求的警示标志。

第四十八条　通过道路运输危险化学品的，应当配备押运人员，并保证所运输的危险化学品处于押运人员的监控之下。

运输危险化学品途中因住宿或者发生影响正常运输的情况，需要较长时间停车的，驾驶人员、押运人员应当采取相应的安全防范措施；运输剧毒化学品或者易制爆危险化学品的，还应当向当地公安机关报告。

第四十九条 未经公安机关批准，运输危险化学品的车辆不得进入危险化学品运输车辆限制通行的区域。危险化学品运输车辆限制通行的区域由县级人民政府公安机关划定，并设置明显的标志。

第五十条 通过道路运输剧毒化学品的，托运人应当向运输始发地或者目的地县级人民政府公安机关申请剧毒化学品道路运输通行证。

申请剧毒化学品道路运输通行证，托运人应当向县级人民政府公安机关提交下列材料：

（一）拟运输的剧毒化学品品种、数量的说明；

（二）运输始发地、目的地、运输时间和运输路线的说明；

（三）承运人取得危险货物道路运输许可、运输车辆取得营运证以及驾驶人员、押运人员取得上岗资格的证明文件；

（四）本条例第三十八条第一款、第二款规定的购买剧毒化学品的相关许可证件，或者海关出具的进出口证明文件。

县级人民政府公安机关应当自收到前款规定的材料之日起 7 日内，作出批准或者不予批准的决定。予以批准的，颁发剧毒化学品道路运输通行证；不予批准的，书面通知申请人并说明理由。

剧毒化学品道路运输通行证管理办法由国务院公安部门制定。

第五十一条 剧毒化学品、易制爆危险化学品在道路运输途中丢失、被盗、被抢或者出现流散、泄漏等情况的，驾驶人员、押运人员应当立即采取相应的警示措施和安全措施，并向当地公安机关报告。公安机关接到报告后，应当根据实际情况立即向安全生产监督管理部门、环境保护主管部门、卫生主管部门通报。有关部门应当采取必要的应急处置措施。

第五十二条 通过水路运输危险化学品的，应当遵守法律、行政法规以及国务院交通运输主管部门关于危险货物水路运输安全的规定。

第五十三条 海事管理机构应当根据危险化学品的种类和危险特性，确定船舶运输危险化学品的相关安全运输条件。

拟交付船舶运输的化学品的相关安全运输条件不明确的，货物所有人或者代理人应当委托相关技术机构进行评估，明确相关安全运输条件并经海事管理机构确认后，方可交付船舶运输。

第五十四条 禁止通过内河封闭水域运输剧毒化学品以及国家规定禁止通过内河运输的其他危险化学品。

前款规定以外的内河水域，禁止运输国家规定禁止通过内河运输的剧毒化学品以及其他危险化学品。

禁止通过内河运输的剧毒化学品以及其他危险化学品的范围，由国务院交通运输主管部门会同国务院环境保护主管部门、工业和信息化主管部门、安全生产监督管理部门，根据危险化学品的危险特性、危险化学品对人体和水环境的危害程度以及消除危害后果的难易程度等因素规定并公布。

第五十五条 国务院交通运输主管部门应当根据危险化学品的危险特性，对通过内河运输本条例第五十四条规定以外的危险化学品（以下简称通过内河运输危险化学品）实行分类管理，对各类危险化学品的运输方式、包装规范和安全防护措施等分别作出规定并监督实施。

第五十六条 通过内河运输危险化学品，应当由依法取得危险货物水路运输许可的水路运输企业承运，其他单位和个人不得承运。托运人应当委托依法取得危险货物水路运输许可的水路运输企业承运，不得委托其他单位和个人承运。

第五十七条 通过内河运输危险化学品，应当使用依法取得危险货物适装证书的运输船舶。水路运输企业应当针对所运输的危险化学品的危险特性，制定运输船舶危险化学品事故应急救援预案，并为运输船舶配备充足、有效的应急救援器材和设备。

通过内河运输危险化学品的船舶，其所有人或者经营人应当取得船舶污染损害责任保险证书或者财务担保证明。船舶污染损害责任保险证书或者财务担保证明的副本应当随船携带。

第五十八条 通过内河运输危险化学品，危险化学品包装物的材质、型式、强度以及包装方法应当符合水路运输危险化学品包装规范的要求。国务院交通运输主管部门对单船运输的危险化学品数量有限制性规定的，承运人应当按照规定安排运输数量。

第五十九条 用于危险化学品运输作业的内河码头、泊位应当符合国家有关安全规范，与饮用水取水口保持国家规定的距离。有关管理单位应当制定码头、泊位危险化学品事故应急预案，并为码头、泊位配备充足、有效的应急救援器材和设备。

用于危险化学品运输作业的内河码头、泊位，经交通运输主管部门按照国家有关规定验收合格后方可投入使用。

第六十条 船舶载运危险化学品进出内河港口，应当将危险化学品的名称、危险特性、包装以及进出港时间等事项，事先报告海事管理机构。海事管理机构接到报告后，应当在国务院交通运输主管部门规定的时间内作出是否同意的决定，通知报告人，同时通报港口行政管理部门。定船舶、定航线、定货种的船舶可以定期报告。

在内河港口内进行危险化学品的装卸、过驳作业，应当将危险化学品的名称、危险特性、包装和作业的时间、地点等事项报告港口行政管理部门。港口行政管理部门接到报告后，应当在国务院交通运输主管部门规定的时间内作出是否同意的决定，通知报告人，同时通报海事管理机构。

载运危险化学品的船舶在内河航行，通过过船建筑物的，应当提前向交通运输主管部门申报，并接受交通运输主管部门的管理。

第六十一条 载运危险化学品的船舶在内河航行、装卸或者停泊，应当悬挂专用的警示标志，按照规定显示专用信号。

载运危险化学品的船舶在内河航行，按照国务院交通运输主管部门的规定需要引航的，应当申请引航。

第六十二条 载运危险化学品的船舶在内河航行，应当遵守法律、行政法规和国家其他有关饮用水水源保护的规定。内河航道发展规划应当与依法经批准的饮用水水源保护区划定方案相协调。

第六十三条 托运危险化学品的，托运人应当向承运人说明所托运的危险化学品的种类、数量、危险特性以及发生危险情况的应急处置措施，并按照国家有关规定对所托运的危险化学品妥善包装，在外包装上设置相应的标志。

运输危险化学品需要添加抑制剂或者稳定剂的，托运人应当添加，并将有关情况告知承运人。

第六十四条 托运人不得在托运的普通货物中夹带危险化学品，不得将危险化学品匿报或者谎报为普通货物托运。

任何单位和个人不得交寄危险化学品或者在邮件、快件内夹带危险化学品，不得将危险化学品匿报或者谎报为普通物品交寄。邮政企业、快递企业不得收寄危险化学品。

对涉嫌违反本条第一款、第二款规定的，交通运输主管部门、邮政管理部门可以依法开拆查验。

第六十五条 通过铁路、航空运输危险化学品的安全管理，依照有关铁路、航空运输的法律、行政法规、规章的规定执行。

第六章　危险化学品登记与事故应急救援

第六十六条 国家实行危险化学品登记制度，为危险化学品安全管理以及危险化学品事故预防和应急救援提供技术、信息支持。

第六十七条 危险化学品生产企业、进口企业，应当向国务院安全生产监督管理部门负责危险化学品登记的机构(以下简称危险化学品登记机构)办理危险化学品登记。

危险化学品登记包括下列内容：

（一）分类和标签信息；

（二）物理、化学性质；

（三）主要用途；

（四）危险特性；

（五）储存、使用、运输的安全要求；

（六）出现危险情况的应急处置措施。

对同一企业生产、进口的同一品种的危险化学品，不进行重复登记。危险化学品生产企业、进口企业发现其生产、进口的危险化学品有新的危险特性的，应当及时向危险化学品登记机构办理登记内容变更手续。

危险化学品登记的具体办法由国务院安全生产监督管理部门制定。

第六十八条 危险化学品登记机构应当定期向工业和信息化、环境保护、公安、卫生、交通运输、铁路、质量监督检验检疫等部门提供危险化学品登记的有关信息和资料。

第六十九条 县级以上地方人民政府安全生产监督管理部门应当会同工业和信息化、环境保护、公安、卫生、交通运输、铁路、质量监督检验检疫等部门，根据本地区实际情况，制定危险化学品事故应急预案，报本级人民政府批准。

第七十条 危险化学品单位应当制定本单位危险化学品事故应急预案，配备应急救援人员和必要的应急救援器材、设备，并定期组织应急救援演练。

危险化学品单位应当将其危险化学品事故应急预案报所在地设区的市级人民政府安全生产监督管理部门备案。

第七十一条 发生危险化学品事故，事故单位主要负责人应当立即按照本单位危险化学品应急预案组织救援，并向当地安全生产监督管理部门和环境保护、公安、卫生主管部门报告；道路运输、水路运输过程中发生危险化学品事故的，驾驶人员、船员或者押运人员还应当向事故发生地交通运输主管部门报告。

第七十二条 发生危险化学品事故，有关地方人民政府应当立即组织安全生产监督管理、环境保护、公安、卫生、交通运输等有关部门，按照本地区危险化学品事故应急预案组织实施救援，不得拖延、推诿。

有关地方人民政府及其有关部门应当按照下列规定，采取必要的应急处置措施，减少事故损失，防止事故蔓延、扩大：

（一）立即组织营救和救治受害人员，疏散、撤离或者采取其他措施保护危害区域内的其他人员；

（二）迅速控制危害源，测定危险化学品的性质、事故的危害区域及危害程度；

（三）针对事故对人体、动植物、土壤、水源、大气造成的现实危害和可能产生的危害，迅速采取封闭、隔离、洗消等措施；

（四）对危险化学品事故造成的环境污染和生态破坏状况进行监测、评估，并采取相应的环境污染治理和生态修复措施。

第七十三条 有关危险化学品单位应当为危险化学品事故应急救援提供技术指导和必要的协助。

第七十四条 危险化学品事故造成环境污染的，由设区的市级以上人民政府环境保护主管部门统一发布有关信息。

第七章 法律责任

第七十五条 生产、经营、使用国家禁止生产、经营、使用的危险化学品的，由安全生产监督管理部门责令停止生产、经营、使用活动，处20万元以上50万元以下的罚款，有违法所得的，没收违法所得；构成犯罪的，依法追究刑事责任。

有前款规定行为的，安全生产监督管理部门还应当责令其对所生产、经营、使用的危险化学品进行无害化处理。

违反国家关于危险化学品使用的限制性规定使用危险化学品的，依照本条第一款的规定处理。

第七十六条 未经安全条件审查，新建、改建、扩建生产、储存危险化学品的建设项目的，由安全生产监督管理部门责令停止建设，限期改正；逾期不改正的，处50万元以上100万元以下的罚款；构成犯罪的，依法追究刑事责任。

未经安全条件审查，新建、改建、扩建储存、装卸危险化学品的港口建设项目的，由港口行政管理部门依照前款规定予以处罚。

第七十七条 未依法取得危险化学品安全生产许可证从事危险化学品生产，或者未依法取得工业产品生产许可证从事危险化学品及其包装物、容器生产的，分别依照《安全生产许可证条例》、《中华人民共和国工业产品生产许可证管理条例》的规定处罚。

违反本条例规定，化工企业未取得危险化学品安全使用许可证，使用危险化学品从事生产的，由安全生产监督管理部门责令限期改正，处10万元以上20万元以下的罚款；逾期不改正的，责令停产整顿。

违反本条例规定，未取得危险化学品经营许可证从事危险化学品经营的，由安全生产监督管理部门责令停止经营活动，没收违法经营的危险化学品以及违法所得，并处10万元以上20万元以下的罚款；构成犯罪的，依法追究刑事责任。

第七十八条 有下列情形之一的，由安全生产监督管理部门责令改正，可以处5万元以下的罚款；拒不改正的，处5万元以上10万元以下的罚款；情节严重的，责令停产停业整顿：

（一）生产、储存危险化学品的单位未对其铺设的危险化学品管道设置明显的标志，或者未对危险化学品管道定期检查、检测的；

（二）进行可能危及危险化学品管道安全的施工作业，施工单位未按照规定书面通知管道所属单位，或者未与管道所属单位共同制定应急预案、采取相应的安全防护措施，或者管道所属单位未指派专门人员到现场进行管道安全保护指导的；

（三）危险化学品生产企业未提供化学品安全技术说明书，或者未在包装（包括外包装件）上粘贴、拴挂化学品安全标签的；

（四）危险化学品生产企业提供的化学品安全技术说明书与其生产的危险化学品不相符，或者在包装（包括外包装件）粘贴、拴挂的化学品安全标签与包装内危险化学品不相符，或者化学品安全技术说明书、化学品安全标签所载明的内容不符合国家标准要求的；

（五）危险化学品生产企业发现其生产的危险化学品有新的危险特性不立即公告，或者不及时修订其化学品安全技术说明书和化学品安全标签的；

（六）危险化学品经营企业经营没有化学品安全技术说明书和化学品安全标签的危险化学品的；

（七）危险化学品包装物、容器的材质以及包装的型式、规格、方法和单件质量（重量）与所包装的危险化学品的性质和用途不相适应的；

（八）生产、储存危险化学品的单位未在作业场所和安全设施、设备上设置明显的安全警示标志，或者未在作业场所设置通信、报警装置的；

（九）危险化学品专用仓库未设专人负责管理，或者对储存的剧毒化学品以及储存数量构成重大危险源的其他危险化学品未实行双人收发、双人保管制度的；

（十）储存危险化学品的单位未建立危险化学品出入库核查、登记制度的；

（十一）危险化学品专用仓库未设置明显标志的；

（十二）危险化学品生产企业、进口企业不办理危险化学品登记，或者发现其生产、进口的危险化学品有新的危险特性不办理危险化学品登记内容变更手续的。

从事危险化学品仓储经营的港口经营人有前款规定情形的，由港口行政管理部门依照前款规定予以处罚。储存剧毒化学品、易制爆危险化学品的专用仓库未按照国家有关规定设置相应的技术防范设施的，由公安机关依照前款规定予以处罚。

生产、储存剧毒化学品、易制爆危险化学品的单位未设置治安保卫机构、配备专职治安保卫人员的，依照《企业事业单位内部治安保卫条例》的规定处罚。

第七十九条 危险化学品包装物、容器生产企业销售未经检验或者经检验不合格的危险化学品包装物、容器的，由质量监督检验检疫部门责令改正，处10万元以上20万元以下的罚款，有违法所得的，没收违法所得；拒不改正的，责令停产停业整顿；构成犯罪的，依法追究刑事责任。

将未经检验合格的运输危险化学品的船舶及其配载的容器投入使用的，由海事管理机构依照前款规定予以处罚。

第八十条 生产、储存、使用危险化学品的单位有下列情形之一的，由安全生产监督管理部门责令改正，处5万元以上10万元以下的罚款；拒不改正的，责令停产停业整顿直至由原发证机关吊销其相关许可证件，并由工商行政管理部门责令其办理经营范围变更登记或者吊销其营业执照；有关责任人员构成犯罪的，依法追究刑事责任：

（一）对重复使用的危险化学品包装物、容器，在重复使用前不进行检查的；

（二）未根据其生产、储存的危险化学品的种类和危险特性，在作业场所设置相关安全设施、设备，或者未按照国家标准、行业标准或者国家有关规定对安全设施、设备进行经常性维护、保养的；

（三）未依照本条例规定对其安全生产条件定期进行安全评价的；

（四）未将危险化学品储存在专用仓库内，或者未将剧毒化学品以及储存数量构成重大危险源的其他危险化学品在专用仓库内单独存放的；

（五）危险化学品的储存方式、方法或者储存数量不符合国家标准或者国家有关规定的；

（六）危险化学品专用仓库不符合国家标准、行业标准的要求的；

（七）未对危险化学品专用仓库的安全设施、设备定期进行检测、检验的。

从事危险化学品仓储经营的港口经营人有前款规定情形的，由港口行政管理部门依照前款规定予以处罚。

第八十一条 有下列情形之一的，由公安机关责令改正，可以处1万元以下的罚款；拒不改正的，处1万元以上5万元以下的罚款：

（一）生产、储存、使用剧毒化学品、易制爆危险化学品的单位不如实记录生产、储存、使用的剧毒化学品、易制爆危险化学品的数量、流向的；

（二）生产、储存、使用剧毒化学品、易制爆危险化学品的单位发现剧毒化学品、易制爆危险化学品丢失或者被盗，不立即向公安机关报告的；

（三）储存剧毒化学品的单位未将剧毒化学品的储存数量、储存地点以及管理人员的情况报所在地县级人民政府公安机关备案的；

（四）危险化学品生产企业、经营企业不如实记录剧毒化学品、易制爆危险化学品购买单位的名称、地址、经办人的姓名、身份证号码以及所购买的剧毒化学品、易制爆危险化学品的品种、数量、用途，或者保存销售记录和相关材料的时间少于 1 年的；

（五）剧毒化学品、易制爆危险化学品的销售企业、购买单位未在规定的时限内将所销售、购买的剧毒化学品、易制爆危险化学品的品种、数量以及流向信息报所在地县级人民政府公安机关备案的；

（六）使用剧毒化学品、易制爆危险化学品的单位依照本条例规定转让其购买的剧毒化学品、易制爆危险化学品，未将有关情况向所在地县级人民政府公安机关报告的。

生产、储存危险化学品的企业或者使用危险化学品从事生产的企业未按照本条例规定将安全评价报告以及整改方案的落实情况报安全生产监督管理部门或者港口行政管理部门备案，或者储存危险化学品的单位未将其剧毒化学品以及储存数量构成重大危险源的其他危险化学品的储存数量、储存地点以及管理人员的情况报安全生产监督管理部门或者港口行政管理部门备案的，分别由安全生产监督管理部门或者港口行政管理部门依照前款规定予以处罚。

生产实施重点环境管理的危险化学品的企业或者使用实施重点环境管理的危险化学品从事生产的企业未按照规定将相关信息向环境保护主管部门报告的，由环境保护主管部门依照本条第一款的规定予以处罚。

第八十二条 生产、储存、使用危险化学品的单位转产、停产、停业或者解散，未采取有效措施及时、妥善处置其危险化学品生产装置、储存设施以及库存的危险化学品，或者丢弃危险化学品的，由安全生产监督管理部门责令改正，处 5 万元以上 10 万元以下的罚款；构成犯罪的，依法追究刑事责任。

生产、储存、使用危险化学品的单位转产、停产、停业或者解散，未依照本条例规定将其危险化学品生产装置、储存设施以及库存危险化学品的处置方案报有关部门备案的，分别由有关部门责令改正，可以处 1 万元以下的罚款；拒不改正的，处 1 万元以上 5 万元以下的罚款。

第八十三条 危险化学品经营企业向未经许可违法从事危险化学品生产、

经营活动的企业采购危险化学品的，由工商行政管理部门责令改正，处10万元以上20万元以下的罚款；拒不改正的，责令停业整顿直至由原发证机关吊销其危险化学品经营许可证，并由工商行政管理部门责令其办理经营范围变更登记或者吊销其营业执照。

第八十四条 危险化学品生产企业、经营企业有下列情形之一的，由安全生产监督管理部门责令改正，没收违法所得，并处10万元以上20万元以下的罚款；拒不改正的，责令停产停业整顿直至吊销其危险化学品安全生产许可证、危险化学品经营许可证，并由工商行政管理部门责令其办理经营范围变更登记或者吊销其营业执照：

（一）向不具有本条例第三十八条第一款、第二款规定的相关许可证件或者证明文件的单位销售剧毒化学品、易制爆危险化学品的；

（二）不按照剧毒化学品购买许可证载明的品种、数量销售剧毒化学品的；

（三）向个人销售剧毒化学品(属于剧毒化学品的农药除外)、易制爆危险化学品的。

不具有本条例第三十八条第一款、第二款规定的相关许可证件或者证明文件的单位购买剧毒化学品、易制爆危险化学品，或者个人购买剧毒化学品(属于剧毒化学品的农药除外)、易制爆危险化学品的，由公安机关没收所购买的剧毒化学品、易制爆危险化学品，可以并处5000元以下的罚款。

使用剧毒化学品、易制爆危险化学品的单位出借或者向不具有本条例第三十八条第一款、第二款规定的相关许可证件的单位转让其购买的剧毒化学品、易制爆危险化学品，或者向个人转让其购买的剧毒化学品(属于剧毒化学品的农药除外)、易制爆危险化学品的，由公安机关责令改正，处10万元以上20万元以下的罚款；拒不改正的，责令停产停业整顿。

第八十五条 未依法取得危险货物道路运输许可、危险货物水路运输许可，从事危险化学品道路运输、水路运输的，分别依照有关道路运输、水路运输的法律、行政法规的规定处罚。

第八十六条 有下列情形之一的，由交通运输主管部门责令改正，处5万元以上10万元以下的罚款；拒不改正的，责令停产停业整顿；构成犯罪的，依法追究刑事责任：

（一）危险化学品道路运输企业、水路运输企业的驾驶人员、船员、装卸管理人员、押运人员、申报人员、集装箱装箱现场检查员未取得从业资格上岗作业的；

（二）运输危险化学品，未根据危险化学品的危险特性采取相应的安全防护措施，或者未配备必要的防护用品和应急救援器材的；

（三）使用未依法取得危险货物适装证书的船舶，通过内河运输危险化学品的；

（四）通过内河运输危险化学品的承运人违反国务院交通运输主管部门对单船运输的危险化学品数量的限制性规定运输危险化学品的；

（五）用于危险化学品运输作业的内河码头、泊位不符合国家有关安全规范，或者未与饮用水取水口保持国家规定的安全距离，或者未经交通运输主管部门验收合格投入使用的；

（六）托运人不向承运人说明所托运的危险化学品的种类、数量、危险特性以及发生危险情况的应急处置措施，或者未按照国家有关规定对所托运的危险化学品妥善包装并在外包装上设置相应标志的；

（七）运输危险化学品需要添加抑制剂或者稳定剂，托运人未添加或者未将有关情况告知承运人的。

第八十七条　有下列情形之一的，由交通运输主管部门责令改正，处10万元以上20万元以下的罚款，有违法所得的，没收违法所得；拒不改正的，责令停产停业整顿；构成犯罪的，依法追究刑事责任：

（一）委托未依法取得危险货物道路运输许可、危险货物水路运输许可的企业承运危险化学品的；

（二）通过内河封闭水域运输剧毒化学品以及国家规定禁止通过内河运输的其他危险化学品的；

（三）通过内河运输国家规定禁止通过内河运输的剧毒化学品以及其他危险化学品的；

（四）在托运的普通货物中夹带危险化学品，或者将危险化学品谎报或者匿报为普通货物托运的。

在邮件、快件内夹带危险化学品，或者将危险化学品谎报为普通物品交寄的，依法给予治安管理处罚；构成犯罪的，依法追究刑事责任。

邮政企业、快递企业收寄危险化学品的，依照《中华人民共和国邮政法》的规定处罚。

第八十八条　有下列情形之一的，由公安机关责令改正，处5万元以上10万元以下的罚款；构成违反治安管理行为的，依法给予治安管理处罚；构成犯罪的，依法追究刑事责任：

（一）超过运输车辆的核定载质量装载危险化学品的；

（二）使用安全技术条件不符合国家标准要求的车辆运输危险化学品的；

（三）运输危险化学品的车辆未经公安机关批准进入危险化学品运输车辆限制通行的区域的；

（四）未取得剧毒化学品道路运输通行证，通过道路运输剧毒化学品的。

第八十九条 有下列情形之一的，由公安机关责令改正，处 1 万元以上 5 万元以下的罚款；构成违反治安管理行为的，依法给予治安管理处罚：

（一）危险化学品运输车辆未悬挂或者喷涂警示标志，或者悬挂或者喷涂的警示标志不符合国家标准要求的；

（二）通过道路运输危险化学品，不配备押运人员的；

（三）运输剧毒化学品或者易制爆危险化学品途中需要较长时间停车，驾驶人员、押运人员不向当地公安机关报告的；

（四）剧毒化学品、易制爆危险化学品在道路运输途中丢失、被盗、被抢或者发生流散、泄漏等情况，驾驶人员、押运人员不采取必要的警示措施和安全措施，或者不向当地公安机关报告的。

第九十条 对发生交通事故负有全部责任或者主要责任的危险化学品道路运输企业，由公安机关责令消除安全隐患，未消除安全隐患的危险化学品运输车辆，禁止上道路行驶。

第九十一条 有下列情形之一的，由交通运输主管部门责令改正，可以处 1 万元以下的罚款；拒不改正的，处 1 万元以上 5 万元以下的罚款：

（一）危险化学品道路运输企业、水路运输企业未配备专职安全管理人员的；

（二）用于危险化学品运输作业的内河码头、泊位的管理单位未制定码头、泊位危险化学品事故应急救援预案，或者未为码头、泊位配备充足、有效的应急救援器材和设备的。

第九十二条 有下列情形之一的，依照《中华人民共和国内河交通安全管理条例》的规定处罚：

（一）通过内河运输危险化学品的水路运输企业未制定运输船舶危险化学品事故应急救援预案，或者未为运输船舶配备充足、有效的应急救援器材和设备的；

（二）通过内河运输危险化学品的船舶的所有人或者经营人未取得船舶污染损害责任保险证书或者财务担保证明的；

（三）船舶载运危险化学品进出内河港口，未将有关事项事先报告海事管理机构并经其同意的；

（四）载运危险化学品的船舶在内河航行、装卸或者停泊，未悬挂专用的警示标志，或者未按照规定显示专用信号，或者未按照规定申请引航的。

未向港口行政管理部门报告并经其同意，在港口内进行危险化学品的装卸、过驳作业的，依照《中华人民共和国港口法》的规定处罚。

第九十三条 伪造、变造或者出租、出借、转让危险化学品安全生产许可证、工业产品生产许可证，或者使用伪造、变造的危险化学品安全生产许可证、工业产品生产许可证的，分别依照《安全生产许可证条例》、《中华人民共和国工业产品生产许可证管理条例》的规定处罚。

伪造、变造或者出租、出借、转让本条例规定的其他许可证，或者使用伪造、变造的本条例规定的其他许可证的，分别由相关许可证的颁发管理机关处10万元以上20万元以下的罚款，有违法所得的，没收违法所得；构成违反治安管理行为的，依法给予治安管理处罚；构成犯罪的，依法追究刑事责任。

第九十四条 危险化学品单位发生危险化学品事故，其主要负责人不立即组织救援或者不立即向有关部门报告的，依照《生产安全事故报告和调查处理条例》的规定处罚。

危险化学品单位发生危险化学品事故，造成他人人身伤害或者财产损失的，依法承担赔偿责任。

第九十五条 发生危险化学品事故，有关地方人民政府及其有关部门不立即组织实施救援，或者不采取必要的应急处置措施减少事故损失，防止事故蔓延、扩大的，对直接负责的主管人员和其他直接责任人员依法给予处分；构成犯罪的，依法追究刑事责任。

第九十六条 负有危险化学品安全监督管理职责的部门的工作人员，在危险化学品安全监督管理工作中滥用职权、玩忽职守、徇私舞弊，构成犯罪的，依法追究刑事责任；尚不构成犯罪的，依法给予处分。

第八章　附　　则

第九十七条 监控化学品、属于危险化学品的药品和农药的安全管理，依照本条例的规定执行；法律、行政法规另有规定的，依照其规定。

民用爆炸物品、烟花爆竹、放射性物品、核能物质以及用于国防科研生产的危险化学品的安全管理，不适用本条例。

法律、行政法规对燃气的安全管理另有规定的，依照其规定。

危险化学品容器属于特种设备的，其安全管理依照有关特种设备安全的法律、行政法规的规定执行。

第九十八条 危险化学品的进出口管理，依照有关对外贸易的法律、行政法规、规章的规定执行；进口的危险化学品的储存、使用、经营、运输的安全管理，依照本条例的规定执行。

危险化学品环境管理登记和新化学物质环境管理登记，依照有关环境保护的法律、行政法规、规章的规定执行。危险化学品环境管理登记，按照国家有关规定收取费用。

第九十九条 公众发现、捡拾的无主危险化学品，由公安机关接收。公安机关接收或者有关部门依法没收的危险化学品，需要进行无害化处理的，交由环境保护主管部门组织其认定的专业单位进行处理，或者交由有关危险化学品生产企业进行处理。处理所需费用由国家财政负担。

第一百条 化学品的危险特性尚未确定的，由国务院安全生产监督管理部门、国务院环境保护主管部门、国务院卫生主管部门分别负责组织对该化学品的物理危险性、环境危害性、毒理特性进行鉴定。根据鉴定结果，需要调整危险化学品目录的，依照本条例第三条第二款的规定办理。

第一百零一条 本条例施行前已经使用危险化学品从事生产的化工企业，依照本条例规定需要取得危险化学品安全使用许可证的，应当在国务院安全生产监督管理部门规定的期限内，申请取得危险化学品安全使用许可证。

第一百零二条 本条例自 2011 年 12 月 1 日起施行。

中华人民共和国国务院令

第 466 号

《民用爆炸物品安全管理条例》已经 2006 年 4 月 26 日国务院第 134 次常务会议通过，现予公布，自 2006 年 9 月 1 日起施行。

总理　温家宝

2006 年 5 月 10 日

民用爆炸物品安全管理条例

（2006 年 5 月 10 日中华人民共和国国务院令第 466 号公布　根据 2014 年 7 月 29 日国务院令第 653 号《国务院关于修改部分行政法规的决定》修正）

目　录

第一章　总　则

第一条　为了加强对民用爆炸物品的安全管理，预防爆炸事故发生，保障公民生命、财产安全和公共安全，制定本条例。

第二条　民用爆炸物品的生产、销售、购买、进出口、运输、爆破作业和储存以及硝酸铵的销售、购买，适用本条例。

本条例所称民用爆炸物品，是指用于非军事目的、列入民用爆炸物品品名表的各类火药、炸药及其制品和雷管、导火索等点火、起爆器材。

民用爆炸物品品名表，由国务院民用爆炸物品行业主管部门会同国务院公安部门制订、公布。

第三条 国家对民用爆炸物品的生产、销售、购买、运输和爆破作业实行许可证制度。

未经许可，任何单位或者个人不得生产、销售、购买、运输民用爆炸物品，不得从事爆破作业。

严禁转让、出借、转借、抵押、赠送、私藏或者非法持有民用爆炸物品。

第四条 民用爆炸物品行业主管部门负责民用爆炸物品生产、销售的安全监督管理。

公安机关负责民用爆炸物品公共安全管理和民用爆炸物品购买、运输、爆破作业的安全监督管理，监控民用爆炸物品流向。

安全生产监督、铁路、交通、民用航空主管部门依照法律、行政法规的规定，负责做好民用爆炸物品的有关安全监督管理工作。

民用爆炸物品行业主管部门、公安机关、工商行政管理部门按照职责分工，负责组织查处非法生产、销售、购买、储存、运输、邮寄、使用民用爆炸物品的行为。

第五条 民用爆炸物品生产、销售、购买、运输和爆破作业单位(以下称民用爆炸物品从业单位)的主要负责人是本单位民用爆炸物品安全管理责任人，对本单位的民用爆炸物品安全管理工作全面负责。

民用爆炸物品从业单位是治安保卫工作的重点单位，应当依法设置治安保卫机构或者配备治安保卫人员，设置技术防范设施，防止民用爆炸物品丢失、被盗、被抢。

民用爆炸物品从业单位应当建立安全管理制度、岗位安全责任制度，制订安全防范措施和事故应急预案，设置安全管理机构或者配备专职安全管理人员。

第六条 无民事行为能力人、限制民事行为能力人或者曾因犯罪受过刑事处罚的人，不得从事民用爆炸物品的生产、销售、购买、运输和爆破作业。

民用爆炸物品从业单位应当加强对本单位从业人员的安全教育、法制教育和岗位技术培训，从业人员经考核合格的，方可上岗作业；对有资格要求的岗位，应当配备具有相应资格的人员。

第七条 国家建立民用爆炸物品信息管理系统，对民用爆炸物品实行标识管理，监控民用爆炸物品流向。

民用爆炸物品生产企业、销售企业和爆破作业单位应当建立民用爆炸物品登记制度，如实将本单位生产、销售、购买、运输、储存、使用民用爆炸物品的品种、数量和流向信息输入计算机系统。

第八条 任何单位或者个人都有权举报违反民用爆炸物品安全管理规定的

行为；接到举报的主管部门、公安机关应当立即查处，并为举报人员保密，对举报有功人员给予奖励。

第九条 国家鼓励民用爆炸物品从业单位采用提高民用爆炸物品安全性能的新技术，鼓励发展民用爆炸物品生产、配送、爆破作业一体化的经营模式。

第二章 生　　产

第十条 设立民用爆炸物品生产企业，应当遵循统筹规划、合理布局的原则。

第十一条 申请从事民用爆炸物品生产的企业，应当具备下列条件：

（一）符合国家产业结构规划和产业技术标准；

（二）厂房和专用仓库的设计、结构、建筑材料、安全距离以及防火、防爆、防雷、防静电等安全设备、设施符合国家有关标准和规范；

（三）生产设备、工艺符合有关安全生产的技术标准和规程；

（四）有具备相应资格的专业技术人员、安全生产管理人员和生产岗位人员；

（五）有健全的安全管理制度、岗位安全责任制度；

（六）法律、行政法规规定的其他条件。

第十二条 申请从事民用爆炸物品生产的企业，应当向国务院民用爆炸物品行业主管部门提交申请书、可行性研究报告以及能够证明其符合本条例第十一条规定条件的有关材料。国务院民用爆炸物品行业主管部门应当自受理申请之日起45日内进行审查，对符合条件的，核发《民用爆炸物品生产许可证》；对不符合条件的，不予核发《民用爆炸物品生产许可证》，书面向申请人说明理由。

民用爆炸物品生产企业为调整生产能力及品种进行改建、扩建的，应当依照前款规定申请办理《民用爆炸物品生产许可证》。

民用爆炸物品生产企业持《民用爆炸物品生产许可证》到工商行政管理部门办理工商登记，并在办理工商登记后3日内，向所在地县级人民政府公安机关备案。

第十三条 取得《民用爆炸物品生产许可证》的企业应当在基本建设完成后，向省、自治区、直辖市人民政府民用爆炸物品行业主管部门申请安全生产许可。省、自治区、直辖市人民政府民用爆炸物品行业主管部门应当依照《安全生产许可证条例》的规定对其进行查验，对符合条件的，核发《民用爆炸物品安全生产许可证》。民用爆炸物品生产企业取得《民用爆炸物品安全生产许可证》后，方可生产民用爆炸物品。

第十四条 民用爆炸物品生产企业应当严格按照《民用爆炸物品生产许可证》核定的品种和产量进行生产，生产作业应当严格执行安全技术规程的规定。

第十五条 民用爆炸物品生产企业应当对民用爆炸物品做出警示标识、登记标识，对雷管编码打号。民用爆炸物品警示标识、登记标识和雷管编码规则，由国务院公安部门会同国务院民用爆炸物品行业主管部门规定。

第十六条 民用爆炸物品生产企业应当建立健全产品检验制度，保证民用爆炸物品的质量符合相关标准。民用爆炸物品的包装，应当符合法律、行政法规的规定以及相关标准。

第十七条 试验或者试制民用爆炸物品，必须在专门场地或者专门的试验室进行。严禁在生产车间或者仓库内试验或者试制民用爆炸物品。

第三章 销售和购买

第十八条 申请从事民用爆炸物品销售的企业，应当具备下列条件：

（一）符合对民用爆炸物品销售企业规划的要求；

（二）销售场所和专用仓库符合国家有关标准和规范；

（三）有具备相应资格的安全管理人员、仓库管理人员；

（四）有健全的安全管理制度、岗位安全责任制度；

（五）法律、行政法规规定的其他条件。

第十九条 申请从事民用爆炸物品销售的企业，应当向所在地省、自治区、直辖市人民政府民用爆炸物品行业主管部门提交申请书、可行性研究报告以及能够证明其符合本条例第十八条规定条件的有关材料。省、自治区、直辖市人民政府民用爆炸物品行业主管部门应当自受理申请之日起30日内进行审查，并对申请单位的销售场所和专用仓库等经营设施进行查验，对符合条件的，核发《民用爆炸物品销售许可证》；对不符合条件的，不予核发《民用爆炸物品销售许可证》，书面向申请人说明理由。

民用爆炸物品销售企业持《民用爆炸物品销售许可证》到工商行政管理部门办理工商登记后，方可销售民用爆炸物品。

民用爆炸物品销售企业应当在办理工商登记后3日内，向所在地县级人民政府公安机关备案。

第二十条 民用爆炸物品生产企业凭《民用爆炸物品生产许可证》，可以销售本企业生产的民用爆炸物品。

民用爆炸物品生产企业销售本企业生产的民用爆炸物品，不得超出核定的品种、产量。

第二十一条 民用爆炸物品使用单位申请购买民用爆炸物品的，应当向所在地县级人民政府公安机关提出购买申请，并提交下列有关材料：

（一）工商营业执照或者事业单位法人证书；

（二）《爆破作业单位许可证》或者其他合法使用的证明；

（三）购买单位的名称、地址、银行账户；

（四）购买的品种、数量和用途说明。

受理申请的公安机关应当自受理申请之日起 5 日内对提交的有关材料进行审查，对符合条件的，核发《民用爆炸物品购买许可证》；对不符合条件的，不予核发《民用爆炸物品购买许可证》，书面向申请人说明理由。

《民用爆炸物品购买许可证》应当载明许可购买的品种、数量、购买单位以及许可的有效期限。

第二十二条 民用爆炸物品生产企业凭《民用爆炸物品生产许可证》购买属于民用爆炸物品的原料，民用爆炸物品销售企业凭《民用爆炸物品销售许可证》向民用爆炸物品生产企业购买民用爆炸物品，民用爆炸物品使用单位凭《民用爆炸物品购买许可证》购买民用爆炸物品，还应当提供经办人的身份证明。

销售民用爆炸物品的企业，应当查验前款规定的许可证和经办人的身份证明；对持《民用爆炸物品购买许可证》购买的，应当按照许可的品种、数量销售。

第二十三条 销售、购买民用爆炸物品，应当通过银行账户进行交易，不得使用现金或者实物进行交易。

销售民用爆炸物品的企业，应当将购买单位的许可证、银行账户转账凭证、经办人的身份证明复印件保存 2 年备查。

第二十四条 销售民用爆炸物品的企业，应当自民用爆炸物品买卖成交之日起 3 日内，将销售的品种、数量和购买单位向所在地省、自治区、直辖市人民政府民用爆炸物品行业主管部门和所在地县级人民政府公安机关备案。

购买民用爆炸物品的单位，应当自民用爆炸物品买卖成交之日起 3 日内，将购买的品种、数量向所在地县级人民政府公安机关备案。

第二十五条 进出口民用爆炸物品，应当经国务院民用爆炸物品行业主管部门审批。进出口民用爆炸物品审批办法，由国务院民用爆炸物品行业主管部门会同国务院公安部门、海关总署规定。

进出口单位应当将进出口的民用爆炸物品的品种、数量向收货地或者出境口岸所在地县级人民政府公安机关备案。

第四章 运 输

第二十六条 运输民用爆炸物品，收货单位应当向运达地县级人民政府公安机关提出申请，并提交包括下列内容的材料：

（一）民用爆炸物品生产企业、销售企业、使用单位以及进出口单位分别提供的《民用爆炸物品生产许可证》、《民用爆炸物品销售许可证》、《民用爆炸物品购买许可证》或者进出口批准证明；

（二）运输民用爆炸物品的品种、数量、包装材料和包装方式；

（三）运输民用爆炸物品的特性、出现险情的应急处置方法；

（四）运输时间、起始地点、运输路线、经停地点。

受理申请的公安机关应当自受理申请之日起 3 日内对提交的有关材料进行审查，对符合条件的，核发《民用爆炸物品运输许可证》；对不符合条件的，不予核发《民用爆炸物品运输许可证》，书面向申请人说明理由。

《民用爆炸物品运输许可证》应当载明收货单位、销售企业、承运人，一次性运输有效期限、起始地点、运输路线、经停地点，民用爆炸物品的品种、数量。

第二十七条　运输民用爆炸物品的，应当凭《民用爆炸物品运输许可证》，按照许可的品种、数量运输。

第二十八条　经由道路运输民用爆炸物品的，应当遵守下列规定：

（一）携带《民用爆炸物品运输许可证》；

（二）民用爆炸物品的装载符合国家有关标准和规范，车厢内不得载人；

（三）运输车辆安全技术状况应当符合国家有关安全技术标准的要求，并按照规定悬挂或者安装符合国家标准的易燃易爆危险物品警示标志；

（四）运输民用爆炸物品的车辆应当保持安全车速；

（五）按照规定的路线行驶，途中经停应当有专人看守，并远离建筑设施和人口稠密的地方，不得在许可以外的地点经停；

（六）按照安全操作规程装卸民用爆炸物品，并在装卸现场设置警戒，禁止无关人员进入；

（七）出现危险情况立即采取必要的应急处置措施，并报告当地公安机关。

第二十九条　民用爆炸物品运达目的地，收货单位应当进行验收后在《民用爆炸物品运输许可证》上签注，并在 3 日内将《民用爆炸物品运输许可证》交回发证机关核销。

第三十条　禁止携带民用爆炸物品搭乘公共交通工具或者进入公共场所。

禁止邮寄民用爆炸物品，禁止在托运的货物、行李、包裹、邮件中夹带民用爆炸物品。

第五章　爆破作业

第三十一条　申请从事爆破作业的单位，应当具备下列条件：

（一）爆破作业属于合法的生产活动；

（二）有符合国家有关标准和规范的民用爆炸物品专用仓库；

（三）有具备相应资格的安全管理人员、仓库管理人员和具备国家规定执业资格的爆破作业人员；

（四）有健全的安全管理制度、岗位安全责任制度；

（五）有符合国家标准、行业标准的爆破作业专用设备；

（六）法律、行政法规规定的其他条件。

第三十二条 申请从事爆破作业的单位，应当按照国务院公安部门的规定，向有关人民政府公安机关提出申请，并提供能够证明其符合本条例第三十一条规定条件的有关材料。受理申请的公安机关应当自受理申请之日起 20 日内进行审查，对符合条件的，核发《爆破作业单位许可证》；对不符合条件的，不予核发《爆破作业单位许可证》，书面向申请人说明理由。

营业性爆破作业单位持《爆破作业单位许可证》到工商行政管理部门办理工商登记后，方可从事营业性爆破作业活动。

爆破作业单位应当在办理工商登记后 3 日内，向所在地县级人民政府公安机关备案。

第三十三条 爆破作业单位应当对本单位的爆破作业人员、安全管理人员、仓库管理人员进行专业技术培训。爆破作业人员应当经设区的市级人民政府公安机关考核合格，取得《爆破作业人员许可证》后，方可从事爆破作业。

第三十四条 爆破作业单位应当按照其资质等级承接爆破作业项目，爆破作业人员应当按照其资格等级从事爆破作业。爆破作业的分级管理办法由国务院公安部门规定。

第三十五条 在城市、风景名胜区和重要工程设施附近实施爆破作业的，应当向爆破作业所在地设区的市级人民政府公安机关提出申请，提交《爆破作业单位许可证》和具有相应资质的安全评估企业出具的爆破设计、施工方案评估报告。受理申请的公安机关应当自受理申请之日起20 日内对提交的有关材料进行审查，对符合条件的，作出批准的决定；对不符合条件的，作出不予批准的决定，并书面向申请人说明理由。

实施前款规定的爆破作业，应当由具有相应资质的安全监理企业进行监理，由爆破作业所在地县级人民政府公安机关负责组织实施安全警戒。

第三十六条 爆破作业单位跨省、自治区、直辖市行政区域从事爆破作业的，应当事先将爆破作业项目的有关情况向爆破作业所在地县级人民政府公安机关报告。

第三十七条 爆破作业单位应当如实记载领取、发放民用爆炸物品的品种、数量、编号以及领取、发放人员姓名。领取民用爆炸物品的数量不得超过当班用量，作业后剩余的民用爆炸物品必须当班清退回库。

爆破作业单位应当将领取、发放民用爆炸物品的原始记录保存 2 年备查。

第三十八条 实施爆破作业，应当遵守国家有关标准和规范，在安全距离以外设置警示标志并安排警戒人员，防止无关人员进入；爆破作业结束后应当及时检查、排除未引爆的民用爆炸物品。

第三十九条 爆破作业单位不再使用民用爆炸物品时，应当将剩余的民用爆炸物品登记造册，报所在地县级人民政府公安机关组织监督销毁。

发现、拣拾无主民用爆炸物品的，应当立即报告当地公安机关。

第六章 储 存

第四十条 民用爆炸物品应当储存在专用仓库内，并按照国家规定设置技术防范设施。

第四十一条 储存民用爆炸物品应当遵守下列规定：

（一）建立出入库检查、登记制度，收存和发放民用爆炸物品必须进行登记，做到账目清楚，账物相符；

（二）储存的民用爆炸物品数量不得超过储存设计容量，对性质相抵触的民用爆炸物品必须分库储存，严禁在库房内存放其他物品；

（三）专用仓库应当指定专人管理、看护，严禁无关人员进入仓库区内，严禁在仓库区内吸烟和用火，严禁把其他容易引起燃烧、爆炸的物品带入仓库区内，严禁在库房内住宿和进行其他活动；

（四）民用爆炸物品丢失、被盗、被抢，应当立即报告当地公安机关。

第四十二条 在爆破作业现场临时存放民用爆炸物品的，应当具备临时存放民用爆炸物品的条件，并设专人管理、看护，不得在不具备安全存放条件的场所存放民用爆炸物品。

第四十三条 民用爆炸物品变质和过期失效的，应当及时清理出库，并予以销毁。销毁前应当登记造册，提出销毁实施方案，报省、自治区、直辖市人民政府民用爆炸物品行业主管部门、所在地县级人民政府公安机关组织监督销毁。

第七章 法律责任

第四十四条 非法制造、买卖、运输、储存民用爆炸物品，构成犯罪的，依法追究刑事责任；尚不构成犯罪，有违反治安管理行为的，依法给予治安管理处罚。

违反本条例规定，在生产、储存、运输、使用民用爆炸物品中发生重大事故，造成严重后果或者后果特别严重，构成犯罪的，依法追究刑事责任。

违反本条例规定，未经许可生产、销售民用爆炸物品的，由民用爆炸物品行业主管部门责令停止非法生产、销售活动，处 10 万元以上 50 万元以下的罚款，并没收非法生产、销售的民用爆炸物品及其违法所得。

违反本条例规定，未经许可购买、运输民用爆炸物品或者从事爆破作业的，由公安机关责令停止非法购买、运输、爆破作业活动，处 5 万元以上 20 万元以下的罚款，并没收非法购买、运输以及从事爆破作业使用的民用爆炸物品及其违法所得。

民用爆炸物品行业主管部门、公安机关对没收的非法民用爆炸物品，应当组织销毁。

第四十五条 违反本条例规定，生产、销售民用爆炸物品的企业有下列行为之一的，由民用爆炸物品行业主管部门责令限期改正，处 10 万元以上 50 万元以下的罚款；逾期不改正的，责令停产停业整顿；情节严重的，吊销《民用爆炸物品生产许可证》或者《民用爆炸物品销售许可证》：

（一）超出生产许可的品种、产量进行生产、销售的；

（二）违反安全技术规程生产作业的；

（三）民用爆炸物品的质量不符合相关标准的；

（四）民用爆炸物品的包装不符合法律、行政法规的规定以及相关标准的；

（五）超出购买许可的品种、数量销售民用爆炸物品的；

（六）向没有《民用爆炸物品生产许可证》、《民用爆炸物品销售许可证》、《民用爆炸物品购买许可证》的单位销售民用爆炸物品的；

（七）民用爆炸物品生产企业销售本企业生产的民用爆炸物品未按照规定向民用爆炸物品行业主管部门备案的；

（八）未经审批进出口民用爆炸物品的。

第四十六条 违反本条例规定，有下列情形之一的，由公安机关责令限期改正，处 5 万元以上 20 万元以下的罚款；逾期不改正的，责令停产停业整顿：

（一）未按照规定对民用爆炸物品做出警示标识、登记标识或者未对雷管编码打号的；

（二）超出购买许可的品种、数量购买民用爆炸物品的；

（三）使用现金或者实物进行民用爆炸物品交易的；

（四）未按照规定保存购买单位的许可证、银行账户转账凭证、经办人的身份证明复印件的；

（五）销售、购买、进出口民用爆炸物品，未按照规定向公安机关备案的；

（六）未按照规定建立民用爆炸物品登记制度，如实将本单位生产、销售、购买、运输、储存、使用民用爆炸物品的品种、数量和流向信息输入计算机系统的；

（七）未按照规定将《民用爆炸物品运输许可证》交回发证机关核销的。

第四十七条 违反本条例规定，经由道路运输民用爆炸物品，有下列情形之一的，由公安机关责令改正，处5万元以上20万元以下的罚款：

（一）违反运输许可事项的；

（二）未携带《民用爆炸物品运输许可证》的；

（三）违反有关标准和规范混装民用爆炸物品的；

（四）运输车辆未按照规定悬挂或者安装符合国家标准的易燃易爆危险物品警示标志的；

（五）未按照规定的路线行驶，途中经停没有专人看守或者在许可以外的地点经停的；

（六）装载民用爆炸物品的车厢载人的；

（七）出现危险情况未立即采取必要的应急处置措施、报告当地公安机关的。

第四十八条 违反本条例规定，从事爆破作业的单位有下列情形之一的，由公安机关责令停止违法行为或者限期改正，处10万元以上50万元以下的罚款；逾期不改正的，责令停产停业整顿；情节严重的，吊销《爆破作业单位许可证》：

（一）爆破作业单位未按照其资质等级从事爆破作业的；

（二）营业性爆破作业单位跨省、自治区、直辖市行政区域实施爆破作业，未按照规定事先向爆破作业所在地的县级人民政府公安机关报告的；

（三）爆破作业单位未按照规定建立民用爆炸物品领取登记制度、保存领取登记记录的；

（四）违反国家有关标准和规范实施爆破作业的。

爆破作业人员违反国家有关标准和规范的规定实施爆破作业的，由公安机关责令限期改正，情节严重的，吊销《爆破作业人员许可证》。

第四十九条 违反本条例规定，有下列情形之一的，由民用爆炸物品行业主管部门、公安机关按照职责责令限期改正，可以并处5万元以上20万元以下的罚款；逾期不改正的，责令停产停业整顿；情节严重的，吊销许可证：

（一）未按照规定在专用仓库设置技术防范设施的；

（二）未按照规定建立出入库检查、登记制度或者收存和发放民用爆炸物品，致使账物不符的；

（三）超量储存、在非专用仓库储存或者违反储存标准和规范储存民用爆炸物品的；

（四）有本条例规定的其他违反民用爆炸物品储存管理规定行为的。

第五十条 违反本条例规定，民用爆炸物品从业单位有下列情形之一的，由公安机关处2万元以上10万元以下的罚款；情节严重的，吊销其许可证；有违反治安管理行为的，依法给予治安管理处罚：

（一）违反安全管理制度，致使民用爆炸物品丢失、被盗、被抢的；

（二）民用爆炸物品丢失、被盗、被抢，未按照规定向当地公安机关报告或者故意隐瞒不报的；

（三）转让、出借、转借、抵押、赠送民用爆炸物品的。

第五十一条 违反本条例规定，携带民用爆炸物品搭乘公共交通工具或者进入公共场所，邮寄或者在托运的货物、行李、包裹、邮件中夹带民用爆炸物品，构成犯罪的，依法追究刑事责任；尚不构成犯罪的，由公安机关依法给予治安管理处罚，没收非法的民用爆炸物品，处1000元以上1万元以下的罚款。

第五十二条 民用爆炸物品从业单位的主要负责人未履行本条例规定的安全管理责任，导致发生重大伤亡事故或者造成其他严重后果，构成犯罪的，依法追究刑事责任；尚不构成犯罪的，对主要负责人给予撤职处分，对个人经营的投资人处2万元以上20万元以下的罚款。

第五十三条 民用爆炸物品行业主管部门、公安机关、工商行政管理部门的工作人员，在民用爆炸物品安全监督管理工作中滥用职权、玩忽职守或者徇私舞弊，构成犯罪的，依法追究刑事责任；尚不构成犯罪的，依法给予行政处分。

第八章 附　　则

第五十四条 《民用爆炸物品生产许可证》、《民用爆炸物品销售许可证》，由国务院民用爆炸物品行业主管部门规定式样；《民用爆炸物品购买许可证》、《民用爆炸物品运输许可证》、《爆破作业单位许可证》、《爆破作业人员许可证》，由国务院公安部门规定式样。

第五十五条 本条例自2006年9月1日起施行。1984年1月6日国务院发布的《中华人民共和国民用爆炸物品管理条例》同时废止。

中华人民共和国国务院令

第 445 号

《易制毒化学品管理条例》已经 2005 年 8 月 17 日国务院第 102 次常务会议通过，现予公布，自 2005 年 11 月 1 日起施行。

总理　温家宝

2005 年 8 月 26 日

易制毒化学品管理条例

（根据 2014 年 7 月 29 日公布的国务院令 653 号《国务院关于修改部分行政法规的决定》第一次修正　根据 2016 年 2 月 6 日公布的国务院令第 666 号《国务院关于修改部分行政法规的决定》第二次修正）

第一章　总　　则

第一条　为了加强易制毒化学品管理，规范易制毒化学品的生产、经营、购买、运输和进口、出口行为，防止易制毒化学品被用于制造毒品，维护经济和社会秩序，制定本条例。

第二条　国家对易制毒化学品的生产、经营、购买、运输和进口、出口实行分类管理和许可制度。

易制毒化学品分为三类。第一类是可以用于制毒的主要原料，第二类、第三类是可以用于制毒的化学配剂。易制毒化学品的具体分类和品种，由本条例附表列示。

易制毒化学品的分类和品种需要调整的，由国务院公安部门会同国务院食品药品监督管理部门、安全生产监督管理部门、商务主管部门、卫生主管部门和海关总署提出方案，报国务院批准。

省、自治区、直辖市人民政府认为有必要在本行政区域内调整分类或者增加本条例规定以外的品种的，应当向国务院公安部门提出，由国务院公安部门会同国务院有关行政主管部门提出方案，报国务院批准。

第三条　国务院公安部门、食品药品监督管理部门、安全生产监督管理部门、商务主管部门、卫生主管部门、海关总署、价格主管部门、铁路主管部门、交通主管部门、工商行政管理部门、环境保护主管部门在各自的职责范围内，负责全国的易制毒化学品有关管理工作；县级以上地方各级人民政府有关行政主管部门在各自的职责范围内，负责本行政区域内的易制毒化学品有关管理工作。

县级以上地方各级人民政府应当加强对易制毒化学品管理工作的领导，及时协调解决易制毒化学品管理工作中的问题。

第四条 易制毒化学品的产品包装和使用说明书，应当标明产品的名称（含学名和通用名）、化学分子式和成分。

第五条 易制毒化学品的生产、经营、购买、运输和进口、出口，除应当遵守本条例的规定外，属于药品和危险化学品的，还应当遵守法律、其他行政法规对药品和危险化学品的有关规定。

禁止走私或者非法生产、经营、购买、转让、运输易制毒化学品。

禁止使用现金或者实物进行易制毒化学品交易。但是，个人合法购买第一类中的药品类易制毒化学品药品制剂和第三类易制毒化学品的除外。

生产、经营、购买、运输和进口、出口易制毒化学品的单位，应当建立单位内部易制毒化学品管理制度。

第六条 国家鼓励向公安机关等有关行政主管部门举报涉及易制毒化学品的违法行为。接到举报的部门应当为举报者保密。对举报属实的，县级以上人民政府及有关行政主管部门应当给予奖励。

第二章 生产、经营管理

第七条 申请生产第一类易制毒化学品，应当具备下列条件，并经本条例第八条规定的行政主管部门审批，取得生产许可证后，方可进行生产：

（一）属依法登记的化工产品生产企业或者药品生产企业；

（二）有符合国家标准的生产设备、仓储设施和污染物处理设施；

（三）有严格的安全生产管理制度和环境突发事件应急预案；

（四）企业法定代表人和技术、管理人员具有安全生产和易制毒化学品的有关知识，无毒品犯罪记录；

（五）法律、法规、规章规定的其他条件。

申请生产第一类中的药品类易制毒化学品，还应当在仓储场所等重点区域设置电视监控设施以及与公安机关联网的报警装置。

第八条 申请生产第一类中的药品类易制毒化学品的，由省、自治区、直辖市人民政府食品药品监督管理部门审批；申请生产第一类中的非药品类易制毒化学品的，由省、自治区、直辖市人民政府安全生产监督管理部门审批。

前款规定的行政主管部门应当自收到申请之日起60日内，对申请人提交的申请材料进行审查。对符合规定的，发给生产许可证，或者在企业已经取得的有关生产许可证件上标注；不予许可的，应当书面说明理由。

审查第一类易制毒化学品生产许可申请材料时，根据需要，可以进行实地核查和专家评审。

第九条 申请经营第一类易制毒化学品，应当具备下列条件，并经本条例第十条规定的行政主管部门审批，取得经营许可证后，方可进行经营：

（一）属依法登记的化工产品经营企业或者药品经营企业；

（二）有符合国家规定的经营场所，需要储存、保管易制毒化学品的，还应当有符合国家技术标准的仓储设施；

（三）有易制毒化学品的经营管理制度和健全的销售网络；

（四）企业法定代表人和销售、管理人员具有易制毒化学品的有关知识，无毒品犯罪记录；

（五）法律、法规、规章规定的其他条件。

第十条 申请经营第一类中的药品类易制毒化学品的，由国务院食品药品监督管理部门审批；申请经营第一类中的非药品类易制毒化学品的，由省、自治区、直辖市人民政府安全生产监督管理部门审批。

前款规定的行政主管部门应当自收到申请之日起30日内，对申请人提交的申请材料进行审查。对符合规定的，发给经营许可证，或者在企业已经取得的有关经营许可证件上标注；不予许可的，应当书面说明理由。

审查第一类易制毒化学品经营许可申请材料时，根据需要，可以进行实地核查。

第十一条 取得第一类易制毒化学品生产许可或者依照本条例第十三条第一款规定已经履行第二类、第三类易制毒化学品备案手续的生产企业，可以经销自产的易制毒化学品。但是，在厂外设立销售网点经销第一类易制毒化学品的，应当依照本条例的规定取得经营许可。

第一类中的药品类易制毒化学品药品单方制剂，由麻醉药品定点经营企业经销，且不得零售。

第十二条 取得第一类易制毒化学品生产、经营许可的企业，应当凭生产、经营许可证到工商行政管理部门办理经营范围变更登记。未经变更登记，不得进行第一类易制毒化学品的生产、经营。

第一类易制毒化学品生产、经营许可证被依法吊销的，行政主管部门应当自作出吊销决定之日起5日内通知工商行政管理部门；被吊销许可证的企业，应当及时到工商行政管理部门办理经营范围变更或者企业注销登记。

第十三条 生产第二类、第三类易制毒化学品的，应当自生产之日起30日内，将生产的品种、数量等情况，向所在地的设区的市级人民政府安全生产监督管理部门备案。

经营第二类易制毒化学品的，应当自经营之日起30日内，将经营的品种、数量、主要流向等情况，向所在地的设区的市级人民政府安全生产监督管理部门备案；经营第三类易制毒化学品的，应当自经营之日起30日内，将经营的品种、数量、主要流向等情况，向所在地的县级人民政府安全生产监督管理部门备案。

前两款规定的行政主管部门应当于收到备案材料的当日发给备案证明。

第三章　购买管理

第十四条　申请购买第一类易制毒化学品，应当提交下列证件，经本条例第十五条规定的行政主管部门审批，取得购买许可证：

（一）经营企业提交企业营业执照和合法使用需要证明；

（二）其他组织提交登记证书（成立批准文件）和合法使用需要证明。

第十五条　申请购买第一类中的药品类易制毒化学品的，由所在地的省、自治区、直辖市人民政府食品药品监督管理部门审批；申请购买第一类中的非药品类易制毒化学品的，由所在地的省、自治区、直辖市人民政府公安机关审批。

前款规定的行政主管部门应当自收到申请之日起10日内，对申请人提交的申请材料和证件进行审查。对符合规定的，发给购买许可证；不予许可的，应当书面说明理由。

审查第一类易制毒化学品购买许可申请材料时，根据需要，可以进行实地核查。

第十六条　持有麻醉药品、第一类精神药品购买印鉴卡的医疗机构购买第一类中的药品类易制毒化学品的，无须申请第一类易制毒化学品购买许可证。

个人不得购买第一类、第二类易制毒化学品。

第十七条　购买第二类、第三类易制毒化学品的，应当在购买前将所需购买的品种、数量，向所在地的县级人民政府公安机关备案。个人自用购买少量高锰酸钾的，无须备案。

第十八条　经营单位销售第一类易制毒化学品时，应当查验购买许可证和经办人的身份证明。对委托代购的，还应当查验购买人持有的委托文书。

经营单位在查验无误、留存上述证明材料的复印件后，方可出售第一类易制毒化学品；发现可疑情况的，应当立即向当地公安机关报告。

第十九条　经营单位应当建立易制毒化学品销售台账，如实记录销售的品种、数量、日期、购买方等情况。销售台账和证明材料复印件应当保存2年备查。

第一类易制毒化学品的销售情况，应当自销售之日起5日内报当地公安机关备案；第一类易制毒化学品的使用单位，应当建立使用台账，并保存2年备查。

第二类、第三类易制毒化学品的销售情况，应当自销售之日起30日内报当地公安机关备案。

第四章　运输管理

第二十条　跨设区的市级行政区域(直辖市为跨市界)或者在国务院公安部门确定的禁毒形势严峻的重点地区跨县级行政区域运输第一类易制毒化学品的，由运出地的设区的市级人民政府公安机关审批；运输第二类易制毒化学品的，由运出地的县级人民政府公安机关审批。经审批取得易制毒化学品运输许可证后，方可运输。

运输第三类易制毒化学品的，应当在运输前向运出地的县级人民政府公安机关备案。公安机关应当于收到备案材料的当日发给备案证明。

第二十一条　申请易制毒化学品运输许可，应当提交易制毒化学品的购销合同，货主是企业的，应当提交营业执照；货主是其他组织的，应当提交登记证书(成立批准文件)；货主是个人的，应当提交其个人身份证明。经办人还应当提交本人的身份证明。

公安机关应当自收到第一类易制毒化学品运输许可申请之日起10日内，收到第二类易制毒化学品运输许可申请之日起3日内，对申请人提交的申请材料进行审查。对符合规定的，发给运输许可证；不予许可的，应当书面说明理由。

审查第一类易制毒化学品运输许可申请材料时，根据需要，可以进行实地核查。

第二十二条　对许可运输第一类易制毒化学品的，发给一次有效的运输许可证。

对许可运输第二类易制毒化学品的，发给3个月有效的运输许可证；6个月内运输安全状况良好的，发给12个月有效的运输许可证。

易制毒化学品运输许可证应当载明拟运输的易制毒化学品的品种、数量、运入地、货主及收货人、承运人情况以及运输许可证种类。

第二十三条　运输供教学、科研使用的100克以下的麻黄素样品和供医疗机构制剂配方使用的小包装麻黄素以及医疗机构或者麻醉药品经营企业购买麻黄素片剂6万片以下、注射剂1.5万支以下，货主或者承运人持有依法取得的购买许可证明或者麻醉药品调拨单的，无须申请易制毒化学品运输许可。

第二十四条　接受货主委托运输的，承运人应当查验货主提供的运输许可证或者备案证明，并查验所运货物与运输许可证或者备案证明载明的易制毒化学品品种等情况是否相符；不相符的，不得承运。

运输易制毒化学品，运输人员应当自启运起全程携带运输许可证或者备案证明。公安机关应当在易制毒化学品的运输过程中进行检查。

运输易制毒化学品，应当遵守国家有关货物运输的规定。

第二十五条 因治疗疾病需要，患者、患者近亲属或者患者委托的人凭医疗机构出具的医疗诊断书和本人的身份证明，可以随身携带第一类中的药品类易制毒化学品药品制剂，但是不得超过医用单张处方的最大剂量。

医用单张处方最大剂量，由国务院卫生主管部门规定、公布。

第五章　进口、出口管理

第二十六条 申请进口或者出口易制毒化学品，应当提交下列材料，经国务院商务主管部门或者其委托的省、自治区、直辖市人民政府商务主管部门审批，取得进口或者出口许可证后，方可从事进口、出口活动：

（一）对外贸易经营者备案登记证明复印件；

（二）营业执照副本；

（三）易制毒化学品生产、经营、购买许可证或者备案证明；

（四）进口或者出口合同（协议）副本；

（五）经办人的身份证明。

申请易制毒化学品出口许可的，还应当提交进口方政府主管部门出具的合法使用易制毒化学品的证明或者进口方合法使用的保证文件。

第二十七条 受理易制毒化学品进口、出口申请的商务主管部门应当自收到申请材料之日起20日内，对申请材料进行审查，必要时可以进行实地核查。对符合规定的，发给进口或者出口许可证；不予许可的，应当书面说明理由。

对进口第一类中的药品类易制毒化学品的，有关的商务主管部门在作出许可决定前，应当征得国务院食品药品监督管理部门的同意。

第二十八条 麻黄素等属于重点监控物品范围的易制毒化学品，由国务院商务主管部门会同国务院有关部门核定的企业进口、出口。

第二十九条 国家对易制毒化学品的进口、出口实行国际核查制度。易制毒化学品国际核查目录及核查的具体办法，由国务院商务主管部门会同国务院公安部门规定、公布。

国际核查所用时间不计算在许可期限之内。

对向毒品制造、贩运情形严重的国家或者地区出口易制毒化学品以及本条例规定品种以外的化学品的，可以在国际核查措施以外实施其他管制措施，具体办法由国务院商务主管部门会同国务院公安部门、海关总署等有关部门规定、公布。

第三十条 进口、出口或者过境、转运、通运易制毒化学品的，应当如实向海关申报，并提交进口或者出口许可证。海关凭许可证办理通关手续。

易制毒化学品在境外与保税区、出口加工区等海关特殊监管区域、保税场所之间进出的，适用前款规定。

易制毒化学品在境内与保税区、出口加工区等海关特殊监管区域、保税场所之间进出的，或者在上述海关特殊监管区域、保税场所之间进出的，无须申请易制毒化学品进口或者出口许可证。

进口第一类中的药品类易制毒化学品，还应当提交食品药品监督管理部门出具的进口药品通关单。

第三十一条 进出境人员随身携带第一类中的药品类易制毒化学品药品制剂和高锰酸钾，应当以自用且数量合理为限，并接受海关监管。

进出境人员不得随身携带前款规定以外的易制毒化学品。

第六章 监督检查

第三十二条 县级以上人民政府公安机关、食品药品监督管理部门、安全生产监督管理部门、商务主管部门、卫生主管部门、价格主管部门、铁路主管部门、交通主管部门、工商行政管理部门、环境保护主管部门和海关，应当依照本条例和有关法律、行政法规的规定，在各自的职责范围内，加强对易制毒化学品生产、经营、购买、运输、价格以及进口、出口的监督检查；对非法生产、经营、购买、运输易制毒化学品，或者走私易制毒化学品的行为，依法予以查处。

前款规定的行政主管部门在进行易制毒化学品监督检查时，可以依法查看现场、查阅和复制有关资料、记录有关情况、扣押相关的证据材料和违法物品；必要时，可以临时查封有关场所。

被检查的单位或者个人应当如实提供有关情况和材料、物品，不得拒绝或者隐匿。

第三十三条 对依法收缴、查获的易制毒化学品，应当在省、自治区、直辖市或者设区的市级人民政府公安机关、海关或者环境保护主管部门的监督下，区别易制毒化学品的不同情况进行保管、回收，或者依照环境保护法律、行政法规的有关规定，由有资质的单位在环境保护主管部门的监督下销毁。其中，对收缴、查获的第一类中的药品类易制毒化学品，一律销毁。

易制毒化学品违法单位或者个人无力提供保管、回收或者销毁费用的，保管、回收或者销毁的费用在回收所得中开支，或者在有关行政主管部门的禁毒经费中列支。

第三十四条 易制毒化学品丢失、被盗、被抢的，发案单位应当立即向当地公安机关报告，并同时报告当地的县级人民政府食品药品监督管理部门、安全生产监督管理部门、商务主管部门或者卫生主管部门。接到报案的公安机关应当及时立案查处，并向上级公安机关报告；有关行政主管部门应当逐级上报并配合公安机关的查处。

第三十五条 有关行政主管部门应当将易制毒化学品许可以及依法吊销许可的情况通报有关公安机关和工商行政管理部门；工商行政管理部门应当将生产、经营易制毒化学品企业依法变更或者注销登记的情况通报有关公安机关和行政主管部门。

第三十六条 生产、经营、购买、运输或者进口、出口易制毒化学品的单位，应当于每年 3 月 31 日前向许可或者备案的行政主管部门和公安机关报告本单位上年度易制毒化学品的生产、经营、购买、运输或者进口、出口情况；有条件的生产、经营、购买、运输或者进口、出口单位，可以与有关行政主管部门建立计算机联网，及时通报有关经营情况。

第三十七条 县级以上人民政府有关行政主管部门应当加强协调合作，建立易制毒化学品管理情况、监督检查情况以及案件处理情况的通报、交流机制。

第七章　法律责任

第三十八条 违反本条例规定，未经许可或者备案擅自生产、经营、购买、运输易制毒化学品，伪造申请材料骗取易制毒化学品生产、经营、购买或者运输许可证，使用他人的或者伪造、变造、失效的许可证生产、经营、购买、运输易制毒化学品的，由公安机关没收非法生产、经营、购买或者运输的易制毒化学品、用于非法生产易制毒化学品的原料以及非法生产、经营、购买或者运输易制毒化学品的设备、工具，处非法生产、经营、购买或者运输的易制毒化学品货值 10 倍以上 20 倍以下的罚款，货值的 20 倍不足 1 万元的，按 1 万元罚款；有违法所得的，没收违法所得；有营业执照的，由工商行政管理部门吊销营业执照；构成犯罪的，依法追究刑事责任。

对有前款规定违法行为的单位或者个人，有关行政主管部门可以自作出行政处罚决定之日起 3 年内，停止受理其易制毒化学品生产、经营、购买、运输或者进口、出口许可申请。

第三十九条 违反本条例规定，走私易制毒化学品的，由海关没收走私的易制毒化学品；有违法所得的，没收违法所得，并依照海关法律、行政法规给予行政处罚；构成犯罪的，依法追究刑事责任。

第四十条　违反本条例规定，有下列行为之一的，由负有监督管理职责的行政主管部门给予警告，责令限期改正，处 1 万元以上 5 万元以下的罚款；对违反规定生产、经营、购买的易制毒化学品可以予以没收；逾期不改正的，责令限期停产停业整顿；逾期整顿不合格的，吊销相应的许可证：

（一）易制毒化学品生产、经营、购买、运输或者进口、出口单位未按规定建立安全管理制度的；

（二）将许可证或者备案证明转借他人使用的；

（三）超出许可的品种、数量生产、经营、购买易制毒化学品的；

（四）生产、经营、购买单位不记录或者不如实记录交易情况、不按规定保存交易记录或者不如实、不及时向公安机关和有关行政主管部门备案销售情况的；

（五）易制毒化学品丢失、被盗、被抢后未及时报告，造成严重后果的；

（六）除个人合法购买第一类中的药品类易制毒化学品药品制剂以及第三类易制毒化学品外，使用现金或者实物进行易制毒化学品交易的；

（七）易制毒化学品的产品包装和使用说明书不符合本条例规定要求的；

（八）生产、经营易制毒化学品的单位不如实或者不按时向有关行政主管部门和公安机关报告年度生产、经销和库存等情况的。

企业的易制毒化学品生产经营许可被依法吊销后，未及时到工商行政管理部门办理经营范围变更或者企业注销登记的，依照前款规定，对易制毒化学品予以没收，并处罚款。

第四十一条　运输的易制毒化学品与易制毒化学品运输许可证或者备案证明载明的品种、数量、运入地、货主及收货人、承运人等情况不符，运输许可证种类不当，或者运输人员未全程携带运输许可证或者备案证明的，由公安机关责令停运整改，处 5000 元以上 5 万元以下的罚款；有危险物品运输资质的，运输主管部门可以依法吊销其运输资质。

个人携带易制毒化学品不符合品种、数量规定的，没收易制毒化学品，处 1000 元以上 5000 元以下的罚款。

第四十二条　生产、经营、购买、运输或者进口、出口易制毒化学品的单位或者个人拒不接受有关行政主管部门监督检查的，由负有监督管理职责的行政主管部门责令改正，对直接负责的主管人员以及其他直接责任人员给予警告；情节严重的，对单位处 1 万元以上 5 万元以下的罚款，对直接负责的主管人员以及其他直接责任人员处 1000 元以上 5000 元以下的罚款；有违反治安管理行为的，依法给予治安管理处罚；构成犯罪的，依法追究刑事责任。

第四十三条 易制毒化学品行政主管部门工作人员在管理工作中有应当许可而不许可、不应当许可而滥许可，不依法受理备案，以及其他滥用职权、玩忽职守、徇私舞弊行为的，依法给予行政处分；构成犯罪的，依法追究刑事责任。

第八章 附 则

第四十四条 易制毒化学品生产、经营、购买、运输和进口、出口许可证，由国务院有关行政主管部门根据各自的职责规定式样并监制。

第四十五条 本条例自 2005 年 11 月 1 日起施行。

本条例施行前已经从事易制毒化学品生产、经营、购买、运输或者进口、出口业务的，应当自本条例施行之日起 6 个月内，依照本条例的规定重新申请许可。

附表

易制毒化学品的分类和品种目录

第一类

1. 1-苯基-2-丙酮
2. 3,4-亚甲基二氧苯基-2-丙酮
3. 胡椒醛
4. 黄樟素
5. 黄樟油
6. 异黄樟素
7. *N*-乙酰邻氨基苯酸
8. 邻氨基苯甲酸
9. 麦角酸*
10. 麦角胺*
11. 麦角新碱*
12. 麻黄素、伪麻黄素、消旋麻黄素、去甲麻黄素、甲基麻黄素、麻黄浸膏、麻黄浸膏粉等麻黄素类物质*

第二类

1. 苯乙酸
2. 醋酸酐
3. 三氯甲烷
4. 乙醚
5. 哌啶

第三类

1. 甲苯
2. 丙酮
3. 甲基乙基酮
4. 高锰酸钾
5. 硫酸
6. 盐酸

说明：

一、第一类、第二类所列物质可能存在的盐类，也纳入管制。

二、带有*标记的品种为第一类中的药品类易制毒化学品，第一类中的药品类易制毒化学品包括原料药及其单方制剂。

中华人民共和国国务院令

第 190 号

现发布《中华人民共和国监控化学品管理条例》，自发布之日起施行。

总理　李鹏

1995 年 12 月 27 日

中华人民共和国监控化学品管理条例

（1995 年 12 月 27 日中华人民共和国国务院令第 190 号发布 根据 2011 年 1 月 8 日《国务院关于废止和修改部分行政法规的决定》修订）

第一条　为了加强对监控化学品的管理，保障公民的人身安全和保护环境，制定本条例。

第二条　在中华人民共和国境内从事监控化学品的生产、经营和使用活动，必须遵守本条例。

第三条　本条例所称监控化学品，是指下列各类化学品：

第一类：可作为化学武器的化学品；

第二类：可作为生产化学武器前体的化学品；

第三类：可作为生产化学武器主要原料的化学品；

第四类：除炸药和纯碳氢化合物外的特定有机化学品。

前款各类监控化学品的名录由国务院化学工业主管部门提出，报国务院批准后公布。

第四条　国务院化学工业主管部门负责全国监控化学品的管理工作。省、自治区、直辖市人民政府化学工业主管部门负责本行政区域内监控化学品的管理工作。

第五条　生产、经营或者使用监控化学品的，应当依照本条例和国家有关规定向国务院化学工业主管部门或者省、自治区、直辖市人民政府化学工业主管部门申报生产、经营或者使用监控化学品的有关资料、数据和使用目的，接受化学工业主管部门的检查监督。

第六条　国家严格控制第一类监控化学品的生产。

为科研、医疗、制造药物或者防护目的需要生产第一类监控化学品的，应当报国务院化学工业主管部门批准，并在国务院化学工业主管部门指定的小型设施中生产。

严禁在未经国务院化学工业主管部门指定的设施中生产第一类监控化学品。

第七条 国家对第二类、第三类监控化学品和第四类监控化学品中含磷、硫、氟的特定有机化学品的生产，实行特别许可制度；未经特别许可的，任何单位和个人均不得生产。特别许可办法，由国务院化学工业主管部门制定。

第八条 新建、扩建或者改建用于生产第二类、第三类监控化学品和第四类监控化学品中含磷、硫、氟的特定有机化学品的设施，应当向所在地省、自治区、直辖市人民政府化学工业主管部门提出申请，经省、自治区、直辖市人民政府化学工业主管部门审查签署意见，报国务院化学工业主管部门批准后，方可开工建设；工程竣工后，经所在地省、自治区、直辖市人民政府化学工业主管部门验收合格，并报国务院化学工业主管部门批准后，方可投产使用。

新建、扩建或者改建用于生产第四类监控化学品中不含磷、硫、氟的特定有机化学品的设施，应当在开工生产前向所在地省、自治区、直辖市人民政府化学工业主管部门备案。

第九条 监控化学品应当在专用的化工仓库中储存，并设专人管理。监控化学品的储存条件应当符合国家有关规定。

第十条 储存监控化学品的单位，应当建立严格的出库、入库检查制度和登记制度；发现丢失、被盗时，应当立即报告当地公安机关和所在地省、自治区、直辖市人民政府化学工业主管部门；省、自治区、直辖市人民政府化学工业主管部门应当积极配合公安机关进行查处。

第十一条 对变质或者过期失效的监控化学品，应当及时处理。处理方案报所在地省、自治区、直辖市人民政府化学工业主管部门批准后实施。

第十二条 为科研、医疗、制造药物或者防护目的需要使用第一类监控化学品的，应当向国务院化学工业主管部门提出申请，经国务院化学工业主管部门审查批准后，凭批准文件同国务院化学工业主管部门指定的生产单位签订合同，并将合同副本报送国务院化学工业主管部门备案。

第十三条 需要使用第二类监控化学品的，应当向所在地省、自治区、直辖市人民政府化学工业主管部门提出申请，经省、自治区、直辖市人民政府化学工业主管部门审查批准后，凭批准文件同国务院化学工业主管部门指定的经销单位签订合同，并将合同副本报送所在地省、自治区、直辖市人民政府化学工业主管部门备案。

第十四条 国务院化学工业主管部门会同国务院对外经济贸易主管部门指定的单位(以下简称被指定单位)，可以从事第一类监控化学品和第二类、第三类监控化学品及其生产技术、专用设备的进出口业务。

需要进口或者出口第一类监控化学品和第二类、第三类监控化学品及其生产技术、专用设备的，应当委托被指定单位代理进口或者出口。除被指定单位外，任何单位和个人均不得从事这类进出口业务。

第十五条 国家严格控制第一类监控化学品的进口和出口。非为科研、医疗、制造药物或者防护目的，不得进口第一类监控化学品。

接受委托进口第一类监控化学品的被指定单位，应当向国务院化学工业主管部门提出申请，并提交产品最终用途的说明和证明；经国务院化学工业主管部门审查签署意见后，报国务院审查批准。被指定单位凭国务院的批准文件向国务院对外经济贸易主管部门申请领取进口许可证。

第十六条 接受委托进口第二类、第三类监控化学品及其生产技术、专用设备的被指定单位，应当向国务院化学工业主管部门提出申请，并提交所进口的化学品、生产技术或者专用设备最终用途的说明和证明；经国务院化学工业主管部门审查批准后，被指定单位凭国务院化学工业主管部门的批准文件向国务院对外经济贸易主管部门申请领取进口许可证。

第十七条 接受委托出口第一类监控化学品的被指定单位，应当向国务院化学工业主管部门提出申请，并提交进口国政府或者政府委托机构出具的所进口的化学品仅用于科研、医疗、制造药物或者防护目的和不转口第三国的保证书；经国务院化学工业主管部门审查签署意见后，报国务院审查批准。被指定单位凭国务院的批准文件向国务院对外经济贸易主管部门申请领取出口许可证。

第十八条 接受委托出口第二类、第三类监控化学品及其生产技术、专用设备的被指定单位，应当向国务院化学工业主管部门提出申请，并提交进口国政府或者政府委托机构出具的所进口的化学品、生产技术、专用设备不用于生产化学武器和不转口第三国的保证书；经国务院化学工业主管部门审查批准后，被指定单位凭国务院化学工业主管部门的批准文件向国务院对外经济贸易主管部门申请领取出口许可证。

第十九条 使用监控化学品的，应当与其申报的使用目的相一致；需要改变使用目的的，应当报原审批机关批准。

第二十条 使用第一类、第二类监控化学品的，应当按照国家有关规定，定期向所在地省、自治区、直辖市人民政府化学工业主管部门报告消耗此类监控化学品的数量和使用此类监控化学品生产最终产品的数量。

第二十一条 违反本条例规定，生产监控化学品的，由省、自治区、直辖市人民政府化学工业主管部门责令限期改正；逾期不改正的，可以处20万元以下的罚款；情节严重的，可以提请省、自治区、直辖市人民政府责令停产整顿。

第二十二条 违反本条例规定，使用监控化学品的，由省、自治区、直辖市人民政府化学工业主管部门责令限期改正；逾期不改正的，可以处5万元以下的罚款。

第二十三条 违反本条例规定，经营监控化学品的，由省、自治区、直辖市人民政府化学工业主管部门没收其违法经营的监控化学品和违法所得，可以并处违法经营额 1 倍以上 2 倍以下的罚款。

第二十四条 违反本条例规定，隐瞒、拒报有关监控化学品的资料、数据，或者妨碍、阻挠化学工业主管部门依照本条例的规定履行检查监督职责的，由省、自治区、直辖市人民政府化学工业主管部门处以 5 万元以下的罚款。

第二十五条 违反本条例规定，构成违反治安管理行为的，依照《中华人民共和国治安管理处罚法》的有关规定处罚；构成犯罪的，依法追究刑事责任。

第二十六条 在本条例施行前已经从事生产、经营或者使用监控化学品的，应当依照本条例的规定，办理有关手续。

第二十七条 本条例自发布之日起施行。

国家安全生产监督管理总局令
第 84 号

《油气罐区防火防爆十条规定》已经 2015 年 7 月 30 日国家安全生产监督管理总局局长办公会议审议通过，现予公布，自公布之日起施行。

局长　杨栋梁

2015 年 8 月 4 日

油气罐区防火防爆十条规定

一、严禁油气储罐超温、超压、超液位操作和随意变更储存介质。

二、严禁在油气罐区手动切水、切罐、装卸车时作业人员离开现场。

三、严禁关闭在用油气储罐安全阀切断阀和在泄压排放系统加盲板。

四、严禁停用油气罐区温度、压力、液位、可燃及有毒气体报警和联锁系统。

五、严禁未进行气体检测和办理作业许可证，在油气罐区动火或进入受限空间作业。

六、严禁内浮顶储罐运行中浮盘落底。

七、严禁向油气储罐或与储罐连接管道中直接添加性质不明或能发生剧烈反应的物质。

八、严禁在油气罐区使用非防爆照明、电气设施、工器具和电子器材。

九、严禁培训不合格人员和无相关资质承包商进入油气罐区作业，未经许可机动车辆及外来人员不得进入罐区。

十、严禁油气罐区设备设施不完好或带病运行。

国家安全生产监督管理总局令

第 64 号

《化工(危险化学品)企业保障生产安全十条规定》已经 2013 年 7 月 15 日国家安全生产监督管理总局局长办公会议审议通过，现予公布，自公布之日起施行。

局长　杨栋梁

2013 年 9 月 18 日

化工(危险化学品)企业保障生产安全十条规定

一、必须依法设立、证照齐全有效。

二、必须建立健全并严格落实全员安全生产责任制，严格执行领导带班值班制度。

三、必须确保从业人员符合录用条件并培训合格，依法持证上岗。

四、必须严格管控重大危险源，严格变更管理，遇险科学施救。

五、必须按照《危险化学品企业事故隐患排查治理实施导则》要求排查治理隐患。

六、严禁设备设施带病运行和未经审批停用报警联锁系统。

七、严禁可燃和有毒气体泄漏等报警系统处于非正常状态。

八、严禁未经审批进行动火、进入受限空间、高处、吊装、临时用电、动土、检维修、盲板抽堵等作业。

九、严禁违章指挥和强令他人冒险作业。

十、严禁违章作业、脱岗和在岗做与工作无关的事。

国家安全生产监督管理总局令

第60号

《化学品物理危险性鉴定与分类管理办法》已经2013年6月24日国家安全生产监督管理总局局长办公会议审议通过，现予公布，自2013年9月1日起施行。

局长　杨栋梁

2013年7月10日

化学品物理危险性鉴定与分类管理办法

目　　录

第一章　总　　则

第一条　为了规范化学品物理危险性鉴定与分类工作，根据《危险化学品安全管理条例》，制定本办法。

第二条　对危险特性尚未确定的化学品进行物理危险性鉴定与分类，以及安全生产监督管理部门对鉴定与分类工作实施监督管理，适用本办法。

第三条　本办法所称化学品，是指各类单质、化合物及其混合物。

化学品物理危险性鉴定，是指依据有关国家标准或者行业标准进行测试、判定，确定化学品的燃烧、爆炸、腐蚀、助燃、自反应和遇水反应等危险特性。

化学品物理危险性分类，是指依据有关国家标准或者行业标准，对化学品物理危险性鉴定结果或者相关数据资料进行评估，确定化学品的物理危险性类别。

第四条　下列化学品应当进行物理危险性鉴定与分类：

（一）含有一种及以上列入《危险化学品目录》的组分，但整体物理危险性尚未确定的化学品；

（二）未列入《危险化学品目录》，且物理危险性尚未确定的化学品；

（三）以科学研究或者产品开发为目的，年产量或者使用量超过1吨，且物理危险性尚未确定的化学品。

第五条 国家安全生产监督管理总局负责指导和监督管理全国化学品物理危险性鉴定与分类工作，公告化学品物理危险性鉴定机构（以下简称鉴定机构）名单以及免予物理危险性鉴定与分类的化学品目录，设立化学品物理危险性鉴定与分类技术委员会（以下简称技术委员会）。

县级以上地方各级人民政府安全生产监督管理部门负责监督和检查本行政区域内化学品物理危险性鉴定与分类工作。

第六条 技术委员会负责对有异议的鉴定或者分类结果进行仲裁，公布化学品物理危险性的鉴定情况。

国家安全生产监督管理总局化学品登记中心（以下简称登记中心）负责化学品物理危险性分类结果的评估与审核，建立国家化学品物理危险性鉴定与分类信息管理系统，为化学品物理危险性鉴定与分类工作提供技术支持，承担技术委员会的日常工作。

第二章 物理危险性鉴定与分类

第七条 鉴定机构应当依照有关法律法规和国家标准或者行业标准的规定，科学、公正、诚信地开展鉴定工作，保证鉴定结果真实、准确、客观，并对鉴定结果负责。

第八条 化学品生产、进口单位（以下统称化学品单位）应当对本单位生产或者进口的化学品进行普查和物理危险性辨识，对其中符合本办法第四条规定的化学品向鉴定机构申请鉴定。

化学品单位在办理化学品物理危险性鉴定过程中，不得隐瞒化学品的危险性成分、含量等相关信息或者提供虚假材料。

第九条 化学品物理危险性鉴定按照下列程序办理：

（一）申请化学品物理危险性鉴定的化学品单位向鉴定机构提交化学品物理危险性鉴定申请表以及相关文件资料，提供鉴定所需要的样品，并对样品的真实性负责；

（二）鉴定机构收到鉴定申请后，按照有关国家标准或者行业标准进行测试、判定。除与爆炸物、自反应物质、有机过氧化物相关的物理危险性外，对其他物理危险性应当在20个工作日内出具鉴定报告，特殊情况下由双方协商确定。

送检样品应当至少保存180日，有关档案材料应当至少保存5年。

第十条 化学品物理危险性鉴定应当包括下列内容：

（一）与爆炸物、易燃气体、气溶胶、氧化性气体、加压气体、易燃液体、易燃固体、自反应物质、自燃液体、自燃固体、自热物质、遇水放出易燃气体的物质、氧化性液体、氧化性固体、有机过氧化物、金属腐蚀物等相关的物理危险性；

（二）与化学品危险性分类相关的蒸气压、自燃温度等理化特性，以及化学稳定性和反应性等。

第十一条 化学品物理危险性鉴定报告应当包括下列内容：

（一）化学品名称；

（二）申请鉴定单位名称；

（三）鉴定项目以及所用标准、方法；

（四）仪器设备信息；

（五）鉴定结果；

（六）有关国家标准或者行业标准中规定的其他内容。

第十二条 申请化学品物理危险性鉴定的化学品单位对鉴定结果有异议的，可以在收到鉴定报告之日起 15 个工作日内向原鉴定机构申请重新鉴定，或者向技术委员会申请仲裁。技术委员会应当在收到申请之日起 20 个工作日内作出仲裁决定。

第十三条 化学品单位应当根据鉴定报告以及其他物理危险性数据资料，编制化学品物理危险性分类报告。

化学品物理危险性分类报告应当包括下列内容：

（一）化学品名称；

（二）重要成分信息；

（三）物理危险性鉴定报告或者其他有关数据及其来源；

（四）化学品物理危险性分类结果。

第十四条 化学品单位应当向登记中心提交化学品物理危险性分类报告。登记中心应当对分类报告进行综合性评估，并在 30 个工作日内向化学品单位出具审核意见。

第十五条 化学品单位对化学品物理危险性分类的审核意见有异议的，可以在收到审核意见之日起 15 个工作日内向技术委员会申请仲裁。技术委员会应当在收到申请之日起 20 个工作日内作出仲裁决定。

第十六条 化学品单位应当建立化学品物理危险性鉴定与分类管理档案，内容应当包括：

（一）已知物理危险性的化学品的危险特性等信息；

（二）已经鉴定与分类化学品的物理危险性鉴定报告、分类报告和审核意见等信息；

（三）未进行鉴定与分类化学品的名称、数量等信息。

第十七条 化学品单位对确定为危险化学品的化学品以及国家安全生产监督管理总局公告的免予物理危险性鉴定与分类的危险化学品，应当编制化学品安全技术说明书和安全标签，根据《危险化学品登记管理办法》办理危险化学品登记，按照有关危险化学品的法律、法规和标准的要求，加强安全管理。

第十八条 鉴定机构应当于每年1月31日前向国家安全生产监督管理总局上报上一年度鉴定的化学品品名和工作总结。

第三章 法律责任

第十九条 化学品单位有下列情形之一的，由安全生产监督管理部门责令限期改正，可以处1万元以下的罚款；拒不改正的，处1万元以上3万元以下的罚款：

（一）未按照本办法规定对化学品进行物理危险性鉴定或者分类的；

（二）未按照本办法规定建立化学品物理危险性鉴定与分类管理档案的；

（三）在办理化学品物理危险性的鉴定过程中，隐瞒化学品的危险性成分、含量等相关信息或者提供虚假材料的。

第二十条 鉴定机构在物理危险性鉴定过程中有下列行为之一的，处1万元以上3万元以下的罚款；情节严重的，由国家安全生产监督管理总局从鉴定机构名单中除名并公告：

（一）伪造、篡改数据或者有其他弄虚作假行为的；

（二）未通过安全生产监督管理部门的监督检查，仍从事鉴定工作的；

（三）泄漏化学品单位商业秘密的。

第四章 附 则

第二十一条 对于用途相似、组分接近、物理危险性无显著差异的化学品，化学品单位可以向鉴定机构申请系列化学品鉴定。

多个化学品单位可以对同一化学品联合申请鉴定。

第二十二条 对已经列入《危险化学品目录》的化学品，发现其有新的物理危险性的，化学品单位应当依照本办法进行物理危险性鉴定与分类。

第二十三条 本办法自2013年9月1日起施行。

国家安全生产监督管理总局令

第 57 号

《危险化学品安全使用许可证实施办法》已经 2012 年 10 月 29 日国家安全生产监督管理总局局长办公会议审议通过，现予公布，自 2013 年 5 月 1 日起施行。

国家安全监管总局局长　杨栋梁

2012 年 11 月 16 日

危险化学品安全使用许可证实施办法

（2012 年 11 月 16 日国家安全监管总局令第 57 号公布　根据 2015 年 5 月 27 日国家安全监管总局令第 79 号修正）

目　录

第一章　总　则

第一条　为了严格使用危险化学品从事生产的化工企业安全生产条件，规范危险化学品安全使用许可证的颁发和管理工作，根据《危险化学品安全管理条例》和有关法律、行政法规，制定本办法。

第二条　本办法适用于列入危险化学品安全使用许可适用行业目录、使用危险化学品从事生产并且达到危险化学品使用量的数量标准的化工企业（危险化学品生产企业除外，以下简称企业）。

使用危险化学品作为燃料的企业不适用本办法。

第三条 企业应当依照本办法的规定取得危险化学品安全使用许可证(以下简称安全使用许可证)。

第四条 安全使用许可证的颁发管理工作实行企业申请、市级发证、属地监管的原则。

第五条 国家安全生产监督管理总局负责指导、监督全国安全使用许可证的颁发管理工作。

省、自治区、直辖市人民政府安全生产监督管理部门(以下简称省级安全生产监督管理部门)负责指导、监督本行政区域内安全使用许可证的颁发管理工作。

设区的市级人民政府安全生产监督管理部门(以下简称发证机关)负责本行政区域内安全使用许可证的审批、颁发和管理,不得再委托其他单位、组织或者个人实施。

第二章 申请安全使用许可证的条件

第六条 企业与重要场所、设施、区域的距离和总体布局应当符合下列要求,并确保安全:

(一) 储存危险化学品数量构成重大危险源的储存设施,与《危险化学品安全管理条例》第十九条第一款规定的八类场所、设施、区域的距离符合国家有关法律、法规、规章和国家标准或者行业标准的规定;

(二) 总体布局符合《工业企业总平面设计规范》(GB 50187)、《化工企业总图运输设计规范》(GB 50489)、《建筑设计防火规范》(GB 50016)等相关标准的要求;石油化工企业还应当符合《石油化工企业设计防火规范》(GB 50160)的要求;

(三) 新建企业符合国家产业政策、当地县级以上(含县级)人民政府的规划和布局。

第七条 企业的厂房、作业场所、储存设施和安全设施、设备、工艺应当符合下列要求:

(一) 新建、改建、扩建使用危险化学品的化工建设项目(以下统称建设项目)由具备国家规定资质的设计单位设计和施工单位建设;其中,涉及国家安全生产监督管理总局公布的重点监管危险化工工艺、重点监管危险化学品的装置,由具备石油化工医药行业相应资质的设计单位设计;

(二) 不得采用国家明令淘汰、禁止使用和危及安全生产的工艺、设备;新开发的使用危险化学品从事化工生产的工艺(以下简称化工工艺),在小试、中试、工业化试验的基础上逐步放大到工业化生产;国内首次使用的化工工艺,经过省级人民政府有关部门组织的安全可靠性论证；

（三）涉及国家安全生产监督管理总局公布的重点监管危险化工工艺、重点监管危险化学品的装置装设自动化控制系统；涉及国家安全生产监督管理总局公布的重点监管危险化工工艺的大型化工装置装设紧急停车系统；涉及易燃易爆、有毒有害气体化学品的作业场所装设易燃易爆、有毒有害介质泄漏报警等安全设施；

（四）新建企业的生产区与非生产区分开设置，并符合国家标准或者行业标准规定的距离；

（五）新建企业的生产装置和储存设施之间及其建（构）筑物之间的距离符合国家标准或者行业标准的规定。

同一厂区内（生产或者储存区域）的设备、设施及建（构）筑物的布置应当适用同一标准的规定。

第八条 企业应当依法设置安全生产管理机构，按照国家规定配备专职安全生产管理人员。配备的专职安全生产管理人员必须能够满足安全生产的需要。

第九条 企业主要负责人、分管安全负责人和安全生产管理人员必须具备与其从事生产经营活动相适应的安全知识和管理能力，参加安全资格培训，并经考核合格，取得安全资格证书。

特种作业人员应当依照《特种作业人员安全技术培训考核管理规定》，经专门的安全技术培训并考核合格，取得特种作业操作证书。

本条第一款、第二款规定以外的其他从业人员应当按照国家有关规定，经安全教育培训合格。

第十条 企业应当建立全员安全生产责任制，保证每位从业人员的安全生产责任与职务、岗位相匹配。

第十一条 企业根据化工工艺、装置、设施等实际情况，至少应当制定、完善下列主要安全生产规章制度：

（一）安全生产例会等安全生产会议制度；

（二）安全投入保障制度；

（三）安全生产奖惩制度；

（四）安全培训教育制度；

（五）领导干部轮流现场带班制度；

（六）特种作业人员管理制度；

（七）安全检查和隐患排查治理制度；

（八）重大危险源的评估和安全管理制度；

（九）变更管理制度；

（十）应急管理制度；

（十一）生产安全事故或者重大事件管理制度；

（十二）防火、防爆、防中毒、防泄漏管理制度；

（十三）工艺、设备、电气仪表、公用工程安全管理制度；

（十四）动火、进入受限空间、吊装、高处、盲板抽堵、临时用电、动土、断路、设备检维修等作业安全管理制度；

（十五）危险化学品安全管理制度；

（十六）职业健康相关管理制度；

（十七）劳动防护用品使用维护管理制度；

（十八）承包商管理制度；

（十九）安全管理制度及操作规程定期修订制度。

第十二条　企业应当根据工艺、技术、设备特点和原辅料的危险性等情况编制岗位安全操作规程。

第十三条　企业应当依法委托具备国家规定资质条件的安全评价机构进行安全评价，并按照安全评价报告的意见对存在的安全生产问题进行整改。

第十四条　企业应当有相应的职业病危害防护设施，并为从业人员配备符合国家标准或者行业标准的劳动防护用品。

第十五条　企业应当依据《危险化学品重大危险源辨识》（GB 18218），对本企业的生产、储存和使用装置、设施或者场所进行重大危险源辨识。

对于已经确定为重大危险源的，应当按照《危险化学品重大危险源监督管理暂行规定》进行安全管理。

第十六条　企业应当符合下列应急管理要求：

（一）按照国家有关规定编制危险化学品事故应急预案，并报送有关部门备案；

（二）建立应急救援组织，明确应急救援人员，配备必要的应急救援器材、设备设施，并按照规定定期进行应急预案演练。

储存和使用氯气、氨气等对皮肤有强烈刺激的吸入性有毒有害气体的企业，除符合本条第一款的规定外，还应当配备至少两套以上全封闭防化服；构成重大危险源的，还应当设立气体防护站（组）。

第十七条　企业除符合本章规定的安全使用条件外，还应当符合有关法律、行政法规和国家标准或者行业标准规定的其他安全使用条件。

第三章　安全使用许可证的申请

第十八条　企业向发证机关申请安全使用许可证时，应当提交下列文件、资料，并对其内容的真实性负责：

（一）申请安全使用许可证的文件及申请书；

（二）新建企业的选址布局符合国家产业政策、当地县级以上人民政府的规划和布局的证明材料复制件；

（三）安全生产责任制文件，安全生产规章制度、岗位安全操作规程清单；

（四）设置安全生产管理机构，配备专职安全生产管理人员的文件复制件；

（五）主要负责人、分管安全负责人、安全生产管理人员安全资格证和特种作业人员操作证复制件；

（六）危险化学品事故应急救援预案的备案证明文件；

（七）由供货单位提供的所使用危险化学品的安全技术说明书和安全标签；

（八）工商营业执照副本或者工商核准文件复制件；

（九）安全评价报告及其整改结果的报告；

（十）新建企业的建设项目安全设施竣工验收报告；

（十一）应急救援组织、应急救援人员，以及应急救援器材、设备设施清单。

有危险化学品重大危险源的企业，除应当提交本条第一款规定的文件、资料外，还应当提交重大危险源的备案证明文件。

第十九条 新建企业安全使用许可证的申请，应当在建设项目安全设施竣工验收通过之日起10个工作日内提出。

第四章 安全使用许可证的颁发

第二十条 发证机关收到企业申请文件、资料后，应当按照下列情况分别作出处理：

（一）申请事项依法不需要取得安全使用许可证的，当场告知企业不予受理；

（二）申请材料存在可以当场更正的错误的，允许企业当场更正；

（三）申请材料不齐全或者不符合法定形式的，当场或者在5个工作日内一次告知企业需要补正的全部内容，并出具补正告知书；逾期不告知的，自收到申请材料之日起即为受理；

（四）企业申请材料齐全、符合法定形式，或者按照发证机关要求提交全部补正申请材料的，立即受理其申请。

发证机关受理或者不予受理行政许可申请，应当出具加盖本机关专用印章和注明日期的书面凭证。

第二十一条 安全使用许可证申请受理后，发证机关应当组织人员对企业提交的申请文件、资料进行审查。对企业提交的文件、资料内容存在疑问，需要到现场核查的，应当指派工作人员对有关内容进行现场核查。工作人员应当如实提出书面核查意见。

第二十二条 发证机关应当在受理之日起 45 日内作出是否准予许可的决定。发证机关现场核查和企业整改有关问题所需时间不计算在本条规定的期限内。

第二十三条 发证机关作出准予许可的决定的，应当自决定之日起 10 个工作日内颁发安全使用许可证。

发证机关作出不予许可的决定的，应当在 10 个工作日内书面告知企业并说明理由。

第二十四条 企业在安全使用许可证有效期内变更主要负责人、企业名称或者注册地址的，应当自工商营业执照变更之日起 10 个工作日内提出变更申请，并提交下列文件、资料：

（一）变更申请书；

（二）变更后的工商营业执照副本复制件；

（三）变更主要负责人的，还应当提供主要负责人经安全生产监督管理部门考核合格后颁发的安全资格证复制件；

（四）变更注册地址的，还应当提供相关证明材料。

对已经受理的变更申请，发证机关对企业提交的文件、资料审查无误后，方可办理安全使用许可证变更手续。

企业在安全使用许可证有效期内变更隶属关系的，应当在隶属关系变更之日起 10 日内向发证机关提交证明材料。

第二十五条 企业在安全使用许可证有效期内，有下列情形之一的，发证机关按照本办法第二十条、第二十一条、第二十二条、第二十三条的规定办理变更手续：

（一）增加使用的危险化学品品种，且达到危险化学品使用量的数量标准规定的；

（二）涉及危险化学品安全使用许可范围的新建、改建、扩建建设项目的；

（三）改变工艺技术对企业的安全生产条件产生重大影响的。

有本条第一款第一项规定情形的企业，应当在增加前提出变更申请。

有本条第一款第二项规定情形的企业，应当在建设项目安全设施竣工验收合格之日起 10 个工作日内向原发证机关提出变更申请，并提交建设项目安全设施竣工验收报告等相关文件、资料。

有本条第一款第一项、第三项规定情形的企业，应当进行专项安全验收评价，并对安全评价报告中提出的问题进行整改；在整改完成后，向原发证机关提出变更申请并提交安全验收评价报告。

第二十六条 安全使用许可证有效期为 3 年。企业安全使用许可证有效期届满后需要继续使用危险化学品从事生产、且达到危险化学品使用量的数量标准规定的，应当在安全使用许可证有效期届满前3个月提出延期申请，并提交本办法第十八条规定的文件、资料。

发证机关按照本办法第二十条、第二十一条、第二十二条、第二十三条的规定进行审查，并作出是否准予延期的决定。

第二十七条 企业取得安全使用许可证后，符合下列条件的，其安全使用许可证届满办理延期手续时，经原发证机关同意，可以不提交第十八条第一款第二项、第五项、第九项和第十八条第二款规定的文件、资料，直接办理延期手续：

（一）严格遵守有关法律、法规和本办法的；

（二）取得安全使用许可证后，加强日常安全管理，未降低安全使用条件，并达到安全生产标准化等级二级以上的；

（三）未发生造成人员死亡的生产安全责任事故的。

企业符合本条第一款第二项、第三项规定条件的，应当在延期申请书中予以说明，并出具二级以上安全生产标准化证书复印件。

第二十八条 安全使用许可证分为正本、副本，正本为悬挂式，副本为折页式，正、副本具有同等法律效力。

发证机关应当分别在安全使用许可证正、副本上注明编号、企业名称、主要负责人、注册地址、经济类型、许可范围、有效期、发证机关、发证日期等内容。其中，“许可范围”正本上注明“危险化学品使用”，副本上注明使用危险化学品从事生产的地址和对应的具体品种、年使用量。

第二十九条 企业不得伪造、变造安全使用许可证，或者出租、出借、转让其取得的安全使用许可证，或者使用伪造、变造的安全使用许可证。

第五章 监督管理

第三十条 发证机关应当坚持公开、公平、公正的原则，依照本办法和有关行政许可的法律法规规定，颁发安全使用许可证。

发证机关工作人员在安全使用许可证颁发及其监督管理工作中，不得索取或者接受企业的财物，不得谋取其他非法利益。

第三十一条 发证机关应当加强对安全使用许可证的监督管理，建立、健全安全使用许可证档案管理制度。

第三十二条 有下列情形之一的，发证机关应当撤销已经颁发的安全使用许可证：

（一）滥用职权、玩忽职守颁发安全使用许可证的；

（二）超越职权颁发安全使用许可证的；

（三）违反本办法规定的程序颁发安全使用许可证的；

（四）对不具备申请资格或者不符合法定条件的企业颁发安全使用许可证的；

（五）以欺骗、贿赂等不正当手段取得安全使用许可证的。

第三十三条 企业取得安全使用许可证后有下列情形之一的，发证机关应当注销其安全使用许可证：

（一）安全使用许可证有效期届满未被批准延期的；

（二）终止使用危险化学品从事生产的；

（三）继续使用危险化学品从事生产，但使用量降低后未达到危险化学品使用量的数量标准规定的；

（四）安全使用许可证被依法撤销的；

（五）安全使用许可证被依法吊销的。

安全使用许可证注销后，发证机关应当在当地主要新闻媒体或者本机关网站上予以公告，并向省级和企业所在地县级安全生产监督管理部门通报。

第三十四条 发证机关应当将其颁发安全使用许可证的情况及时向同级环境保护主管部门和公安机关通报。

第三十五条 发证机关应当于每年 1 月 10 日前，将本行政区域内上年度安全使用许可证的颁发和管理情况报省级安全生产监督管理部门，并定期向社会公布企业取得安全使用许可证的情况，接受社会监督。

省级安全生产监督管理部门应当于每年 1 月 15 日前，将本行政区域内上年度安全使用许可证的颁发和管理情况报国家安全生产监督管理总局。

第六章 法律责任

第三十六条 发证机关工作人员在对危险化学品使用许可证的颁发管理工作中滥用职权、玩忽职守、徇私舞弊，构成犯罪的，依法追究刑事责任；尚不构成犯罪的，依法给予处分。

第三十七条 企业未取得安全使用许可证，擅自使用危险化学品从事生产，且达到危险化学品使用量的数量标准规定的，责令立即停止违法行为并限期改正，处 10 万元以上 20 万元以下的罚款；逾期不改正的，责令停产整顿。

企业在安全使用许可证有效期届满后未办理延期手续，仍然使用危险化学品从事生产，且达到危险化学品使用量的数量标准规定的，依照前款规定给予处罚。

第三十八条 企业伪造、变造或者出租、出借、转让安全使用许可证，或者使用伪造、变造的安全使用许可证的，处 10 万元以上 20 万元以下的罚款，有违法所得的，没收违法所得；构成违反治安管理行为的，依法给予治安管理处罚；构成犯罪的，依法追究刑事责任。

第三十九条 企业在安全使用许可证有效期内主要负责人、企业名称、注册地址、隶属关系发生变更，未按照本办法第二十四条规定的时限提出安全使用许可证变更申请或者将隶属关系变更证明材料报发证机关的，责令限期办理变更手续，处 1 万元以上 3 万元以下的罚款。

第四十条 企业在安全使用许可证有效期内有下列情形之一，未按照本办法第二十五条的规定提出变更申请，继续从事生产的，责令限期改正，处 1 万元以上 3 万元以下的罚款：

（一）增加使用的危险化学品品种，且达到危险化学品使用量的数量标准规定的；

（二）涉及危险化学品安全使用许可范围的新建、改建、扩建建设项目，其安全设施已经竣工验收合格的；

（三）改变工艺技术对企业的安全生产条件产生重大影响的。

第四十一条 发现企业隐瞒有关情况或者提供虚假文件、资料申请安全使用许可证的，发证机关不予受理或者不予颁发安全使用许可证，并给予警告，该企业在 1 年内不得再次申请安全使用许可证。

企业以欺骗、贿赂等不正当手段取得安全使用许可证的，自发证机关撤销其安全使用许可证之日起 3 年内，该企业不得再次申请安全使用许可证。

第四十二条 安全评价机构有下列情形之一的，给予警告，并处 1 万元以下的罚款；情节严重的，暂停资质 6 个月，并处 1 万元以上 3 万元以下的罚款；对相关责任人依法给予处理：

（一）从业人员不到现场开展安全评价活动的；

（二）安全评价报告与实际情况不符，或者安全评价报告存在重大疏漏，但尚未造成重大损失的；

（三）未按照有关法律、法规、规章和国家标准或者行业标准的规定从事安全评价活动的。

第四十三条 承担安全评价的机构出具虚假证明的，没收违法所得；违法所得在 10 万元以上的，并处违法所得 2 倍以上 5 倍以下的罚款；没有违法所得或者违法所得不足 10 万元的，单处或者并处 10 万元以上 20 万元以下的罚款；对其直接负责的主管人员和其他直接责任人员处 2 万元以上 5 万元以下的罚款；给他人造成损害的，与企业承担连带赔偿责任；构成犯罪的，依照刑法有关规定追究刑事责任。

对有前款违法行为的机构，依法吊销其相应资质。

第四十四条 本办法规定的行政处罚，由安全生产监督管理部门决定；但本办法第三十八条规定的行政处罚，由发证机关决定；第四十二条、第四十三条规定的行政处罚，依照《安全评价机构管理规定》执行。

第七章　附　　则

第四十五条　本办法下列用语的含义：

（一）危险化学品安全使用许可适用行业目录，是指国家安全生产监督管理总局根据《危险化学品安全管理条例》和有关国家标准、行业标准公布的需要取得危险化学品安全使用许可的化工企业类别；

（二）危险化学品使用量的数量标准，由国家安全生产监督管理总局会同国务院公安部门、农业主管部门根据《危险化学品安全管理条例》公布；

（三）本办法所称使用量，是指企业使用危险化学品的年设计使用量和实际使用量的较大值；

（四）本办法所称大型化工装置，是指按照原建设部《工程设计资质标准》（建市〔2007〕86 号）中的《化工石化医药行业建设项目设计规模划分表》确定的大型项目的化工生产装置。

第四十六条　危险化学品安全使用许可的文书、危险化学品安全使用许可证的样式、内容和编号办法，由国家安全生产监督管理总局另行规定。

第四十七条　省级安全生产监督管理部门可以根据当地实际情况制定安全使用许可证管理的细则，并报国家安全生产监督管理总局备案。

第四十八条　本办法施行前已经进行生产的企业，应当自本办法施行之日起 18 个月内，依照本办法的规定向发证机关申请办理安全使用许可证；逾期不申请办理安全使用许可证，或者经审查不符合本办法规定的安全使用条件，未取得安全使用许可证，继续进行生产的，依照本办法第三十七条的规定处罚。

第四十九条　本办法自 2013 年 5 月 1 日起施行。

国家安全生产监督管理总局令

第 55 号

《危险化学品经营许可证管理办法》已经 2012 年 5 月 21 日国家安全生产监督管理总局局长办公会议审议通过，现予公布，自 2012 年 9 月 1 日起施行。原国家经济贸易委员会 2002 年 10 月 8 日公布的《危险化学品经营许可证管理办法》同时废止。

国家安全监管总局局长　杨栋梁

2012 年 7 月 17 日

危险化学品经营许可证管理办法

（2012 年 7 月 17 日国家安全监管总局令第 55 号公布　根据 2015 年 5 月 27 日国家安全监管总局令第 79 号修正）

目　　录

第一章　总　　则

第一条　为了严格危险化学品经营安全条件，规范危险化学品经营活动，保障人民群众生命、财产安全，根据《中华人民共和国安全生产法》和《危险化学品安全管理条例》，制定本办法。

第二条　在中华人民共和国境内从事列入《危险化学品目录》的危险化学品的经营（包括仓储经营）活动，适用本办法。

民用爆炸物品、放射性物品、核能物质和城镇燃气的经营活动，不适用本办法。

第三条 国家对危险化学品经营实行许可制度。经营危险化学品的企业，应当依照本办法取得危险化学品经营许可证(以下简称经营许可证)。未取得经营许可证，任何单位和个人不得经营危险化学品。

从事下列危险化学品经营活动，不需要取得经营许可证：

(一) 依法取得危险化学品安全生产许可证的危险化学品生产企业在其厂区范围内销售本企业生产的危险化学品的；

(二) 依法取得港口经营许可证的港口经营人在港区内从事危险化学品仓储经营的。

第四条 经营许可证的颁发管理工作实行企业申请、两级发证、属地监管的原则。

第五条 国家安全生产监督管理总局指导、监督全国经营许可证的颁发和管理工作。

省、自治区、直辖市人民政府安全生产监督管理部门指导、监督本行政区域内经营许可证的颁发和管理工作。

设区的市级人民政府安全生产监督管理部门(以下简称市级发证机关)负责下列企业的经营许可证审批、颁发：

(一) 经营剧毒化学品的企业；

(二) 经营易制爆危险化学品的企业；

(三) 经营汽油加油站的企业；

(四) 专门从事危险化学品仓储经营的企业；

(五) 从事危险化学品经营活动的中央企业所属省级、设区的市级公司(分公司)；

(六) 带有储存设施经营除剧毒化学品、易制爆危险化学品以外的其他危险化学品的企业。

县级人民政府安全生产监督管理部门(以下简称县级发证机关)负责本行政区域内本条第三款规定以外企业的经营许可证审批、颁发；没有设立县级发证机关的，其经营许可证由市级发证机关审批、颁发。

第二章 申请经营许可证的条件

第六条 从事危险化学品经营的单位(以下统称申请人)应当依法登记注册为企业，并具备下列基本条件：

(一) 经营和储存场所、设施、建筑物符合《建筑设计防火规范》(GB 50016)、《石油化工企业设计防火规范》(GB 50160)、《汽车加油加气站设计与施工规范》(GB 50156)、《石油库设计规范》(GB 50074)等相关国家标准、行业标准的规定；

（二）企业主要负责人和安全生产管理人员具备与本企业危险化学品经营活动相适应的安全生产知识和管理能力，经专门的安全生产培训和安全生产监督管理部门考核合格，取得相应安全资格证书；特种作业人员经专门的安全作业培训，取得特种作业操作证书；其他从业人员依照有关规定经安全生产教育和专业技术培训合格；

（三）有健全的安全生产规章制度和岗位操作规程；

（四）有符合国家规定的危险化学品事故应急预案，并配备必要的应急救援器材、设备；

（五）法律、法规和国家标准或者行业标准规定的其他安全生产条件。

前款规定的安全生产规章制度，是指全员安全生产责任制度、危险化学品购销管理制度、危险化学品安全管理制度（包括防火、防爆、防中毒、防泄漏管理等内容）、安全投入保障制度、安全生产奖惩制度、安全生产教育培训制度、隐患排查治理制度、安全风险管理制度、应急管理制度、事故管理制度、职业卫生管理制度等。

第七条 申请人经营剧毒化学品的，除符合本办法第六条规定的条件外，还应当建立剧毒化学品双人验收、双人保管、双人发货、双把锁、双本账等管理制度。

第八条 申请人带有储存设施经营危险化学品的，除符合本办法第六条规定的条件外，还应当具备下列条件：

（一）新设立的专门从事危险化学品仓储经营的，其储存设施建立在地方人民政府规划的用于危险化学品储存的专门区域内；

（二）储存设施与相关场所、设施、区域的距离符合有关法律、法规、规章和标准的规定；

（三）依照有关规定进行安全评价，安全评价报告符合《危险化学品经营企业安全评价细则》的要求；

（四）专职安全生产管理人员具备国民教育化工化学类或者安全工程类中等职业教育以上学历，或者化工化学类中级以上专业技术职称，或者危险物品安全类注册安全工程师资格；

（五）符合《危险化学品安全管理条例》、《危险化学品重大危险源监督管理暂行规定》、《常用危险化学品贮存通则》（GB 15603）的相关规定。

申请人储存易燃、易爆、有毒、易扩散危险化学品的，除符合本条第一款规定的条件外，还应当符合《石油化工可燃气体和有毒气体检测报警设计规范》（GB 50493）的规定。

第三章　经营许可证的申请与颁发

第九条　申请人申请经营许可证，应当依照本办法第五条规定向所在地市级或者县级发证机关(以下统称发证机关)提出申请，提交下列文件、资料，并对其真实性负责：

(一) 申请经营许可证的文件及申请书；

(二) 安全生产规章制度和岗位操作规程的目录清单；

(三) 企业主要负责人、安全生产管理人员、特种作业人员的相关资格证书(复制件)和其他从业人员培训合格的证明材料；

(四) 经营场所产权证明文件或者租赁证明文件(复制件)；

(五) 工商行政管理部门颁发的企业性质营业执照或者企业名称预先核准文件(复制件)；

(六) 危险化学品事故应急预案备案登记表(复制件)。

带有储存设施经营危险化学品的，申请人还应当提交下列文件、资料：

(一) 储存设施相关证明文件(复制件)；租赁储存设施的，需要提交租赁证明文件(复制件)；储存设施新建、改建、扩建的，需要提交危险化学品建设项目安全设施竣工验收报告；

(二) 重大危险源备案证明材料、专职安全生产管理人员的学历证书、技术职称证书或者危险物品安全类注册安全工程师资格证书(复制件)；

(三) 安全评价报告。

第十条　发证机关收到申请人提交的文件、资料后，应当按照下列情况分别作出处理：

(一) 申请事项不需要取得经营许可证的，当场告知申请人不予受理；

(二) 申请事项不属于本发证机关职责范围的，当场作出不予受理的决定，告知申请人向相应的发证机关申请，并退回申请文件、资料；

(三) 申请文件、资料存在可以当场更正的错误的，允许申请人当场更正，并受理其申请；

(四) 申请文件、资料不齐全或者不符合要求的，当场告知或者在5个工作日内出具补正告知书，一次告知申请人需要补正的全部内容；逾期不告知的，自收到申请文件、资料之日起即为受理；

(五) 申请文件、资料齐全，符合要求，或者申请人按照发证机关要求提交全部补正材料的，立即受理其申请。

发证机关受理或者不予受理经营许可证申请，应当出具加盖本机关印章和注明日期的书面凭证。

第十一条 发证机关受理经营许可证申请后，应当组织对申请人提交的文件、资料进行审查，指派2名以上工作人员对申请人的经营场所、储存设施进行现场核查，并自受理之日起30日内作出是否准予许可的决定。

发证机关现场核查以及申请人整改现场核查发现的有关问题和修改有关申请文件、资料所需时间，不计算在前款规定的期限内。

第十二条 发证机关作出准予许可决定的，应当自决定之日起10个工作日内颁发经营许可证；发证机关作出不予许可决定的，应当在10个工作日内书面告知申请人并说明理由，告知书应当加盖本机关印章。

第十三条 经营许可证分为正本、副本，正本为悬挂式，副本为折页式。正本、副本具有同等法律效力。

经营许可证正本、副本应当分别载明下列事项：

（一）企业名称；

（二）企业住所（注册地址、经营场所、储存场所）；

（三）企业法定代表人姓名；

（四）经营方式；

（五）许可范围；

（六）发证日期和有效期限；

（七）证书编号；

（八）发证机关；

（九）有效期延续情况。

第十四条 已经取得经营许可证的企业变更企业名称、主要负责人、注册地址或者危险化学品储存设施及其监控措施的，应当自变更之日起20个工作日内，向本办法第五条规定的发证机关提出书面变更申请，并提交下列文件、资料：

（一）经营许可证变更申请书；

（二）变更后的工商营业执照副本（复制件）；

（三）变更后的主要负责人安全资格证书（复制件）；

（四）变更注册地址的相关证明材料；

（五）变更后的危险化学品储存设施及其监控措施的专项安全评价报告。

第十五条 发证机关受理变更申请后，应当组织对企业提交的文件、资料进行审查，并自收到申请文件、资料之日起10个工作日内作出是否准予变更的决定。

发证机关作出准予变更决定的，应当重新颁发经营许可证，并收回原经营许可证；不予变更的，应当说明理由并书面通知企业。

经营许可证变更的，经营许可证有效期的起始日和截止日不变，但应当载明变更日期。

第十六条 已经取得经营许可证的企业有新建、改建、扩建危险化学品储存设施建设项目的，应当自建设项目安全设施竣工验收合格之日起 20 个工作日内，向本办法第五条规定的发证机关提出变更申请，并提交危险化学品建设项目安全设施竣工验收报告等相关文件、资料。发证机关应当按照本办法第十条、第十五条的规定进行审查，办理变更手续。

第十七条 已经取得经营许可证的企业，有下列情形之一的，应当按照本办法的规定重新申请办理经营许可证，并提交相关文件、资料：

（一）不带有储存设施的经营企业变更其经营场所的；

（二）带有储存设施的经营企业变更其储存场所的；

（三）仓储经营的企业异地重建的；

（四）经营方式发生变化的；

（五）许可范围发生变化的。

第十八条 经营许可证的有效期为 3 年。有效期满后，企业需要继续从事危险化学品经营活动的，应当在经营许可证有效期满 3 个月前，向本办法第五条规定的发证机关提出经营许可证的延期申请，并提交延期申请书及本办法第九条规定的申请文件、资料。

企业提出经营许可证延期申请时，可以同时提出变更申请，并向发证机关提交相关文件、资料。

第十九条 符合下列条件的企业，申请经营许可证延期时，经发证机关同意，可以不提交本办法第九条规定的文件、资料：

（一）严格遵守有关法律、法规和本办法；

（二）取得经营许可证后，加强日常安全生产管理，未降低安全生产条件；

（三）未发生死亡事故或者对社会造成较大影响的生产安全事故。

带有储存设施经营危险化学品的企业，除符合前款规定条件的外，还需要取得并提交危险化学品企业安全生产标准化二级达标证书（复制件）。

第二十条 发证机关受理延期申请后，应当依照本办法第十条、第十一条、第十二条的规定，对延期申请进行审查，并在经营许可证有效期满前作出是否准予延期的决定；发证机关逾期未作出决定的，视为准予延期。

发证机关作出准予延期决定的，经营许可证有效期顺延 3 年。

第二十一条 任何单位和个人不得伪造、变造经营许可证，或者出租、出借、转让其取得的经营许可证，或者使用伪造、变造的经营许可证。

第四章　经营许可证的监督管理

第二十二条　发证机关应当坚持公开、公平、公正的原则，严格依照法律、法规、规章、国家标准、行业标准和本办法规定的条件及程序，审批、颁发经营许可证。

发证机关及其工作人员在经营许可证的审批、颁发和监督管理工作中，不得索取或者接受当事人的财物，不得谋取其他利益。

第二十三条　发证机关应当加强对经营许可证的监督管理，建立、健全经营许可证审批、颁发档案管理制度，并定期向社会公布企业取得经营许可证的情况，接受社会监督。

第二十四条　发证机关应当及时向同级公安机关、环境保护部门通报经营许可证的发放情况。

第二十五条　安全生产监督管理部门在监督检查中，发现已经取得经营许可证的企业不再具备法律、法规、规章、国家标准、行业标准和本办法规定的安全生产条件，或者存在违反法律、法规、规章和本办法规定的行为的，应当依法作出处理，并及时告知原发证机关。

第二十六条　发证机关发现企业以欺骗、贿赂等不正当手段取得经营许可证的，应当撤销已经颁发的经营许可证。

第二十七条　已经取得经营许可证的企业有下列情形之一的，发证机关应当注销其经营许可证：

（一）经营许可证有效期届满未被批准延期的；

（二）终止危险化学品经营活动的；

（三）经营许可证被依法撤销的；

（四）经营许可证被依法吊销的。

发证机关注销经营许可证后，应当在当地主要新闻媒体或者本机关网站上发布公告，并通报企业所在地人民政府和县级以上安全生产监督管理部门。

第二十八条　县级发证机关应当将本行政区域内上一年度经营许可证的审批、颁发和监督管理情况报告市级发证机关。

市级发证机关应当将本行政区域内上一年度经营许可证的审批、颁发和监督管理情况报告省、自治区、直辖市人民政府安全生产监督管理部门。

省、自治区、直辖市人民政府安全生产监督管理部门应当按照有关统计规定，将本行政区域内上一年度经营许可证的审批、颁发和监督管理情况报告国家安全生产监督管理总局。

第五章　法律责任

第二十九条　未取得经营许可证从事危险化学品经营的，依照《中华人民共和国安全生产法》有关未经依法批准擅自生产、经营、储存危险物品的法律责任条款并处罚款；构成犯罪的，依法追究刑事责任。

企业在经营许可证有效期届满后，仍然从事危险化学品经营的，依照前款规定给予处罚。

第三十条　带有储存设施的企业违反《危险化学品安全管理条例》规定，有下列情形之一的，责令改正，处5万元以上10万元以下的罚款；拒不改正的，责令停产停业整顿；经停产停业整顿仍不具备法律、法规、规章、国家标准和行业标准规定的安全生产条件的，吊销其经营许可证：

（一）对重复使用的危险化学品包装物、容器，在重复使用前不进行检查的；

（二）未根据其储存的危险化学品的种类和危险特性，在作业场所设置相关安全设施、设备，或者未按照国家标准、行业标准或者国家有关规定对安全设施、设备进行经常性维护、保养的；

（三）未将危险化学品储存在专用仓库内，或者未将剧毒化学品以及储存数量构成重大危险源的其他危险化学品在专用仓库内单独存放的；

（四）未对其安全生产条件定期进行安全评价的；

（五）危险化学品的储存方式、方法或者储存数量不符合国家标准或者国家有关规定的；

（六）危险化学品专用仓库不符合国家标准、行业标准的要求的；

（七）未对危险化学品专用仓库的安全设施、设备定期进行检测、检验的。

第三十一条　伪造、变造或者出租、出借、转让经营许可证，或者使用伪造、变造的经营许可证的，处10万元以上20万元以下的罚款，有违法所得的，没收违法所得；构成违反治安管理行为的，依法给予治安管理处罚；构成犯罪的，依法追究刑事责任。

第三十二条　已经取得经营许可证的企业不再具备法律、法规和本办法规定的安全生产条件的，责令改正；逾期不改正的，责令停产停业整顿；经停产停业整顿仍不具备法律、法规、规章、国家标准和行业标准规定的安全生产条件的，吊销其经营许可证。

第三十三条　已经取得经营许可证的企业出现本办法第十四条、第十六条规定的情形之一，未依照本办法的规定申请变更的，责令限期改正，处1万元以下的罚款；逾期仍不申请变更的，处1万元以上3万元以下的罚款。

第三十四条 安全生产监督管理部门的工作人员徇私舞弊、滥用职权、弄虚作假、玩忽职守，未依法履行危险化学品经营许可证审批、颁发和监督管理职责的，依照有关规定给予处分。

第三十五条 承担安全评价的机构和安全评价人员出具虚假评价报告的，依照有关法律、法规、规章的规定给予行政处罚；构成犯罪的，依法追究刑事责任。

第三十六条 本办法规定的行政处罚，由安全生产监督管理部门决定。其中，本办法第三十一条规定的行政处罚和第三十条、第三十二条规定的吊销经营许可证的行政处罚，由发证机关决定。

第六章 附　　则

第三十七条 购买危险化学品进行分装、充装或者加入非危险化学品的溶剂进行稀释，然后销售的，依照本办法执行。

本办法所称储存设施，是指按照《危险化学品重大危险源辨识》（GB 18218）确定，储存的危险化学品数量构成重大危险源的设施。

第三十八条 本办法施行前已取得经营许可证的企业，在其经营许可证有效期内可以继续从事危险化学品经营；经营许可证有效期届满后需要继续从事危险化学品经营的，应当依照本办法的规定重新申请经营许可证。

本办法施行前取得经营许可证的非企业的单位或者个人，在其经营许可证有效期内可以继续从事危险化学品经营；经营许可证有效期届满后需要继续从事危险化学品经营的，应当先依法登记为企业，再依照本办法的规定申请经营许可证。

第三十九条 经营许可证的式样由国家安全生产监督管理总局制定。

第四十条 本办法自 2012 年 9 月 1 日起施行。原国家经济贸易委员会 2002 年 10 月 8 日公布的《危险化学品经营许可证管理办法》同时废止。

国家安全生产监督管理总局令

第 53 号

《危险化学品登记管理办法》已经 2012 年 5 月 21 日国家安全生产监督管理总局局长办公会议审议通过，现予公布，自 2012 年 8 月 1 日起施行。原国家经济贸易委员会 2002 年 10 月 8 日公布的《危险化学品登记管理办法》同时废止。

国家安全监管总局局长　杨栋梁

2012 年 7 月 1 日

危险化学品登记管理办法

目　　录

第一章　总　　则

第一条　为了加强对危险化学品的安全管理，规范危险化学品登记工作，为危险化学品事故预防和应急救援提供技术、信息支持，根据《危险化学品安全管理条例》，制定本办法。

第二条　本办法适用于危险化学品生产企业、进口企业（以下统称登记企业）生产或者进口《危险化学品目录》所列危险化学品的登记和管理工作。

第三条　国家实行危险化学品登记制度。危险化学品登记实行企业申请、两级审核、统一发证、分级管理的原则。

第四条　国家安全生产监督管理总局负责全国危险化学品登记的监督管理工作。

县级以上地方各级人民政府安全生产监督管理部门负责本行政区域内危险化学品登记的监督管理工作。

第二章　登记机构

第五条　国家安全生产监督管理总局化学品登记中心(以下简称登记中心)，承办全国危险化学品登记的具体工作和技术管理工作。

省、自治区、直辖市人民政府安全生产监督管理部门设立危险化学品登记办公室或者危险化学品登记中心(以下简称登记办公室)，承办本行政区域内危险化学品登记的具体工作和技术管理工作。

第六条　登记中心履行下列职责：

(一) 组织、协调和指导全国危险化学品登记工作；

(二) 负责全国危险化学品登记内容审核、危险化学品登记证的颁发和管理工作；

(三) 负责管理与维护全国危险化学品登记信息管理系统(以下简称登记系统)以及危险化学品登记信息的动态统计分析工作；

(四) 负责管理与维护国家危险化学品事故应急咨询电话，并提供24小时应急咨询服务；

(五) 组织化学品危险性评估，对未分类的化学品统一进行危险性分类；

(六) 对登记办公室进行业务指导，负责全国登记办公室危险化学品登记人员的培训工作；

(七) 定期将危险化学品的登记情况通报国务院有关部门，并向社会公告。

第七条　登记办公室履行下列职责：

(一) 组织本行政区域内危险化学品登记工作；

(二) 对登记企业申报材料的规范性、内容一致性进行审查；

(三) 负责本行政区域内危险化学品登记信息的统计分析工作；

(四) 提供危险化学品事故预防与应急救援信息支持；

(五) 协助本行政区域内安全生产监督管理部门开展登记培训，指导登记企业实施危险化学品登记工作。

第八条　登记中心和登记办公室(以下统称登记机构)从事危险化学品登记的工作人员(以下简称登记人员)应当具有化工、化学、安全工程等相关专业大学专科以上学历，并经统一业务培训，取得培训合格证，方可上岗作业。

第九条　登记办公室应当具备下列条件：

(一) 有3名以上登记人员；

（二）有严格的责任制度、保密制度、档案管理制度和数据库维护制度；

（三）配备必要的办公设备、设施。

第三章　登记的时间、内容和程序

第十条　新建的生产企业应当在竣工验收前办理危险化学品登记。

进口企业应当在首次进口前办理危险化学品登记。

第十一条　同一企业生产、进口同一品种危险化学品的，按照生产企业进行一次登记，但应当提交进口危险化学品的有关信息。

进口企业进口不同制造商的同一品种危险化学品的，按照首次进口制造商的危险化学品进行一次登记，但应当提交其他制造商的危险化学品的有关信息。

生产企业、进口企业多次进口同一制造商的同一品种危险化学品的，只进行一次登记。

第十二条　危险化学品登记应当包括下列内容：

（一）分类和标签信息，包括危险化学品的危险性类别、象形图、警示词、危险性说明、防范说明等；

（二）物理、化学性质，包括危险化学品的外观与性状、溶解性、熔点、沸点等物理性质，闪点、爆炸极限、自燃温度、分解温度等化学性质；

（三）主要用途，包括企业推荐的产品合法用途、禁止或者限制的用途等；

（四）危险特性，包括危险化学品的物理危险性、环境危害性和毒理特性；

（五）储存、使用、运输的安全要求，其中，储存的安全要求包括对建筑条件、库房条件、安全条件、环境卫生条件、温度和湿度条件的要求，使用的安全要求包括使用时的操作条件、作业人员防护措施、使用现场危害控制措施等，运输的安全要求包括对运输或者输送方式的要求、危害信息向有关运输人员的传递手段、装卸及运输过程中的安全措施等；

（六）出现危险情况的应急处置措施，包括危险化学品在生产、使用、储存、运输过程中发生火灾、爆炸、泄漏、中毒、窒息、灼伤等化学品事故时的应急处理方法，应急咨询服务电话等。

第十三条　危险化学品登记按照下列程序办理：

（一）登记企业通过登记系统提出申请；

（二）登记办公室在 3 个工作日内对登记企业提出的申请进行初步审查，符合条件的，通过登记系统通知登记企业办理登记手续；

（三）登记企业接到登记办公室通知后，按照有关要求在登记系统中如实填写登记内容，并向登记办公室提交有关纸质登记材料；

（四）登记办公室在收到登记企业的登记材料之日起 20 个工作日内，对登记材料和登记内容逐项进行审查，必要时可进行现场核查，符合要求的，将登记材料提交给登记中心；不符合要求的，通过登记系统告知登记企业并说明理由；

（五）登记中心在收到登记办公室提交的登记材料之日起 15 个工作日内，对登记材料和登记内容进行审核，符合要求的，通过登记办公室向登记企业发放危险化学品登记证；不符合要求的，通过登记系统告知登记办公室、登记企业并说明理由。

登记企业修改登记材料和整改问题所需时间，不计算在前款规定的期限内。

第十四条 登记企业办理危险化学品登记时，应当提交下列材料，并对其内容的真实性负责：

（一）危险化学品登记表一式 2 份；

（二）生产企业的工商营业执照，进口企业的对外贸易经营者备案登记表、中华人民共和国进出口企业资质证书、中华人民共和国外商投资企业批准证书或者台港澳侨投资企业批准证书复制件 1 份；

（三）与其生产、进口的危险化学品相符并符合国家标准的化学品安全技术说明书、化学品安全标签各 1 份；

（四）满足本办法第二十二条规定的应急咨询服务电话号码或者应急咨询服务委托书复制件 1 份；

（五）办理登记的危险化学品产品标准（采用国家标准或者行业标准的，提供所采用的标准编号）。

第十五条 登记企业在危险化学品登记证有效期内，企业名称、注册地址、登记品种、应急咨询服务电话发生变化，或者发现其生产、进口的危险化学品有新的危险特性的，应当在 15 个工作日内向登记办公室提出变更申请，并按照下列程序办理登记内容变更手续：

（一）通过登记系统填写危险化学品登记变更申请表，并向登记办公室提交涉及变更事项的证明材料 1 份；

（二）登记办公室初步审查登记企业的登记变更申请，符合条件的，通知登记企业提交变更后的登记材料，并对登记材料进行审查，符合要求的，提交给登记中心；不符合要求的，通过登记系统告知登记企业并说明理由；

（三）登记中心对登记办公室提交的登记材料进行审核，符合要求且属于危险化学品登记证载明事项的，通过登记办公室向登记企业发放登记变更后的危险化学品登记证并收回原证；符合要求但不属于危险化学品登记证载明事项的，通过登记办公室向登记企业提供书面证明文件。

第十六条 危险化学品登记证有效期为 3 年。登记证有效期满后，登记企业继续从事危险化学品生产或者进口的，应当在登记证有效期届满前 3 个月提出复核换证申请，并按下列程序办理复核换证：

（一）通过登记系统填写危险化学品复核换证申请表；

（二）登记办公室审查登记企业的复核换证申请，符合条件的，通过登记系统告知登记企业提交本规定第十四条规定的登记材料；不符合条件的，通过登记系统告知登记企业并说明理由；

（三）按照本办法第十三条第一款第三项、第四项、第五项规定的程序办理复核换证手续。

第十七条 危险化学品登记证分为正本、副本，正本为悬挂式，副本为折页式。正本、副本具有同等法律效力。

危险化学品登记证正本、副本应当载明证书编号、企业名称、注册地址、企业性质、登记品种、有效期、发证机关、发证日期等内容。其中，企业性质应当注明危险化学品生产企业、危险化学品进口企业或者危险化学品生产企业（兼进口）。

第四章 登记企业的职责

第十八条 登记企业应当对本企业的各类危险化学品进行普查，建立危险化学品管理档案。

危险化学品管理档案应当包括危险化学品名称、数量、标识信息、危险性分类和化学品安全技术说明书、化学品安全标签等内容。

第十九条 登记企业应当按照规定向登记机构办理危险化学品登记，如实填报登记内容和提交有关材料，并接受安全生产监督管理部门依法进行的监督检查。

第二十条 登记企业应当指定人员负责危险化学品登记的相关工作，配合登记人员在必要时对本企业危险化学品登记内容进行核查。

登记企业从事危险化学品登记的人员应当具备危险化学品登记相关知识和能力。

第二十一条 对危险特性尚未确定的化学品，登记企业应当按照国家关于化学品危险性鉴定的有关规定，委托具有国家规定资质的机构对其进行危险性鉴定；属于危险化学品的，应当依照本办法的规定进行登记。

第二十二条 危险化学品生产企业应当设立由专职人员 24 小时值守的国内固定服务电话，针对本办法第十二条规定的内容向用户提供危险化学品事故应急咨询服务，为危险化学品事故应急救援提供技术指导和必要的协助。专职值守人员应当熟悉本企业危险化学品的危险特性和应急处置技术，准确回答有关咨询问题。

危险化学品生产企业不能提供前款规定应急咨询服务的，应当委托登记机构代理应急咨询服务。

危险化学品进口企业应当自行或者委托进口代理商、登记机构提供符合本条第一款要求的应急咨询服务，并在其进口的危险化学品安全标签上标明应急咨询服务电话号码。

从事代理应急咨询服务的登记机构，应当设立由专职人员 24 小时值守的国内固定服务电话，建有完善的化学品应急救援数据库，配备在线数字录音设备和 8 名以上专业人员，能够同时受理 3 起以上应急咨询，准确提供化学品泄漏、火灾、爆炸、中毒等事故应急处置有关信息和建议。

第二十三条 登记企业不得转让、冒用或者使用伪造的危险化学品登记证。

第五章 监督管理

第二十四条 安全生产监督管理部门应当将危险化学品登记情况纳入危险化学品安全执法检查内容，对登记企业未按照规定予以登记的，依法予以处理。

第二十五条 登记办公室应当对本行政区域内危险化学品的登记数据及时进行汇总、统计、分析，并报告省、自治区、直辖市人民政府安全生产监督管理部门。

第二十六条 登记中心应当定期向国务院工业和信息化、环境保护、公安、卫生、交通运输、铁路、质量监督检验检疫等部门提供危险化学品登记的有关信息和资料，并向社会公告。

第二十七条 登记办公室应当在每年 1 月 31 日前向所属省、自治区、直辖市人民政府安全生产监督管理部门和登记中心书面报告上一年度本行政区域内危险化学品登记的情况。

登记中心应当在每年 2 月 15 日前向国家安全生产监督管理总局书面报告上一年度全国危险化学品登记的情况。

第六章 法律责任

第二十八条 登记机构的登记人员违规操作、弄虚作假、滥发证书，在规定限期内无故不予登记且无明确答复，或者泄漏登记企业商业秘密的，责令改正，并追究有关责任人员的责任。

第二十九条 登记企业不办理危险化学品登记，登记品种发生变化或者发现其生产、进口的危险化学品有新的危险特性不办理危险化学品登记内容变更手续的，责令改正，可以处 5 万元以下的罚款；拒不改正的，处 5 万元以上 10 万元以下的罚款；情节严重的，责令停产停业整顿。

第三十条 登记企业有下列行为之一的，责令改正，可以处 3 万元以下的罚款：

（一）未向用户提供应急咨询服务或者应急咨询服务不符合本办法第二十二条规定的；

（二）在危险化学品登记证有效期内企业名称、注册地址、应急咨询服务电话发生变化，未按规定按时办理危险化学品登记变更手续的；

（三）危险化学品登记证有效期满后，未按规定申请复核换证，继续进行生产或者进口的；

（四）转让、冒用或者使用伪造的危险化学品登记证，或者不如实填报登记内容、提交有关材料的；

（五）拒绝、阻挠登记机构对本企业危险化学品登记情况进行现场核查的。

第七章 附 则

第三十一条 本办法所称危险化学品进口企业，是指依法设立且取得工商营业执照，并取得下列证明文件之一，从事危险化学品进口的企业：

（一）对外贸易经营者备案登记表；

（二）中华人民共和国进出口企业资质证书；

（三）中华人民共和国外商投资企业批准证书；

（四）台港澳侨投资企业批准证书。

第三十二条 登记企业在本办法施行前已经取得的危险化学品登记证，其有效期不变；有效期满后继续从事危险化学品生产、进口活动的，应当依照本办法的规定办理危险化学品登记证复核换证手续。

第三十三条 危险化学品登记证由国家安全生产监督管理总局统一印制。

第三十四条 本办法自 2012 年 8 月 1 日起施行。原国家经济贸易委员会 2002 年 10 月 8 日公布的《危险化学品登记管理办法》同时废止。

国家安全生产监督管理总局令

第 43 号

《危险化学品输送管道安全管理规定》已经 2011 年 12 月 31 日国家安全生产监督管理总局局长办公会议审议通过，现予公布，自 2012 年 3 月 1 日起施行。

局长　骆琳

2012 年 1 月 17 日

危险化学品输送管道安全管理规定

（2012 年 1 月 17 日国家安全监管总局令第 43 号公布　根据 2015 年 5 月 27 日国家安全监管总局令第 79 号修正）

目　　录

第一章　总　　则

第一条　为了加强危险化学品输送管道的安全管理，预防和减少危险化学品输送管道生产安全事故，保护人民群众生命财产安全，根据《中华人民共和国安全生产法》和《危险化学品安全管理条例》，制定本规定。

第二条　生产、储存危险化学品的单位在厂区外公共区域埋地、地面和架空的危险化学品输送管道及其附属设施（以下简称危险化学品管道）的安全管理，适用本规定。

原油、成品油、天然气、煤层气、煤制气长输管道安全保护和城镇燃气管道的安全管理，不适用本规定。

第三条 对危险化学品管道享有所有权或者运行管理权的单位(以下简称管道单位)应当依照有关安全生产法律法规和本规定，落实安全生产主体责任，建立、健全有关危险化学品管道安全生产的规章制度和操作规程并实施，接受安全生产监督管理部门依法实施的监督检查。

第四条 各级安全生产监督管理部门负责危险化学品管道安全生产的监督检查，并依法对危险化学品管道建设项目实施安全条件审查。

第五条 任何单位和个人不得实施危害危险化学品管道安全生产的行为。

对危害危险化学品管道安全生产的行为，任何单位和个人均有权向安全生产监督管理部门举报。接受举报的安全生产监督管理部门应当依法予以处理。

第二章　危险化学品管道的规划

第六条 危险化学品管道建设应当遵循安全第一、节约用地和经济合理的原则，并按照相关国家标准、行业标准和技术规范进行科学规划。

第七条 禁止光气、氯气等剧毒气体化学品管道穿(跨)越公共区域。

严格控制氨、硫化氢等其他有毒气体的危险化学品管道穿(跨)越公共区域。

第八条 危险化学品管道建设的选线应当避开地震活动断层和容易发生洪灾、地质灾害的区域；确实无法避开的，应当采取可靠的工程处理措施，确保不受地质灾害影响。

危险化学品管道与居民区、学校等公共场所以及建筑物、构筑物、铁路、公路、航道、港口、市政设施、通讯设施、军事设施、电力设施的距离，应当符合有关法律、行政法规和国家标准、行业标准的规定。

第三章　危险化学品管道的建设

第九条 对新建、改建、扩建的危险化学品管道，建设单位应当依照国家安全生产监督管理总局有关危险化学品建设项目安全监督管理的规定，依法办理安全条件审查、安全设施设计审查和安全设施竣工验收手续。

第十条 对新建、改建、扩建的危险化学品管道，建设单位应当依照有关法律、行政法规的规定，委托具备相应资质的设计单位进行设计。

第十一条 承担危险化学品管道的施工单位应当具备有关法律、行政法规规定的相应资质。施工单位应当按照有关法律、法规、国家标准、行业标准和技术规范的规定，以及经过批准的安全设施设计进行施工，并对工程质量负责。

参加危险化学品管道焊接、防腐、无损检测作业的人员应当具备相应的操作资格证书。

第十二条 负责危险化学品管道工程的监理单位应当对管道的总体建设质

量进行全过程监督，并对危险化学品管道的总体建设质量负责。管道施工单位应当严格按照有关国家标准、行业标准的规定对管道的焊缝和防腐质量进行检查，并按照设计要求对管道进行压力试验和气密性试验。

对敷设在江、河、湖泊或者其他环境敏感区域的危险化学品管道，应当采取增加管道压力设计等级、增加防护套管等措施，确保危险化学品管道安全。

第十三条 危险化学品管道试生产(使用)前，管道单位应当对有关保护措施进行安全检查，科学制定安全投入生产(使用)方案，并严格按照方案实施。

第十四条 危险化学品管道试压半年后一直未投入生产(使用)的，管道单位应当在其投入生产(使用)前重新进行气密性试验；对敷设在江、河或者其他环境敏感区域的危险化学品管道，应当相应缩短重新进行气密性试验的时间间隔。

第四章 危险化学品管道的运行

第十五条 危险化学品管道应当设置明显标志。发现标志毁损的，管道单位应当及时予以修复或者更新。

第十六条 管道单位应当建立、健全危险化学品管道巡护制度，配备专人进行日常巡护。巡护人员发现危害危险化学品管道安全生产情形的，应当立即报告单位负责人并及时处理。

第十七条 管道单位对危险化学品管道存在的事故隐患应当及时排除；对自身排除确有困难的外部事故隐患，应当向当地安全生产监督管理部门报告。

第十八条 管道单位应当按照有关国家标准、行业标准和技术规范对危险化学品管道进行定期检测、维护，确保其处于完好状态；对安全风险较大的区段和场所，应当进行重点监测、监控；对不符合安全标准的危险化学品管道，应当及时更新、改造或者停止使用，并向当地安全生产监督管理部门报告。对涉及更新、改造的危险化学品管道，还应当按照本办法第九条的规定办理安全条件审查手续。

第十九条 管道单位发现下列危害危险化学品管道安全运行行为的，应当及时予以制止，无法处置时应当向当地安全生产监督管理部门报告：

（一）擅自开启、关闭危险化学品管道阀门；

（二）采用移动、切割、打孔、砸撬、拆卸等手段损坏管道及其附属设施；

（三）移动、毁损、涂改管道标志；

（四）在埋地管道上方和巡查便道上行驶重型车辆；

（五）对埋地、地面管道进行占压，在架空管道线路和管桥上行走或者放置重物；

（六）利用地面管道、架空管道、管架桥等固定其他设施缆绳悬挂广告牌、搭建构筑物；

（七）其他危害危险化学品管道安全运行的行为。

第二十条 禁止在危险化学品管道附属设施的上方架设电力线路、通信线路。

第二十一条 在危险化学品管道及其附属设施外缘两侧各5米地域范围内，管道单位发现下列危害管道安全运行的行为的，应当及时予以制止，无法处置时应当向当地安全生产监督管理部门报告：

（一）种植乔木、灌木、藤类、芦苇、竹子或者其他根系深达管道埋设部位可能损坏管道防腐层的深根植物；

（二）取土、采石、用火、堆放重物、排放腐蚀性物质、使用机械工具进行挖掘施工、工程钻探；

（三）挖塘、修渠、修晒场、修建水产养殖场、建温室、建家畜棚圈、建房以及修建其他建（构）筑物。

第二十二条 在危险化学品管道中心线两侧及危险化学品管道附属设施外缘两侧5米外的周边范围内，管道单位发现下列建（构）筑物与管道线路、管道附属设施的距离不符合国家标准、行业标准要求的，应当及时向当地安全生产监督管理部门报告：

（一）居民小区、学校、医院、餐饮娱乐场所、车站、商场等人口密集的建筑物；

（二）加油站、加气站、储油罐、储气罐等易燃易爆物品的生产、经营、存储场所；

（三）变电站、配电站、供水站等公用设施。

第二十三条 在穿越河流的危险化学品管道线路中心线两侧500米地域范围内，管道单位发现有实施抛锚、拖锚、挖沙、采石、水下爆破等作业的，应当及时予以制止，无法处置时应当向当地安全生产监督管理部门报告。但在保障危险化学品管道安全的条件下，为防洪和航道通畅而实施的养护疏浚作业除外。

第二十四条 在危险化学品管道专用隧道中心线两侧1000米地域范围内，管道单位发现有实施采石、采矿、爆破等作业的，应当及时予以制止，无法处置时应当向当地安全生产监督管理部门报告。

在前款规定的地域范围内，因修建铁路、公路、水利等公共工程确需实施采石、爆破等作业的，应当按照本规定第二十五条的规定执行。

第二十五条 实施下列可能危及危险化学品管道安全运行的施工作业的，

施工单位应当在开工的 7 日前书面通知管道单位，将施工作业方案报管道单位，并与管道单位共同制定应急预案，采取相应的安全防护措施，管道单位应当指派专人到现场进行管道安全保护指导：

（一）穿（跨）越管道的施工作业；

（二）在管道线路中心线两侧 5 米至 50 米和管道附属设施周边 100 米地域范围内，新建、改建、扩建铁路、公路、河渠，架设电力线路，埋设地下电缆、光缆，设置安全接地体、避雷接地体；

（三）在管道线路中心线两侧 200 米和管道附属设施周边 500 米地域范围内，实施爆破、地震法勘探或者工程挖掘、工程钻探、采矿等作业。

第二十六条 施工单位实施本规定第二十四条第二款、第二十五条规定的作业，应当符合下列条件：

（一）已经制定符合危险化学品管道安全运行要求的施工作业方案；

（二）已经制定应急预案；

（三）施工作业人员已经接受相应的危险化学品管道保护知识教育和培训；

（四）具有保障安全施工作业的设备、设施。

第二十七条 危险化学品管道的专用设施、水工防护设施、专用隧道等附属设施不得用于其他用途；确需用于其他用途的，应当征得管道单位的同意，并采取相应的安全防护措施。

第二十八条 管道单位应当按照有关规定制定本单位危险化学品管道事故应急预案，配备相应的应急救援人员和设备物资，定期组织应急演练。

发生危险化学品管道生产安全事故，管道单位应当立即启动应急预案及响应程序，采取有效措施进行紧急处置，消除或者减轻事故危害，并按照国家规定立即向事故发生地县级以上安全生产监督管理部门报告。

第二十九条 对转产、停产、停止使用的危险化学品管道，管道单位应当采取有效措施及时妥善处置，并将处置方案报县级以上安全生产监督管理部门。

第五章 监督管理

第三十条 省级、设区的市级安全生产监督管理部门应当按照国家安全生产监督管理总局有关危险化学品建设项目安全监督管理的规定，对新建、改建、扩建管道建设项目办理安全条件审查、安全设施设计审查、试生产（使用）方案备案和安全设施竣工验收手续。

第三十一条 安全生产监督管理部门接到管道单位依照本规定第十七条、第十九条、第二十一条、第二十二条、第二十三条、第二十四条提交的有关报告后，应当及时依法予以协调、移送有关主管部门处理或者报请本级人民政府组织处理。

第三十二条 县级以上安全生产监督管理部门接到危险化学品管道生产安全事故报告后，应当按照有关规定及时上报事故情况，并根据实际情况采取事故处置措施。

第六章 法律责任

第三十三条 新建、改建、扩建危险化学品管道建设项目未经安全条件审查的，由安全生产监督管理部门责令停止建设，限期改正；逾期不改正的，处50万元以上100万元以下的罚款；构成犯罪的，依法追究刑事责任。

危险化学品管道建设单位将管道建设项目发包给不具备相应资质等级的勘察、设计、施工单位或者委托给不具有相应资质等级的工程监理单位的，由安全生产监督管理部门移送建设行政主管部门依照《建设工程质量管理条例》第五十四条规定予以处罚。

第三十四条 管道单位未对危险化学品管道设置明显的安全警示标志的，由安全生产监督管理部门责令限期改正，可以处5万元以下的罚款；逾期未改正的，处5万元以上20万元以下的罚款，对其直接负责的主管人员和其他直接责任人员处1万元以上2万元以下的罚款；情节严重的，责令停产停业整顿；构成犯罪的，依照刑法有关规定追究刑事责任。

第三十五条 有下列情形之一的，由安全生产监督管理部门责令改正，可以处5万元以下的罚款；拒不改正的，处5万元以上10万元以下的罚款；情节严重的，责令停产停业整顿。

（一）管道单位未按照本规定对管道进行检测、维护的；

（二）进行可能危及危险化学品管道安全的施工作业，施工单位未按照规定书面通知管道单位，或者未与管道单位共同制定应急预案并采取相应的防护措施，或者管道单位未指派专人到现场进行管道安全保护指导的。

第三十六条 对转产、停产、停止使用的危险化学品管道，管道单位未采取有效措施及时、妥善处置的，由安全生产监督管理部门责令改正，处5万元以上10万元以下的罚款；构成犯罪的，依法追究刑事责任。

对转产、停产、停止使用的危险化学品管道，管道单位未按照本规定将处置方案报县级以上安全生产监督管理部门的，由安全生产监督管理部门责令改正，可以处1万元以下的罚款；拒不改正的，处1万元以上5万元以下的罚款。

第三十七条 违反本规定，采用移动、切割、打孔、砸撬、拆卸等手段实施危害危险化学品管道安全行为，尚不构成犯罪的，由有关主管部门依法给予治安管理处罚。

第七章　附　　则

第三十八条　本规定所称公共区域是指厂区（包括化工园区、工业园区）以外的区域。

第三十九条　本规定所称危险化学品管道附属设施包括：

（一）管道的加压站、计量站、阀室、阀井、放空设施、储罐、装卸栈桥、装卸场、分输站、减压站等站场；

（二）管道的水工保护设施、防风设施、防雷设施、抗震设施、通信设施、安全监控设施、电力设施、管堤、管桥以及管道专用涵洞、隧道等穿跨越设施；

（三）管道的阴极保护站、阴极保护测试桩、阳极地床、杂散电流排流站等防腐设施；

（四）管道的其他附属设施。

第四十条　本规定施行前在管道保护距离内已经建成的人口密集场所和易燃易爆物品的生产、经营、存储场所，应当由所在地人民政府根据当地的实际情况，有计划、分步骤地搬迁、清理或者采取必要的防护措施。

第四十一条　本规定自2012年3月1日起施行。

国家安全生产监督管理总局令

第41号

新修订的《危险化学品生产企业安全生产许可证实施办法》已经2011年7月22日国家安全生产监督管理总局局长办公会议审议通过，现予公布，自2011年12月1日起施行。原国家安全生产监督管理局(国家煤矿安全监察局)2004年5月17日公布的《危险化学品生产企业安全生产许可证实施办法》(原国家安全生产监督管理局〈国家煤矿安全监察局〉令第10号)同时废止。

局长　骆琳

2011年8月5日

危险化学品生产企业安全生产许可证实施办法

(2011年8月5日国家安全监管总局令第41号公布　根据2015年5月27日国家安全监管总局令第79号修正)

目　录

第一章　总　则

第一条　为了严格规范危险化学品生产企业安全生产条件，做好危险化学品生产企业安全生产许可证的颁发和管理工作，根据《安全生产许可证条例》、《危险化学品安全管理条例》等法律、行政法规，制定本实施办法。

第二条　本办法所称危险化学品生产企业(以下简称企业)，是指依法设立且取得工商营业执照或者工商核准文件从事生产最终产品或者中间产品列入《危险化学品目录》的企业。

第三条 企业应当依照本办法的规定取得危险化学品安全生产许可证(以下简称安全生产许可证)。未取得安全生产许可证的企业，不得从事危险化学品的生产活动。

第四条 安全生产许可证的颁发管理工作实行企业申请、两级发证、属地监管的原则。

第五条 国家安全生产监督管理总局指导、监督全国安全生产许可证的颁发管理工作。

省、自治区、直辖市安全生产监督管理部门(以下简称省级安全生产监督管理部门)负责本行政区域内中央企业及其直接控股涉及危险化学品生产的企业(总部)以外的企业安全生产许可证的颁发管理。

第六条 省级安全生产监督管理部门可以将其负责的安全生产许可证颁发工作，委托企业所在地设区的市级或者县级安全生产监督管理部门实施。涉及剧毒化学品生产的企业安全生产许可证颁发工作，不得委托实施。国家安全生产监督管理总局公布的涉及危险化工工艺和重点监管危险化学品的企业安全生产许可证颁发工作，不得委托县级安全生产监督管理部门实施。

受委托的设区的市级或者县级安全生产监督管理部门在受委托的范围内，以省级安全生产监督管理部门的名义实施许可，但不得再委托其他组织和个人实施。

国家安全生产监督管理总局、省级安全生产监督管理部门和受委托的设区的市级或者县级安全生产监督管理部门统称实施机关。

第七条 省级安全生产监督管理部门应当将受委托的设区的市级或者县级安全生产监督管理部门以及委托事项予以公告。

省级安全生产监督管理部门应当指导、监督受委托的设区的市级或者县级安全生产监督管理部门颁发安全生产许可证，并对其法律后果负责。

第二章 申请安全生产许可证的条件

第八条 企业选址布局、规划设计以及与重要场所、设施、区域的距离应当符合下列要求：

(一) 国家产业政策；当地县级以上(含县级)人民政府的规划和布局；新设立企业建在地方人民政府规划的专门用于危险化学品生产、储存的区域内；

(二) 危险化学品生产装置或者储存危险化学品数量构成重大危险源的储存设施，与《危险化学品安全管理条例》第十九条第一款规定的八类场所、设施、区域的距离符合有关法律、法规、规章和国家标准或者行业标准的规定；

（三）总体布局符合《化工企业总图运输设计规范》(GB 50489)、《工业企业总平面设计规范》(GB 50187)、《建筑设计防火规范》(GB 50016)等标准的要求。

石油化工企业除符合本条第一款规定条件外，还应当符合《石油化工企业设计防火规范》(GB 50160)的要求。

第九条 企业的厂房、作业场所、储存设施和安全设施、设备、工艺应当符合下列要求：

（一）新建、改建、扩建建设项目经具备国家规定资质的单位设计、制造和施工建设；涉及危险化工工艺、重点监管危险化学品的装置，由具有综合甲级资质或者化工石化专业甲级设计资质的化工石化设计单位设计；

（二）不得采用国家明令淘汰、禁止使用和危及安全生产的工艺、设备；新开发的危险化学品生产工艺必须在小试、中试、工业化试验的基础上逐步放大到工业化生产；国内首次使用的化工工艺，必须经过省级人民政府有关部门组织的安全可靠性论证；

（三）涉及危险化工工艺、重点监管危险化学品的装置装设自动化控制系统；涉及危险化工工艺的大型化工装置装设紧急停车系统；涉及易燃易爆、有毒有害气体化学品的场所装设易燃易爆、有毒有害介质泄漏报警等安全设施；

（四）生产区与非生产区分开设置，并符合国家标准或者行业标准规定的距离；

（五）危险化学品生产装置和储存设施之间及其与建(构)筑物之间的距离符合有关标准规范的规定。

同一厂区内的设备、设施及建(构)筑物的布置必须适用同一标准的规定。

第十条 企业应当有相应的职业危害防护设施，并为从业人员配备符合国家标准或者行业标准的劳动防护用品。

第十一条 企业应当依据《危险化学品重大危险源辨识》(GB 18218)，对本企业的生产、储存和使用装置、设施或者场所进行重大危险源辨识。

对已确定为重大危险源的生产和储存设施，应当执行《危险化学品重大危险源监督管理暂行规定》。

第十二条 企业应当依法设置安全生产管理机构，配备专职安全生产管理人员。配备的专职安全生产管理人员必须能够满足安全生产的需要。

第十三条 企业应当建立全员安全生产责任制，保证每位从业人员的安全生产责任与职务、岗位相匹配。

第十四条 企业应当根据化工工艺、装置、设施等实际情况，制定完善下列主要安全生产规章制度：

（一）安全生产例会等安全生产会议制度；

（二）安全投入保障制度；

（三）安全生产奖惩制度；

（四）安全培训教育制度；

（五）领导干部轮流现场带班制度；

（六）特种作业人员管理制度；

（七）安全检查和隐患排查治理制度；

（八）重大危险源评估和安全管理制度；

（九）变更管理制度；

（十）应急管理制度；

（十一）生产安全事故或者重大事件管理制度；

（十二）防火、防爆、防中毒、防泄漏管理制度；

（十三）工艺、设备、电气仪表、公用工程安全管理制度；

（十四）动火、进入受限空间、吊装、高处、盲板抽堵、动土、断路、设备检维修等作业安全管理制度；

（十五）危险化学品安全管理制度；

（十六）职业健康相关管理制度；

（十七）劳动防护用品使用维护管理制度；

（十八）承包商管理制度；

（十九）安全管理制度及操作规程定期修订制度。

第十五条 企业应当根据危险化学品的生产工艺、技术、设备特点和原辅料、产品的危险性编制岗位操作安全规程。

第十六条 企业主要负责人、分管安全负责人和安全生产管理人员必须具备与其从事的生产经营活动相适应的安全生产知识和管理能力，依法参加安全生产培训，并经考核合格，取得安全资格证书。

企业分管安全负责人、分管生产负责人、分管技术负责人应当具有一定的化工专业知识或者相应的专业学历，专职安全生产管理人员应当具备国民教育化工化学类（或安全工程）中等职业教育以上学历或者化工化学类中级以上专业技术职称。

企业应当有危险物品安全类注册安全工程师从事安全生产管理工作。

特种作业人员应当依照《特种作业人员安全技术培训考核管理规定》，经专门的安全技术培训并考核合格，取得特种作业操作证书。

本条第一、二、四款规定以外的其他从业人员应当按照国家有关规定，经安全教育培训合格。

第十七条 企业应当按照国家规定提取与安全生产有关的费用，并保证安全生产所必须的资金投入。

第十八条 企业应当依法参加工伤保险，为从业人员缴纳保险费。

第十九条 企业应当依法委托具备国家规定资质的安全评价机构进行安全评价，并按照安全评价报告的意见对存在的安全生产问题进行整改。

第二十条 企业应当依法进行危险化学品登记，为用户提供化学品安全技术说明书，并在危险化学品包装(包括外包装件)上粘贴或者拴挂与包装内危险化学品相符的化学品安全标签。

第二十一条 企业应当符合下列应急管理要求：

（一）按照国家有关规定编制危险化学品事故应急预案并报有关部门备案；

（二）建立应急救援组织，规模较小的企业可以不建立应急救援组织，但应指定兼职的应急救援人员；

（三）配备必要的应急救援器材、设备和物资，并进行经常性维护、保养，保证正常运转。

生产、储存和使用氯气、氨气、光气、硫化氢等吸入性有毒有害气体的企业，除符合本条第一款的规定外，还应当配备至少两套以上全封闭防化服；构成重大危险源的，还应当设立气体防护站(组)。

第二十二条 企业除符合本章规定的安全生产条件，还应当符合有关法律、行政法规和国家标准或者行业标准规定的其他安全生产条件。

第三章 安全生产许可证的申请

第二十三条 中央企业及其直接控股涉及危险化学品生产的企业(总部)以外的企业向所在地省级安全生产监督管理部门或其委托的安全生产监督管理部门申请安全生产许可证。

第二十四条 新建企业安全生产许可证的申请，应当在危险化学品生产建设项目安全设施竣工验收通过后10个工作日内提出。

第二十五条 企业申请安全生产许可证时，应当提交下列文件、资料，并对其内容的真实性负责：

（一）申请安全生产许可证的文件及申请书；

（二）安全生产责任制文件，安全生产规章制度、岗位操作安全规程清单；

（三）设置安全生产管理机构，配备专职安全生产管理人员的文件复制件；

（四）主要负责人、分管安全负责人、安全生产管理人员和特种作业人员的安全资格证或者特种作业操作证复制件；

（五）与安全生产有关的费用提取和使用情况报告，新建企业提交有关安全生产费用提取和使用规定的文件；

（六）为从业人员缴纳工伤保险费的证明材料；

（七）危险化学品事故应急救援预案的备案证明文件；

（八）危险化学品登记证复制件；

（九）工商营业执照副本或者工商核准文件复制件；

（十）具备资质的中介机构出具的安全评价报告；

（十一）新建企业的竣工验收报告；

（十二）应急救援组织或者应急救援人员，以及应急救援器材、设备设施清单。

有危险化学品重大危险源的企业，除提交本条第一款规定的文件、资料外，还应当提供重大危险源及其应急预案的备案证明文件、资料。

第四章　安全生产许可证的颁发

第二十六条　实施机关收到企业申请文件、资料后，应当按照下列情况分别作出处理：

（一）申请事项依法不需要取得安全生产许可证的，即时告知企业不予受理；

（二）申请事项依法不属于本实施机关职责范围的，即时作出不予受理的决定，并告知企业向相应的实施机关申请；

（三）申请材料存在可以当场更正的错误的，允许企业当场更正，并受理其申请；

（四）申请材料不齐全或者不符合法定形式的，当场告知或者在 5 个工作日内出具补正告知书，一次告知企业需要补正的全部内容；逾期不告知的，自收到申请材料之日起即为受理；

（五）企业申请材料齐全、符合法定形式，或者按照实施机关要求提交全部补正材料的，立即受理其申请。

实施机关受理或者不予受理行政许可申请，应当出具加盖本机关专用印章和注明日期的书面凭证。

第二十七条　安全生产许可证申请受理后，实施机关应当组织对企业提交的申请文件、资料进行审查。对企业提交的文件、资料实质内容存在疑问，需要到现场核查的，应当指派工作人员就有关内容进行现场核查。工作人员应当如实提出现场核查意见。

第二十八条　实施机关应当在受理之日起 45 个工作日内作出是否准予许可的决定。审查过程中的现场核查所需时间不计算在本条规定的期限内。

第二十九条 实施机关作出准予许可决定的，应当自决定之日起 10 个工作日内颁发安全生产许可证。

实施机关作出不予许可的决定的，应当在 10 个工作日内书面告知企业并说明理由。

第三十条 企业在安全生产许可证有效期内变更主要负责人、企业名称或者注册地址的，应当自工商营业执照或者隶属关系变更之日起 10 个工作日内向实施机关提出变更申请，并提交下列文件、资料：

（一）变更后的工商营业执照副本复制件；

（二）变更主要负责人的，还应当提供主要负责人经安全生产监督管理部门考核合格后颁发的安全资格证复制件；

（三）变更注册地址的，还应当提供相关证明材料。

对已经受理的变更申请，实施机关应当在对企业提交的文件、资料审查无误后，方可办理安全生产许可证变更手续。

企业在安全生产许可证有效期内变更隶属关系的，仅需提交隶属关系变更证明材料报实施机关备案。

第三十一条 企业在安全生产许可证有效期内，当原生产装置新增产品或者改变工艺技术对企业的安全生产产生重大影响时，应当对该生产装置或者工艺技术进行专项安全评价，并对安全评价报告中提出的问题进行整改；在整改完成后，向原实施机关提出变更申请，提交安全评价报告。实施机关按照本办法第三十条的规定办理变更手续。

第三十二条 企业在安全生产许可证有效期内，有危险化学品新建、改建、扩建建设项目（以下简称建设项目）的，应当在建设项目安全设施竣工验收合格之日起 10 个工作日内向原实施机关提出变更申请，并提交建设项目安全设施竣工验收报告等相关文件、资料。实施机关按照本办法第二十七条、第二十八条和第二十九条的规定办理变更手续。

第三十三条 安全生产许可证有效期为 3 年。企业安全生产许可证有效期届满后继续生产危险化学品的，应当在安全生产许可证有效期届满前 3 个月提出延期申请，并提交延期申请书和本办法第二十五条规定的申请文件、资料。

实施机关按照本办法第二十六条、第二十七条、第二十八条、第二十九条的规定进行审查，并作出是否准予延期的决定。

第三十四条 企业在安全生产许可证有效期内，符合下列条件的，其安全生产许可证届满时，经原实施机关同意，可不提交第二十五条第一款第二、七、八、十、十一项规定的文件、资料，直接办理延期手续：

（一）严格遵守有关安全生产的法律、法规和本办法的；

（二）取得安全生产许可证后，加强日常安全生产管理，未降低安全生产条件，并达到安全生产标准化等级二级以上的；

（三）未发生死亡事故的。

第三十五条 安全生产许可证分为正、副本，正本为悬挂式，副本为折页式，正、副本具有同等法律效力。

实施机关应当分别在安全生产许可证正、副本上载明编号、企业名称、主要负责人、注册地址、经济类型、许可范围、有效期、发证机关、发证日期等内容。其中，正本上的"许可范围"应当注明"危险化学品生产"，副本上的"许可范围"应当载明生产场所地址和对应的具体品种、生产能力。

安全生产许可证有效期的起始日为实施机关作出许可决定之日，截止日为起始日至三年后同一日期的前一日。有效期内有变更事项的，起始日和截止日不变，载明变更日期。

第三十六条 企业不得出租、出借、买卖或者以其他形式转让其取得的安全生产许可证，或者冒用他人取得的安全生产许可证、使用伪造的安全生产许可证。

第五章　监督管理

第三十七条 实施机关应当坚持公开、公平、公正的原则，依照本办法和有关安全生产行政许可的法律、法规规定，颁发安全生产许可证。

实施机关工作人员在安全生产许可证颁发及其监督管理工作中，不得索取或者接受企业的财物，不得牟取其他非法利益。

第三十八条 实施机关应当加强对安全生产许可证的监督管理，建立、健全安全生产许可证档案管理制度。

第三十九条 有下列情形之一的，实施机关应当撤销已经颁发的安全生产许可证：

（一）超越职权颁发安全生产许可证的；

（二）违反本办法规定的程序颁发安全生产许可证的；

（三）以欺骗、贿赂等不正当手段取得安全生产许可证的。

第四十条 企业取得安全生产许可证后有下列情形之一的，实施机关应当注销其安全生产许可证：

（一）安全生产许可证有效期届满未被批准延续的；

（二）终止危险化学品生产活动的；

（三）安全生产许可证被依法撤销的；

（四）安全生产许可证被依法吊销的。

安全生产许可证注销后，实施机关应当在当地主要新闻媒体或者本机关网站上发布公告，并通报企业所在地人民政府和县级以上安全生产监督管理部门。

第四十一条 省级安全生产监督管理部门应当在每年1月15日前，将本行政区域内上年度安全生产许可证的颁发和管理情况报国家安全生产监督管理总局。

国家安全生产监督管理总局、省级安全生产监督管理部门应当定期向社会公布企业取得安全生产许可的情况，接受社会监督。

第六章 法律责任

第四十二条 实施机关工作人员有下列行为之一的，给予降级或者撤职的处分；构成犯罪的，依法追究刑事责任：

（一）向不符合本办法第二章规定的安全生产条件的企业颁发安全生产许可证的；

（二）发现企业未依法取得安全生产许可证擅自从事危险化学品生产活动，不依法处理的；

（三）发现取得安全生产许可证的企业不再具备本办法第二章规定的安全生产条件，不依法处理的；

（四）接到对违反本办法规定行为的举报后，不及时依法处理的；

（五）在安全生产许可证颁发和监督管理工作中，索取或者接受企业的财物，或者谋取其他非法利益的。

第四十三条 企业取得安全生产许可证后发现其不具备本办法规定的安全生产条件的，依法暂扣其安全生产许可证1个月以上6个月以下；暂扣期满仍不具备本办法规定的安全生产条件的，依法吊销其安全生产许可证。

第四十四条 企业出租、出借或者以其他形式转让安全生产许可证的，没收违法所得，处10万元以上50万元以下的罚款，并吊销安全生产许可证；构成犯罪的，依法追究刑事责任。

第四十五条 企业有下列情形之一的，责令停止生产危险化学品，没收违法所得，并处10万元以上50万元以下的罚款；构成犯罪的，依法追究刑事责任：

（一）未取得安全生产许可证，擅自进行危险化学品生产的；

（二）接受转让的安全生产许可证的；

（三）冒用或者使用伪造的安全生产许可证的。

第四十六条 企业在安全生产许可证有效期届满未办理延期手续，继续进行生产的，责令停止生产，限期补办延期手续，没收违法所得，并处 5 万元以上 10 万元以下的罚款；逾期仍不办理延期手续，继续进行生产的，依照本办法第四十五条的规定进行处罚。

第四十七条 企业在安全生产许可证有效期内主要负责人、企业名称、注册地址、隶属关系发生变更或者新增产品、改变工艺技术对企业安全生产产生重大影响，未按照本办法第三十条规定的时限提出安全生产许可证变更申请的，责令限期申请，处 1 万元以上 3 万元以下的罚款。

第四十八条 企业在安全生产许可证有效期内，其危险化学品建设项目安全设施竣工验收合格后，未按照本办法第三十二条规定的时限提出安全生产许可证变更申请并且擅自投入运行的，责令停止生产，限期申请，没收违法所得，并处 1 万元以上 3 万元以下的罚款。

第四十九条 发现企业隐瞒有关情况或者提供虚假材料申请安全生产许可证的，实施机关不予受理或者不予颁发安全生产许可证，并给予警告，该企业在 1 年内不得再次申请安全生产许可证。

企业以欺骗、贿赂等不正当手段取得安全生产许可证的，自实施机关撤销其安全生产许可证之日起 3 年内，该企业不得再次申请安全生产许可证。

第五十条 安全评价机构有下列情形之一的，给予警告，并处 1 万元以下的罚款；情节严重的，暂停资质半年，并处 1 万元以上 3 万元以下的罚款；对相关责任人依法给予处理：

（一）从业人员不到现场开展安全评价活动的；

（二）安全评价报告与实际情况不符，或者安全评价报告存在重大疏漏，但尚未造成重大损失的；

（三）未按照有关法律、法规、规章和国家标准或者行业标准的规定从事安全评价活动的。

第五十一条 承担安全评价、检测、检验的机构出具虚假证明的，没收违法所得；违法所得在 10 万元以上的，并处违法所得 2 倍以上 5 倍以下的罚款；没有违法所得或者违法所得不足 10 万元的，单处或者并处 10 万元以上 20 万元以下的罚款；对其直接负责的主管人员和其他直接责任人员处 2 万元以上 5 万元以下的罚款；给他人造成损害的，与企业承担连带赔偿责任；构成犯罪的，依照刑法有关规定追究刑事责任。

对有前款违法行为的机构，依法吊销其相应资质。

第五十二条 本办法规定的行政处罚，由国家安全生产监督管理总局、省级安全生产监督管理部门决定。省级安全生产监督管理部门可以委托设区的市级或者县级安全生产监督管理部门实施。

第七章　附　　则

第五十三条　将纯度较低的化学品提纯至纯度较高的危险化学品的，适用本办法。购买某种危险化学品进行分装(包括充装)或者加入非危险化学品的溶剂进行稀释，然后销售或者使用的，不适用本办法。

第五十四条　本办法下列用语的含义：

(一) 危险化学品目录，是指国家安全生产监督管理总局会同国务院工业和信息化、公安、环境保护、卫生、质量监督检验检疫、交通运输、铁路、民用航空、农业主管部门，依据《危险化学品安全管理条例》公布的危险化学品目录。

(二) 中间产品，是指为满足生产的需要，生产一种或者多种产品为下一个生产过程参与化学反应的原料。

(三) 作业场所，是指可能使从业人员接触危险化学品的任何作业活动场所，包括从事危险化学品的生产、操作、处置、储存、装卸等场所。

第五十五条　安全生产许可证由国家安全生产监督管理总局统一印制。

危险化学品安全生产许可的文书、安全生产许可证的格式、内容和编号办法，由国家安全生产监督管理总局另行规定。

第五十六条　省级安全生产监督管理部门可以根据当地实际情况制定安全生产许可证颁发管理的细则，并报国家安全生产监督管理总局备案。

第五十七条　本办法自 2011 年 12 月 1 日起施行。原国家安全生产监督管理局(国家煤矿安全监察局)2004 年 5 月 17 日公布的《危险化学品生产企业安全生产许可证实施办法》同时废止。

国家安全生产监督管理总局令

第 40 号

《危险化学品重大危险源监督管理暂行规定》已经 2011 年 7 月 22 日国家安全生产监督管理总局局长办公会议审议通过，现予公布，自 2011 年 12 月 1 日起施行。

国家安全生产监督管理总局局长　骆琳

2011 年 8 月 5 日

危险化学品重大危险源监督管理暂行规定

（2011 年 8 月 5 日国家安全监管总局令第 40 号公布　根据 2015 年 5 月 27 日国家安全监管总局令第 79 号修正）

目　　录

第一章　总　　则

第一条　为了加强危险化学品重大危险源的安全监督管理，防止和减少危险化学品事故的发生，保障人民群众生命财产安全，根据《中华人民共和国安全生产法》和《危险化学品安全管理条例》等有关法律、行政法规，制定本规定。

第二条　从事危险化学品生产、储存、使用和经营的单位（以下统称危险化学品单位）的危险化学品重大危险源的辨识、评估、登记建档、备案、核销及其监督管理，适用本规定。

城镇燃气、用于国防科研生产的危险化学品重大危险源以及港区内危险化学品重大危险源的安全监督管理，不适用本规定。

第三条 本规定所称危险化学品重大危险源(以下简称重大危险源)，是指按照《危险化学品重大危险源辨识》(GB 18218)标准辨识确定，生产、储存、使用或者搬运危险化学品的数量等于或者超过临界量的单元(包括场所和设施)。

第四条 危险化学品单位是本单位重大危险源安全管理的责任主体，其主要负责人对本单位的重大危险源安全管理工作负责，并保证重大危险源安全生产所必需的安全投入。

第五条 重大危险源的安全监督管理实行属地监管与分级管理相结合的原则。

县级以上地方人民政府安全生产监督管理部门按照有关法律、法规、标准和本规定，对本辖区内的重大危险源实施安全监督管理。

第六条 国家鼓励危险化学品单位采用有利于提高重大危险源安全保障水平的先进适用的工艺、技术、设备以及自动控制系统，推进安全生产监督管理部门重大危险源安全监管的信息化建设。

第二章 辨识与评估

第七条 危险化学品单位应当按照《危险化学品重大危险源辨识》标准，对本单位的危险化学品生产、经营、储存和使用装置、设施或者场所进行重大危险源辨识，并记录辨识过程与结果。

第八条 危险化学品单位应当对重大危险源进行安全评估并确定重大危险源等级。危险化学品单位可以组织本单位的注册安全工程师、技术人员或者聘请有关专家进行安全评估，也可以委托具有相应资质的安全评价机构进行安全评估。

依照法律、行政法规的规定，危险化学品单位需要进行安全评价的，重大危险源安全评估可以与本单位的安全评价一起进行，以安全评价报告代替安全评估报告，也可以单独进行重大危险源安全评估。

重大危险源根据其危险程度，分为一级、二级、三级和四级，一级为最高级别。重大危险源分级方法由本规定附件 1 列示。

第九条 重大危险源有下列情形之一的，应当委托具有相应资质的安全评价机构，按照有关标准的规定采用定量风险评价方法进行安全评估，确定个人和社会风险值：

(一) 构成一级或者二级重大危险源，且毒性气体实际存在(在线)量与其在《危险化学品重大危险源辨识》中规定的临界量比值之和大于或等于 1 的；

（二）构成一级重大危险源，且爆炸品或液化易燃气体实际存在（在线）量与其在《危险化学品重大危险源辨识》中规定的临界量比值之和大于或等于1的。

第十条 重大危险源安全评估报告应当客观公正、数据准确、内容完整、结论明确、措施可行，并包括下列内容：

（一）评估的主要依据；

（二）重大危险源的基本情况；

（三）事故发生的可能性及危害程度；

（四）个人风险和社会风险值（仅适用定量风险评价方法）；

（五）可能受事故影响的周边场所、人员情况；

（六）重大危险源辨识、分级的符合性分析；

（七）安全管理措施、安全技术和监控措施；

（八）事故应急措施；

（九）评估结论与建议。

危险化学品单位以安全评价报告代替安全评估报告的，其安全评价报告中有关重大危险源的内容应当符合本条第一款规定的要求。

第十一条 有下列情形之一的，危险化学品单位应当对重大危险源重新进行辨识、安全评估及分级：

（一）重大危险源安全评估已满三年的；

（二）构成重大危险源的装置、设施或者场所进行新建、改建、扩建的；

（三）危险化学品种类、数量、生产、使用工艺或者储存方式及重要设备、设施等发生变化，影响重大危险源级别或者风险程度的；

（四）外界生产安全环境因素发生变化，影响重大危险源级别和风险程度的；

（五）发生危险化学品事故造成人员死亡，或者10人以上受伤，或者影响到公共安全的；

（六）有关重大危险源辨识和安全评估的国家标准、行业标准发生变化的。

第三章 安全管理

第十二条 危险化学品单位应当建立完善重大危险源安全管理规章制度和安全操作规程，并采取有效措施保证其得到执行。

第十三条 危险化学品单位应当根据构成重大危险源的危险化学品种类、数量、生产、使用工艺（方式）或者相关设备、设施等实际情况，按照下列要求建立健全安全监测监控体系，完善控制措施：

（一）重大危险源配备温度、压力、液位、流量、组份等信息的不间断采集和监测系统以及可燃气体和有毒有害气体泄漏检测报警装置，并具备信息远传、连续记录、事故预警、信息存储等功能；一级或者二级重大危险源，具备紧急停车功能。记录的电子数据的保存时间不少于 30 天；

（二）重大危险源的化工生产装置装备满足安全生产要求的自动化控制系统；一级或者二级重大危险源，装备紧急停车系统；

（三）对重大危险源中的毒性气体、剧毒液体和易燃气体等重点设施，设置紧急切断装置；毒性气体的设施，设置泄漏物紧急处置装置。涉及毒性气体、液化气体、剧毒液体的一级或者二级重大危险源，配备独立的安全仪表系统（SIS）；

（四）重大危险源中储存剧毒物质的场所或者设施，设置视频监控系统；

（五）安全监测监控系统符合国家标准或者行业标准的规定。

第十四条 通过定量风险评价确定的重大危险源的个人和社会风险值，不得超过本规定附件 2 列示的个人和社会可容许风险限值标准。

超过个人和社会可容许风险限值标准的，危险化学品单位应当采取相应的降低风险措施。

第十五条 危险化学品单位应当按照国家有关规定，定期对重大危险源的安全设施和安全监测监控系统进行检测、检验，并进行经常性维护、保养，保证重大危险源的安全设施和安全监测监控系统有效、可靠运行。维护、保养、检测应当作好记录，并由有关人员签字。

第十六条 危险化学品单位应当明确重大危险源中关键装置、重点部位的责任人或者责任机构，并对重大危险源的安全生产状况进行定期检查，及时采取措施消除事故隐患。事故隐患难以立即排除的，应当及时制定治理方案，落实整改措施、责任、资金、时限和预案。

第十七条 危险化学品单位应当对重大危险源的管理和操作岗位人员进行安全操作技能培训，使其了解重大危险源的危险特性，熟悉重大危险源安全管理规章制度和安全操作规程，掌握本岗位的安全操作技能和应急措施。

第十八条 危险化学品单位应当在重大危险源所在场所设置明显的安全警示标志，写明紧急情况下的应急处置办法。

第十九条 危险化学品单位应当将重大危险源可能发生的事故后果和应急措施等信息，以适当方式告知可能受影响的单位、区域及人员。

第二十条 危险化学品单位应当依法制定重大危险源事故应急预案，建立应急救援组织或者配备应急救援人员，配备必要的防护装备及应急救援器材、设备、物资，并保障其完好和方便使用；配合地方人民政府安全生产监督管理部门制定所在地区涉及本单位的危险化学品事故应急预案。

对存在吸入性有毒、有害气体的重大危险源，危险化学品单位应当配备便携式浓度检测设备、空气呼吸器、化学防护服、堵漏器材等应急器材和设备；涉及剧毒气体的重大危险源，还应当配备两套以上(含本数)气密型化学防护服；涉及易燃易爆气体或者易燃液体蒸气的重大危险源，还应当配备一定数量的便携式可燃气体检测设备。

第二十一条 危险化学品单位应当制定重大危险源事故应急预案演练计划，并按照下列要求进行事故应急预案演练：

(一) 对重大危险源专项应急预案，每年至少进行一次；

(二) 对重大危险源现场处置方案，每半年至少进行一次。

应急预案演练结束后，危险化学品单位应当对应急预案演练效果进行评估，撰写应急预案演练评估报告，分析存在的问题，对应急预案提出修订意见，并及时修订完善。

第二十二条 危险化学品单位应当对辨识确认的重大危险源及时、逐项进行登记建档。

重大危险源档案应当包括下列文件、资料：

(一) 辨识、分级记录；

(二) 重大危险源基本特征表；

(三) 涉及的所有化学品安全技术说明书；

(四) 区域位置图、平面布置图、工艺流程图和主要设备一览表；

(五) 重大危险源安全管理规章制度及安全操作规程；

(六) 安全监测监控系统、措施说明、检测、检验结果；

(七) 重大危险源事故应急预案、评审意见、演练计划和评估报告；

(八) 安全评估报告或者安全评价报告；

(九) 重大危险源关键装置、重点部位的责任人、责任机构名称；

(十) 重大危险源场所安全警示标志的设置情况；

(十一) 其他文件、资料。

第二十三条 危险化学品单位在完成重大危险源安全评估报告或者安全评价报告后15日内，应当填写重大危险源备案申请表，连同本规定第二十二条规定的重大危险源档案材料(其中第二款第五项规定的文件资料只需提供清单)，报送所在地县级人民政府安全生产监督管理部门备案。

县级人民政府安全生产监督管理部门应当每季度将辖区内的一级、二级重大危险源备案材料报送至设区的市级人民政府安全生产监督管理部门。设区的市级人民政府安全生产监督管理部门应当每半年将辖区内的一级重大危险源备案材料报送至省级人民政府安全生产监督管理部门。

重大危险源出现本规定第十一条所列情形之一的，危险化学品单位应当及时更新档案，并向所在地县级人民政府安全生产监督管理部门重新备案。

第二十四条 危险化学品单位新建、改建和扩建危险化学品建设项目，应当在建设项目竣工验收前完成重大危险源的辨识、安全评估和分级、登记建档工作，并向所在地县级人民政府安全生产监督管理部门备案。

第四章 监督检查

第二十五条 县级人民政府安全生产监督管理部门应当建立健全危险化学品重大危险源管理制度，明确责任人员，加强资料归档。

第二十六条 县级人民政府安全生产监督管理部门应当在每年 1 月 15 日前，将辖区内上一年度重大危险源的汇总信息报送至设区的市级人民政府安全生产监督管理部门。设区的市级人民政府安全生产监督管理部门应当在每年 1 月 31 日前，将辖区内上一年度重大危险源的汇总信息报送至省级人民政府安全生产监督管理部门。省级人民政府安全生产监督管理部门应当在每年 2 月 15 日前，将辖区内上一年度重大危险源的汇总信息报送至国家安全生产监督管理总局。

第二十七条 重大危险源经过安全评价或者安全评估不再构成重大危险源的，危险化学品单位应当向所在地县级人民政府安全生产监督管理部门申请核销。

申请核销重大危险源应当提交下列文件、资料：

（一）载明核销理由的申请书；

（二）单位名称、法定代表人、住所、联系人、联系方式；

（三）安全评价报告或者安全评估报告。

第二十八条 县级人民政府安全生产监督管理部门应当自收到申请核销的文件、资料之日起 30 日内进行审查，符合条件的，予以核销并出具证明文书；不符合条件的，说明理由并书面告知申请单位。必要时，县级人民政府安全生产监督管理部门应当聘请有关专家进行现场核查。

第二十九条 县级人民政府安全生产监督管理部门应当每季度将辖区内一级、二级重大危险源的核销材料报送至设区的市级人民政府安全生产监督管理部门。设区的市级人民政府安全生产监督管理部门应当每半年将辖区内一级重大危险源的核销材料报送至省级人民政府安全生产监督管理部门。

第三十条 县级以上地方各级人民政府安全生产监督管理部门应当加强对存在重大危险源的危险化学品单位的监督检查，督促危险化学品单位做好重大危险源的辨识、安全评估及分级、登记建档、备案、监测监控、事故应急预案编制、核销和安全管理工作。

首次对重大危险源的监督检查应当包括下列主要内容：

（一）重大危险源的运行情况、安全管理规章制度及安全操作规程制定和落实情况；

（二）重大危险源的辨识、分级、安全评估、登记建档、备案情况；

（三）重大危险源的监测监控情况；

（四）重大危险源安全设施和安全监测监控系统的检测、检验以及维护保养情况；

（五）重大危险源事故应急预案的编制、评审、备案、修订和演练情况；

（六）有关从业人员的安全培训教育情况；

（七）安全标志设置情况；

（八）应急救援器材、设备、物资配备情况；

（九）预防和控制事故措施的落实情况。

安全生产监督管理部门在监督检查中发现重大危险源存在事故隐患的，应当责令立即排除；重大事故隐患排除前或者排除过程中无法保证安全的，应当责令从危险区域内撤出作业人员，责令暂时停产停业或者停止使用；重大事故隐患排除后，经安全生产监督管理部门审查同意，方可恢复生产经营和使用。

第三十一条 县级以上地方各级人民政府安全生产监督管理部门应当会同本级人民政府有关部门，加强对工业（化工）园区等重大危险源集中区域的监督检查，确保重大危险源与周边单位、居民区、人员密集场所等重要目标和敏感场所之间保持适当的安全距离。

第五章 法律责任

第三十二条 危险化学品单位有下列行为之一的，由县级以上人民政府安全生产监督管理部门责令限期改正，可以处 10 万元以下的罚款；逾期未改正的，责令停产停业整顿，并处 10 万元以上 20 万元以下的罚款，对其直接负责的主管人员和其他直接责任人员处 2 万元以上 5 万元以下的罚款；构成犯罪的，依照刑法有关规定追究刑事责任：

（一）未按照本规定要求对重大危险源进行安全评估或者安全评价的；

（二）未按照本规定要求对重大危险源进行登记建档的；

（三）未按照本规定及相关标准要求对重大危险源进行安全监测监控的；

（四）未制定重大危险源事故应急预案的。

第三十三条 危险化学品单位有下列行为之一的，由县级以上人民政府安全生产监督管理部门责令限期改正，可以处 5 万元以下的罚款；逾期未改正的，处 5 万元以上 20 万元以下的罚款，对其直接负责的主管人员和其他直接责任人员处 1 万元以上 2 万元以下的罚款；情节严重的，责令停产停业整顿；构成犯罪的，依照刑法有关规定追究刑事责任：

（一）未在构成重大危险源的场所设置明显的安全警示标志的；

（二）未对重大危险源中的设备、设施等进行定期检测、检验的。

第三十四条 危险化学品单位有下列情形之一的，由县级以上人民政府安全生产监督管理部门给予警告，可以并处 5000 元以上 3 万元以下的罚款：

（一）未按照标准对重大危险源进行辨识的；

（二）未按照本规定明确重大危险源中关键装置、重点部位的责任人或者责任机构的；

（三）未按照本规定建立应急救援组织或者配备应急救援人员，以及配备必要的防护装备及器材、设备、物资，并保障其完好的；

（四）未按照本规定进行重大危险源备案或者核销的；

（五）未将重大危险源可能引发的事故后果、应急措施等信息告知可能受影响的单位、区域及人员的；

（六）未按照本规定要求开展重大危险源事故应急预案演练的。

第三十五条 危险化学品单位未按照本规定对重大危险源的安全生产状况进行定期检查，采取措施消除事故隐患的，责令立即消除或者限期消除；危险化学品单位拒不执行的，责令停产停业整顿，并处 10 万元以上 20 万元以下的罚款，对其直接负责的主管人员和其他直接责任人员处 2 万元以上 5 万元以下的罚款。

第三十六条 承担检测、检验、安全评价工作的机构，出具虚假证明的，没收违法所得；违法所得在 10 万元以上的，并处违法所得 2 倍以上 5 倍以下的罚款；没有违法所得或者违法所得不足 10 万元的，单处或者并处 10 万元以上 20 万元以下的罚款；对其直接负责的主管人员和其他直接责任人员处 2 万元以上 5 万元以下的罚款；给他人造成损害的，与危险化学品单位承担连带赔偿责任；构成犯罪的，依照刑法有关规定追究刑事责任。

对有前款违法行为的机构，依法吊销其相应资质。

第六章 附 则

第三十七条 本规定自 2011 年 12 月 1 日起施行。

附件：1. 港口重大危险源分级方法

2. 可容许风险值

附件 1

港口重大危险源分级方法

一、分级原则

采用单元内各种危险货物实际存在量与其在《危险化学品重大危险源辨识》(GB 18218—2009)中的临界量比值，经校正系数校正后的值 R 之和作为分级指标。

二、R 的计算方法

$$R=\alpha\left(\beta_1\frac{q_1}{Q_1}+\beta_2\frac{q_2}{Q_2}+\cdots+\beta_n\frac{q_n}{Q_n}\right)$$

式中 q_1，q_2，…，q_n——每种危险货物实际存在量，吨；

Q_1，Q_2，…，Q_n——与各危险货物相对应的临界量，吨；

β_1，β_2…，β_n——与各危险货物相对应的校正系数；

α——该重大危险源库区外暴露人员的校正系数。

三、校正系数 β 的取值

根据单元内危险货物的类别不同，设定校正系数(β)值，见表 1 和表 2。

表 1　校正系数 β 取值表

危险化学品类别	毒性气体	爆炸品	易燃气体	其他类危险货物
β	见表 2	2	1.5	1

注：危险货物类别依据《危险货物品名表》中分类标准确定。

表 2　常见毒性气体校正系数 β 值取值表

毒性气体名称	一氧化碳	二氧化硫	氨	环氧乙烷	氯化氢	溴甲烷	氯
β	2	2	2	2	3	3	4
毒性气体名称	硫化氢	氟化氢	二氧化氮	氰化氢	碳酰氯	磷化氢	异氰酸甲酯
β	5	5	10	10	20	20	20

注：未在表 2 中列出的有毒气体可按 $\beta=2$ 取值，剧毒气体可按 $\beta=4$ 取值。

四、校正系数 α 的取值

根据重大危险源单元边界向外扩展 500 米范围内常住人口数量，设定单元外暴露人员校正系数(α)值，见表 3。

表 3　校正系数 α 取值表

单元外可能接触人员数量	α
100 人以上	2.0
50~99 人	1.5
30~49 人	1.0
0~29 人	0.5

五、分级标准

根据计算出来的 R 值，按表 4 确定危险货物重大危险源的级别。

表 4　危险货物重大危险源级别和 R 值的对应关系

港口重大危险源级别	R 值
一级	$R \geqslant 50$
二级	$50 > R \geqslant 10$
三级	$R < 10$

附件 2

可容许风险值

一、个人风险可容许风险值

个人风险是指因港口重大危险源各种潜在的火灾、爆炸、有毒气体泄漏事故造成区域内某一固定位置人员的个体死亡概率，即单位时间内(通常为年)的个体死亡率。通常用个人风险等值线表示。

通过定量风险评价，港口重大危险源周边重要目标和敏感场所承受的个人风险应满足表 1 中可容许风险值要求。

表 1　个人风险可容许标准

港口重大危险源周边重要目标和敏感场所类别	可容许风险(年)
1. 高敏感场所(如学校、医院、幼儿园、养老院等)； 2. 重要目标(如党政机关、军事禁区、军事管理区、文物保护单位等)； 3. 特殊高密度场所(如大型体育场、大型交通枢纽、大型露天市场等)	$<3\times10^{-7}$
1. 居住类高密度场所(如居民区、宾馆、度假村等)； 2. 公众聚集类高密度场所(如办公场所、商场、饭店、娱乐场所、公园、广场等)	$<1\times10^{-6}$

二、社会风险可容许风险值

社会风险是指能够引起大于等于 N 人死亡的事故累积频率(F)，也即单位时间内(通常为年)的死亡人数。常用社会风险曲线(F–N 曲线)表示。

社会风险标准采用 ALARP(As Low As Reasonable Practice)原则作为可接受原则。ALARP 原则通过两个风险分界线将风险划分为 3 个区域，即：不可容许区、尽可能降低区(ALARP)和可容许区。

① 若社会风险曲线落在不可容许区，除特殊情况外，该风险无论如何不能被接受。

② 若落在可容许区，风险处于很低的水平，该风险是可以被接受的，无需采取安全改进措施。

③ 若落在尽可能降低区，则需要在可能的情况下尽量减少风险，即对各种风险处理措施方案进行成本效益分析等，以决定是否采取这些措施。

通过定量风险评价，港口危险货物重大危险源产生的社会风险应满足图 1 中社会风险值要求。

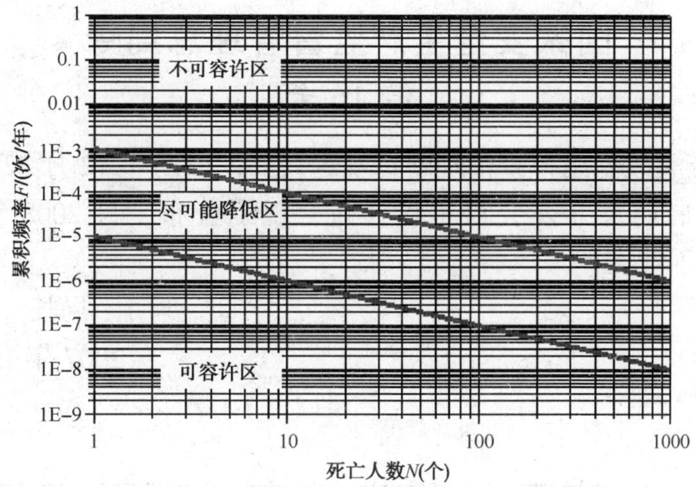

图 1　社会风险标准(F-N)曲线

国家安全生产监督管理总局令
第 16 号

《安全生产事故隐患排查治理暂行规定》已经 2007 年 12 月 22 日国家安全生产监督管理总局局长办公会议审议通过，现予公布，自 2008 年 2 月 1 日起施行。

局长　李毅中

2007 年 12 月 28 日

安全生产事故隐患排查治理暂行规定

目　　录

第一章　总　　则

第一条　为了建立安全生产事故隐患排查治理长效机制，强化安全生产主体责任，加强事故隐患监督管理，防止和减少事故，保障人民群众生命财产安全，根据安全生产法等法律、行政法规，制定本规定。

第二条　生产经营单位安全生产事故隐患排查治理和安全生产监督管理部门、煤矿安全监察机构(以下统称安全监管监察部门)实施监管监察，适用本规定。

有关法律、行政法规对安全生产事故隐患排查治理另有规定的，依照其规定。

第三条　本规定所称安全生产事故隐患(以下简称事故隐患)，是指生产经营单位违反安全生产法律、法规、规章、标准、规程和安全生产管理制度的规定，或者因其他因素在生产经营活动中存在可能导致事故发生的物的危险状态、人的不安全行为和管理上的缺陷。

事故隐患分为一般事故隐患和重大事故隐患。一般事故隐患，是指危害和整改难度较小，发现后能够立即整改排除的隐患。重大事故隐患，是指危害和整改难度较大，应当全部或者局部停产停业，并经过一定时间整改治理方能排除的隐患，或者因外部因素影响致使生产经营单位自身难以排除的隐患。

第四条 生产经营单位应当建立健全事故隐患排查治理制度。

生产经营单位主要负责人对本单位事故隐患排查治理工作全面负责。

第五条 各级安全监管监察部门按照职责对所辖区域内生产经营单位排查治理事故隐患工作依法实施综合监督管理；各级人民政府有关部门在各自职责范围内对生产经营单位排查治理事故隐患工作依法实施监督管理。

第六条 任何单位和个人发现事故隐患，均有权向安全监管监察部门和有关部门报告。

安全监管监察部门接到事故隐患报告后，应当按照职责分工立即组织核实并予以查处；发现所报告事故隐患应当由其他有关部门处理的，应当立即移送有关部门并记录备查。

第二章 生产经营单位的职责

第七条 生产经营单位应当依照法律、法规、规章、标准和规程的要求从事生产经营活动。严禁非法从事生产经营活动。

第八条 生产经营单位是事故隐患排查、治理和防控的责任主体。

生产经营单位应当建立健全事故隐患排查治理和建档监控等制度，逐级建立并落实从主要负责人到每个从业人员的隐患排查治理和监控责任制。

第九条 生产经营单位应当保证事故隐患排查治理所需的资金，建立资金使用专项制度。

第十条 生产经营单位应当定期组织安全生产管理人员、工程技术人员和其他相关人员排查本单位的事故隐患。对排查出的事故隐患，应当按照事故隐患的等级进行登记，建立事故隐患信息档案，并按照职责分工实施监控治理。

第十一条 生产经营单位应当建立事故隐患报告和举报奖励制度，鼓励、发动职工发现和排除事故隐患，鼓励社会公众举报。对发现、排除和举报事故隐患的有功人员，应当给予物质奖励和表彰。

第十二条 生产经营单位将生产经营项目、场所、设备发包、出租的，应当与承包、承租单位签订安全生产管理协议，并在协议中明确各方对事故隐患排查、治理和防控的管理职责。生产经营单位对承包、承租单位的事故隐患排查治理负有统一协调和监督管理的职责。

第十三条 安全监管监察部门和有关部门的监督检查人员依法履行事故隐患监督检查职责时，生产经营单位应当积极配合，不得拒绝和阻挠。

第十四条 生产经营单位应当每季、每年对本单位事故隐患排查治理情况进行统计分析，并分别于下一季度15日前和下一年1月31日前向安全监管监察部门和有关部门报送书面统计分析表。统计分析表应当由生产经营单位主要负责人签字。

对于重大事故隐患，生产经营单位除依照前款规定报送外，应当及时向安全监管监察部门和有关部门报告。重大事故隐患报告内容应当包括：

（一）隐患的现状及其产生原因；

（二）隐患的危害程度和整改难易程度分析；

（三）隐患的治理方案。

第十五条 对于一般事故隐患，由生产经营单位（车间、分厂、区队等）负责人或者有关人员立即组织整改。

对于重大事故隐患，由生产经营单位主要负责人组织制定并实施事故隐患治理方案。重大事故隐患治理方案应当包括以下内容：

（一）治理的目标和任务；

（二）采取的方法和措施；

（三）经费和物资的落实；

（四）负责治理的机构和人员；

（五）治理的时限和要求；

（六）安全措施和应急预案。

第十六条 生产经营单位在事故隐患治理过程中，应当采取相应的安全防范措施，防止事故发生。事故隐患排除前或者排除过程中无法保证安全的，应当从危险区域内撤出作业人员，并疏散可能危及的其他人员，设置警戒标志，暂时停产停业或者停止使用；对暂时难以停产或者停止使用的相关生产储存装置、设施、设备，应当加强维护和保养，防止事故发生。

第十七条 生产经营单位应当加强对自然灾害的预防。对于因自然灾害可能导致事故灾难的隐患，应当按照有关法律、法规、标准和本规定的要求排查治理，采取可靠的预防措施，制定应急预案。在接到有关自然灾害预报时，应当及时向下属单位发出预警通知；发生自然灾害可能危及生产经营单位和人员安全的情况时，应当采取撤离人员、停止作业、加强监测等安全措施，并及时向当地人民政府及其有关部门报告。

第十八条 地方人民政府或者安全监管监察部门及有关部门挂牌督办并责令全部或者局部停产停业治理的重大事故隐患，治理工作结束后，有条件的生产经营单位应当组织本单位的技术人员和专家对重大事故隐患的治理情况进行评估；其他生产经营单位应当委托具备相应资质的安全评价机构对重大事故隐患的治理情况进行评估。

经治理后符合安全生产条件的，生产经营单位应当向安全监管监察部门和有关部门提出恢复生产的书面申请，经安全监管监察部门和有关部门审查同意后，方可恢复生产经营。申请报告应当包括治理方案的内容、项目和安全评价机构出具的评价报告等。

第三章　监督管理

第十九条　安全监管监察部门应当指导、监督生产经营单位按照有关法律、法规、规章、标准和规程的要求，建立健全事故隐患排查治理等各项制度。

第二十条　安全监管监察部门应当建立事故隐患排查治理监督检查制度，定期组织对生产经营单位事故隐患排查治理情况开展监督检查；应当加强对重点单位的事故隐患排查治理情况的监督检查。对检查过程中发现的重大事故隐患，应当下达整改指令书，并建立信息管理台账。必要时，报告同级人民政府并对重大事故隐患实行挂牌督办。

安全监管监察部门应当配合有关部门做好对生产经营单位事故隐患排查治理情况开展的监督检查，依法查处事故隐患排查治理的非法和违法行为及其责任者。

安全监管监察部门发现属于其他有关部门职责范围内的重大事故隐患的，应该及时将有关资料移送有管辖权的有关部门，并记录备查。

第二十一条　已经取得安全生产许可证的生产经营单位，在其被挂牌督办的重大事故隐患治理结束前，安全监管监察部门应当加强监督检查。必要时，可以提请原许可证颁发机关依法暂扣其安全生产许可证。

第二十二条　安全监管监察部门应当会同有关部门把重大事故隐患整改纳入重点行业领域的安全专项整治中加以治理，落实相应责任。

第二十三条　对挂牌督办并采取全部或者局部停产停业治理的重大事故隐患，安全监管监察部门收到生产经营单位恢复生产的申请报告后，应当在10日内进行现场审查。审查合格的，对事故隐患进行核销，同意恢复生产经营；审查不合格的，依法责令改正或者下达停产整改指令。对整改无望或者生产经营单位拒不执行整改指令的，依法实施行政处罚；不具备安全生产条件的，依法提请县级以上人民政府按照国务院规定的权限予以关闭。

第二十四条　安全监管监察部门应当每季将本行政区域重大事故隐患的排查治理情况和统计分析表逐级报至省级安全监管监察部门备案。

省级安全监管监察部门应当每半年将本行政区域重大事故隐患的排查治理情况和统计分析表报国家安全生产监督管理总局备案。

第四章　罚　　则

第二十五条　生产经营单位及其主要负责人未履行事故隐患排查治理职责，导致发生生产安全事故的，依法给予行政处罚。

第二十六条　生产经营单位违反本规定，有下列行为之一的，由安全监管监察部门给予警告，并处三万元以下的罚款：

（一）未建立安全生产事故隐患排查治理等各项制度的；

（二）未按规定上报事故隐患排查治理统计分析表的；

（三）未制定事故隐患治理方案的；

（四）重大事故隐患不报或者未及时报告的；

（五）未对事故隐患进行排查治理擅自生产经营的；

（六）整改不合格或者未经安全监管监察部门审查同意擅自恢复生产经营的。

第二十七条　承担检测检验、安全评价的中介机构，出具虚假评价证明，尚不够刑事处罚的，没收违法所得，违法所得在五千元以上的，并处违法所得二倍以上五倍以下的罚款，没有违法所得或者违法所得不足五千元的，单处或者并处五千元以上二万元以下的罚款，同时可对其直接负责的主管人员和其他直接责任人员处五千元以上五万元以下的罚款；给他人造成损害的，与生产经营单位承担连带赔偿责任。

对有前款违法行为的机构，撤销其相应的资质。

第二十八条　生产经营单位事故隐患排查治理过程中违反有关安全生产法律、法规、规章、标准和规程规定的，依法给予行政处罚。

第二十九条　安全监管监察部门的工作人员未依法履行职责的，按照有关规定处理。

第五章　附　　则

第三十条　省级安全监管监察部门可以根据本规定，制定事故隐患排查治理和监督管理实施细则。

第三十一条　事业单位、人民团体以及其他经济组织的事故隐患排查治理，参照本规定执行。

第三十二条　本规定自 2008 年 2 月 1 日起施行。

中华人民共和国公安部令
第 87 号

《易制毒化学品购销和运输管理办法》已经 2006 年 4 月 21 日公安部部长办公会议通过，现予发布，自 2006 年 10 月 1 日起施行。

部长　周永康

2006 年 8 月 22 日

易制毒化学品购销和运输管理办法

第一章　总　　则

第一条　为加强易制毒化学品管理，规范购销和运输易制毒化学品行为，防止易制毒化学品被用于制造毒品，维护经济和社会秩序，根据《易制毒化学品管理条例》，制定本办法。

第二条　公安部是全国易制毒化学品购销、运输管理和监督检查的主管部门。

县级以上地方人民政府公安机关负责本辖区内易制毒化学品购销、运输管理和监督检查工作。

各省、自治区、直辖市和设区的市级人民政府公安机关禁毒部门应当设立易制毒化学品管理专门机构，县级人民政府公安机关应当设专门人员，负责易制毒化学品的购买、运输许可或者备案和监督检查工作。

第二章　购销管理

第三条　购买第一类中的非药品类易制毒化学品的，应当向所在地省级人民政府公安机关申请购买许可证；购买第二类、第三类易制毒化学品的，应当向所在地县级人民政府公安机关备案。取得购买许可证或者购买备案证明后，方可购买易制毒化学品。

第四条 个人不得购买第一类易制毒化学品和第二类易制毒化学品。

禁止使用现金或者实物进行易制毒化学品交易，但是个人合法购买第一类中的药品类易制毒化学品药品制剂和第三类易制毒化学品的除外。

第五条 申请购买第一类中的非药品类易制毒化学品和第二类、第三类易制毒化学品的，应当提交下列申请材料：

（一）经营企业的营业执照（副本和复印件），其他组织的登记证书或者成立批准文件（原件和复印件），或者个人的身份证明（原件和复印件）；

（二）合法使用需要证明（原件）。

合法使用需要证明由购买单位或者个人出具，注明拟购买易制毒化学品的品种、数量和用途，并加盖购买单位印章或者个人签名。

第六条 申请购买第一类中的非药品类易制毒化学品的，由申请人所在地的省级人民政府公安机关审批。负责审批的公安机关应当自收到申请之日起10日内，对申请人提交的申请材料进行审查。对符合规定的，发给购买许可证；不予许可的，应当书面说明理由。

负责审批的公安机关对购买许可证的申请能够当场予以办理的，应当当场办理；对材料不齐备需要补充的，应当1次告知申请人需补充的内容；对提供材料不符合规定不予受理的，应当书面说明理由。

第七条 公安机关审查第一类易制毒化学品购买许可申请材料时，根据需要，可以进行实地核查。遇有下列情形之一的，应当进行实地核查：

（一）购买单位第一次申请的；

（二）购买单位提供的申请材料不符合要求的；

（三）对购买单位提供的申请材料有疑问的。

第八条 购买第二类、第三类易制毒化学品的，应当在购买前将所需购买的品种、数量，向所在地的县级人民政府公安机关备案。公安机关受理备案后，应当于当日出具购买备案证明。

自用一次性购买5公斤以下且年用量50公斤以下高锰酸钾的，无须备案。

第九条 易制毒化学品购买许可证一次使用有效，有效期1个月。

易制毒化学品购买备案证明一次使用有效，有效期1个月。对备案后1年内无违规行为的单位，可以发给多次使用有效的备案证明，有效期6个月。

对个人购买的，只办理一次使用有效的备案证明。

第十条 经营单位销售第一类易制毒化学品时，应当查验购买许可证和经办人的身份证明。对委托代购的，还应当查验购买人持有的委托文书。

委托文书应当载明委托人与被委托人双方情况、委托购买的品种、数量等事项。

经营单位在查验无误、留存前两款规定的证明材料的复印件后，方可出售第一类易制毒化学品；发现可疑情况的，应当立即向当地公安机关报告。

经营单位在查验购买方提供的许可证和身份证明时，对不能确定其真实性的，可以请当地公安机关协助核查。公安机关应当当场予以核查，对于不能当场核实的，应当于3日内将核查结果告知经营单位。

第十一条 经营单位应当建立易制毒化学品销售台账，如实记录销售的品种、数量、日期、购买方等情况。经营单位销售易制毒化学品时，还应当留存购买许可证或者购买备案证明以及购买经办人的身份证明的复印件。

销售台账和证明材料复印件应当保存2年备查。

第十二条 经营单位应当将第一类易制毒化学品的销售情况于销售之日起5日内报当地县级人民政府公安机关备案，将第二类、第三类易制毒化学品的销售情况于30日内报当地县级人民政府公安机关备案。

备案的销售情况应当包括销售单位、地址，销售易制毒化学品的种类、数量等，并同时提交留存的购买方的证明材料复印件。

第十三条 第一类易制毒化学品的使用单位，应当建立使用台账，如实记录购进易制毒化学品的种类、数量、使用情况和库存等，并保存2年备查。

第十四条 购买、销售和使用易制毒化学品的单位，应当在易制毒化学品的出入库登记、易制毒化学品管理岗位责任分工以及企业从业人员的易制毒化学品知识培训等方面建立单位内部管理制度。

第三章　运输管理

第十五条 运输易制毒化学品，有下列情形之一的，应当申请运输许可证或者进行备案：

(一)跨设区的市级行政区域(直辖市为跨市界)运输的；

(二)在禁毒形势严峻的重点地区跨县级行政区域运输的。禁毒形势严峻的重点地区由公安部确定和调整，名单另行公布。

运输第一类易制毒化学品的，应当向运出地的设区的市级人民政府公安机关申请运输许可证。

运输第二类易制毒化学品的，应当向运出地县级人民政府公安机关申请运输许可证。

运输第三类易制毒化学品的，应当向运出地县级人民政府公安机关备案。

第十六条 运输供教学、科研使用的100克以下的麻黄素样品和供医疗机构制剂配方使用的小包装麻黄素以及医疗机构或者麻醉药品经营企业购买麻黄素片剂 6 万片以下、注射剂 1.5 万支以下，货主或者承运人持有依法取得的购买许可证明或者麻醉药品调拨单的，无须申请易制毒化学品运输许可。

第十七条 因治疗疾病需要，患者、患者近亲属或者患者委托的人凭医疗机构出具的医疗诊断书和本人的身份证明，可以随身携带第一类中的药品类易制毒化学品药品制剂，但是不得超过医用单张处方的最大剂量。

第十八条 运输易制毒化学品，应当由货主向公安机关申请运输许可证或者进行备案。

申请易制毒化学品运输许可证或者进行备案，应当提交下列材料：

(一)经营企业的营业执照(副本和复印件)，其他组织的登记证书或者成立批准文件(原件和复印件)，个人的身份证明(原件和复印件)；

(二)易制毒化学品购销合同(复印件)；

(三)经办人的身份证明(原件和复印件)。

第十九条 负责审批的公安机关应当自收到第一类易制毒化学品运输许可申请之日起 10 日内，收到第二类易制毒化学品运输许可申请之日起 3 日内，对申请人提交的申请材料进行审查。对符合规定的，发给运输许可证；不予许可的，应当书面说明理由。

负责审批的公安机关对运输许可申请能够当场予以办理的，应当当场办理；对材料不齐备需要补充的，应当一次告知申请人需补充的内容；对提供材料不符合规定不予受理的，应当书面说明理由。

运输第三类易制毒化学品的，应当在运输前向运出地的县级人民政府公安机关备案。公安机关应当在收到备案材料的当日发给备案证明。

第二十条 负责审批的公安机关对申请人提交的申请材料，应当核查其真实性和有效性，其中查验购销合同时，可以要求申请人出示购买许可证或者备案证明，核对是否相符；对营业执照和登记证书(或者成立批准文件)，应当核查其生产范围、经营范围、使用范围、证照有效期等内容。

公安机关审查第一类易制毒化学品运输许可申请材料时，根据需要，可以进行实地核查。遇有下列情形之一的，应当进行实地核查：

(一) 申请人第一次申请的；

(二) 提供的申请材料不符合要求的；

(三) 对提供的申请材料有疑问的。

第二十一条 对许可运输第一类易制毒化学品的，发给一次有效的运输许可证，有效期 1 个月。

对许可运输第二类易制毒化学品的，发给 3 个月多次使用有效的运输许可证；对第三类易制毒化学品运输备案的，发给 3 个月多次使用有效的备案证明；

对于领取运输许可证或者运输备案证明后 6 个月内按照规定运输并保证运输安全的，可以发给有效期 12 个月的运输许可证或者运输备案证明。

第二十二条 承运人接受货主委托运输，对应当凭证运输的，应当查验货主提供的运输许可证或者备案证明，并查验所运货物与运输许可证或者备案证明载明的易制毒化学品的品种、数量等情况是否相符；不相符的，不得承运。

承运人查验货主提供的运输许可证或者备案证明时，对不能确定其真实性的，可以请当地人民政府公安机关协助核查。公安机关应当当场予以核查，对于不能当场核实的，应当于 3 日内将核查结果告知承运人。

第二十三条 运输易制毒化学品时，运输车辆应当在明显部位张贴易制毒化学品标识；属于危险化学品的，应当由有危险化学品运输资质的单位运输；应当凭证运输的，运输人员应当自启运起全程携带运输许可证或者备案证明。承运单位应当派人押运或者采取其他有效措施，防止易制毒化学品丢失、被盗、被抢。

运输易制毒化学品时，还应当遵守国家有关货物运输的规定。

第二十四条 公安机关在易制毒化学品运输过程中应当对运输情况与运输许可证或者备案证明所载内容是否相符等情况进行检查。交警、治安、禁毒、边防等部门应当在交通重点路段和边境地区等加强易制毒化学品运输的检查。

第二十五条 易制毒化学品运出地与运入地公安机关应当建立情况通报制度。运出地负责审批或者备案的公安机关应当每季度末将办理的易制毒化学品运输许可或者备案情况通报运入地同级公安机关，运入地同级公安机关应当核查货物的实际运达情况后通报运出地公安机关。

第四章 监督检查

第二十六条 县级以上人民政府公安机关应当加强对易制毒化学品购销和运输等情况的监督检查，有关单位和个人应当积极配合。对发现非法购销和运输行为的，公安机关应当依法查处。

公安机关在进行易制毒化学品监督检查时，可以依法查看现场、查阅和复制有关资料、记录有关情况、扣押相关的证据材料和违法物品；必要时，可以临时查封有关场所。

被检查的单位或者个人应当如实提供有关情况和材料、物品，不得拒绝或者隐匿。

第二十七条 公安机关应当对依法收缴、查获的易制毒化学品安全保管。对于可以回收的，应当予以回收；对于不能回收的，应当依照环境保护法律、行政法规的有关规定，交由有资质的单位予以销毁，防止造成环境污染和人身伤亡。对收缴、查获的第一类中的药品类易制毒化学品的，一律销毁。

保管和销毁费用由易制毒化学品违法单位或者个人承担。违法单位或者个人无力承担的，该费用在回收所得中开支，或者在公安机关的禁毒经费中列支。

第二十八条 购买、销售和运输易制毒化学品的单位应当于每年3月31日前向所在地县级公安机关报告上年度的购买、销售和运输情况。公安机关发现可疑情况的，应当及时予以核对和检查，必要时可以进行实地核查。

有条件的购买、销售和运输单位，可以与当地公安机关建立计算机联网，及时通报有关情况。

第二十九条 易制毒化学品丢失、被盗、被抢的，发案单位应当立即向当地公安机关报告。接到报案的公安机关应当及时立案查处，并向上级公安机关报告。

第五章 法律责任

第三十条 违反规定购买易制毒化学品，有下列情形之一的，公安机关应当没收非法购买的易制毒化学品，对购买方处非法购买易制毒化学品货值10倍以上20倍以下的罚款，货值的20倍不足1万元的，按1万元罚款；构成犯罪的，依法追究刑事责任：

（一）未经许可或者备案擅自购买易制毒化学品的；

（二）使用他人的或者伪造、变造、失效的许可证或者备案证明购买易制毒化学品的。

第三十一条 违反规定销售易制毒化学品，有下列情形之一的，公安机关应当对销售单位处1万元以下罚款；有违法所得的，处3万元以下罚款，并对违法所得依法予以追缴；构成犯罪的，依法追究刑事责任：

（一）向无购买许可证或者备案证明的单位或者个人销售易制毒化学品的；

（二）超出购买许可证或者备案证明的品种、数量销售易制毒化学品的。

第三十二条 货主违反规定运输易制毒化学品，有下列情形之一的，公安机关应当没收非法运输的易制毒化学品或者非法运输易制毒化学品的设备、工具；处非法运输易制毒化学品货值10倍以上20倍以下罚款，货值的20倍不足1万元的，按1万元罚款；有违法所得的，没收违法所得；构成犯罪的，依法追究刑事责任：

（一）未经许可或者备案擅自运输易制毒化学品的；

（二）使用他人的或者伪造、变造、失效的许可证运输易制毒化学品的。

第三十三条 承运人违反规定运输易制毒化学品，有下列情形之一的，公安机关应当责令停运整改，处5000元以上5万元以下罚款：

(一)与易制毒化学品运输许可证或者备案证明载明的品种、数量、运入地、货主及收货人、承运人等情况不符的;

(二)运输许可证种类不当的;

(三)运输人员未全程携带运输许可证或者备案证明的。

个人携带易制毒化学品不符合品种、数量规定的,公安机关应当没收易制毒化学品,处1000元以上5000元以下罚款。

第三十四条 伪造申请材料骗取易制毒化学品购买、运输许可证或者备案证明的,公安机关应当处1万元罚款,并撤销许可证或者备案证明。

使用以伪造的申请材料骗取的易制毒化学品购买、运输许可证或者备案证明购买、运输易制毒化学品的,分别按照第三十条第一项和第三十二条第一项的规定处罚。

第三十五条 对具有第三十条、第三十二条和第三十四条规定违法行为的单位或个人,自作出行政处罚决定之日起3年内,公安机关可以停止受理其易制毒化学品购买或者运输许可申请。

第三十六条 违反易制毒化学品管理规定,有下列行为之一的,公安机关应当给予警告,责令限期改正,处1万元以上5万元以下罚款;对违反规定购买的易制毒化学品予以没收;逾期不改正的,责令限期停产停业整顿;逾期整顿不合格的,吊销相应的许可证:

(一)将易制毒化学品购买或运输许可证或者备案证明转借他人使用的;

(二)超出许可的品种、数量购买易制毒化学品的;

(三)销售、购买易制毒化学品的单位不记录或者不如实记录交易情况、不按规定保存交易记录或者不如实、不及时向公安机关备案销售情况的;

(四)易制毒化学品丢失、被盗、被抢后未及时报告,造成严重后果的;

(五)除个人合法购买第一类中的药品类易制毒化学品药品制剂以及第三类易制毒化学品外,使用现金或者实物进行易制毒化学品交易的;

(六)经营易制毒化学品的单位不如实或者不按时报告易制毒化学品年度经销和库存情况的。

第三十七条 经营、购买、运输易制毒化学品的单位或者个人拒不接受公安机关监督检查的,公安机关应当责令其改正,对直接负责的主管人员以及其他直接责任人员给予警告;情节严重的,对单位处1万元以上5万元以下罚款,对直接负责的主管人员以及其他直接责任人员处1000元以上5000元以下罚款;有违反治安管理行为的,依法给予治安管理处罚;构成犯罪的,依法追究刑事责任。

第三十八条 公安机关易制毒化学品管理工作人员在管理工作中有应当许

可而不许可、不应当许可而滥许可，不依法受理备案，以及其他滥用职权、玩忽职守、徇私舞弊行为的，依法给予行政处分；构成犯罪的，依法追究刑事责任。

第三十九条 公安机关实施本章处罚，同时应当由其他行政主管机关实施处罚的，应当通报其他行政机关处理。

第六章 附 则

第四十条 本办法所称“经营单位”，是指经营易制毒化学品的经销单位和经销自产易制毒化学品的生产单位。

第四十一条 本办法所称“运输”，是指通过公路、铁路、水上和航空等各种运输途径，使用车、船、航空器等各种运输工具，以及人力、畜力携带、搬运等各种运输方式使易制毒化学品货物发生空间位置的移动。

第四十二条 易制毒化学品购买许可证和备案证明、运输许可证和备案证明、易制毒化学品管理专用印章由公安部统一规定式样并监制。

第四十三条 本办法自2006年10月1日起施行。《麻黄素运输许可证管理规定》(公安部令第52号)同时废止。

附件

易制毒化学品的分类和品种目录

第一类

1. 1-苯基-2-丙酮
2. 3,4-亚甲基二氧苯基-2-丙酮
3. 胡椒醛
4. 黄樟素
5. 黄樟油
6. 异黄樟素
7. *N*-乙酰邻氨基苯酸
8. 邻氨基苯甲酸
9. 麦角酸 *
10. 麦角胺 *
11. 麦角新碱 *
12. 麻黄素、伪麻黄素、消旋麻黄素、去甲麻黄素、甲基麻黄素、麻黄浸膏、麻黄浸膏粉等麻黄素类物质 *

第二类

1. 苯乙酸
2. 醋酸酐
3. 三氯甲烷
4. 乙醚
5. 哌啶

第三类

1. 甲苯
2. 丙酮
3. 甲基乙基酮
4. 高锰酸钾
5. 硫酸
6. 盐酸

说明：

一、第一类、第二类所列物质可能存在的盐类，也纳入管制。

二、带有 * 标记的品种为第一类中的药品类易制毒化学品，第一类中的药品类易制毒化学品包括原料药及其单方制剂。

国家安全生产监督管理总局令

第5号

《非药品类易制毒化学品生产、经营许可办法》已经2006年3月21日国家安全生产监督管理总局局长办公会议审议通过，现予公布，自2006年4月15日起施行。

局长　李毅中

2006年4月5日

非药品类易制毒化学品生产、经营许可办法

目　　录

第一章　总　　则

第一条　为加强非药品类易制毒化学品管理，规范非药品类易制毒化学品生产、经营行为，防止非药品类易制毒化学品被用于制造毒品，维护经济和社会秩序，根据《易制毒化学品管理条例》(以下简称《条例》)和有关法律、行政法规，制定本办法。

第二条　本办法所称非药品类易制毒化学品，是指《条例》附表确定的可以用于制毒的非药品类主要原料和化学配剂。

非药品类易制毒化学品的分类和品种，见本办法附表《非药品类易制毒化学品分类和品种目录》。

《条例》附表《易制毒化学品的分类和品种目录》调整或者《危险化学品目录》调整涉及本办法附表时，《非药品类易制毒化学品分类和品种目录》随之进行调整并公布。

第三条 国家对非药品类易制毒化学品的生产、经营实行许可制度。对第一类非药品类易制毒化学品的生产、经营实行许可证管理，对第二类、第三类易制毒化学品的生产、经营实行备案证明管理。

省、自治区、直辖市人民政府安全生产监督管理部门负责本行政区域内第一类非药品类易制毒化学品生产、经营的审批和许可证的颁发工作。

设区的市级人民政府安全生产监督管理部门负责本行政区域内第二类非药品类易制毒化学品生产、经营和第三类非药品类易制毒化学品生产的备案证明颁发工作。

县级人民政府安全生产监督管理部门负责本行政区域内第三类非药品类易制毒化学品经营的备案证明颁发工作。

第四条 国家安全生产监督管理总局监督、指导全国非药品类易制毒化学品生产、经营许可和备案管理工作。

县级以上人民政府安全生产监督管理部门负责本行政区域内执行非药品类易制毒化学品生产、经营许可制度的监督管理工作。

第二章 生产、经营许可

第五条 生产、经营第一类非药品类易制毒化学品的，必须取得非药品类易制毒化学品生产、经营许可证方可从事生产、经营活动。

第六条 生产、经营第一类非药品类易制毒化学品的，应当分别符合《条例》第七条、第九条规定的条件。

第七条 生产单位申请非药品类易制毒化学品生产许可证，应当向所在地的省级人民政府安全生产监督管理部门提交下列文件、资料，并对其真实性负责：

（一）非药品类易制毒化学品生产许可证申请书(一式两份)；

（二）生产设备、仓储设施和污染物处理设施情况说明材料；

（三）易制毒化学品管理制度和环境突发事件应急预案；

（四）安全生产管理制度；

（五）单位法定代表人或者主要负责人和技术、管理人员具有相应安全生产知识的证明材料；

（六）单位法定代表人或者主要负责人和技术、管理人员具有相应易制毒化学品知识的证明材料及无毒品犯罪记录证明材料；

（七）工商营业执照副本(复印件)；

（八）产品包装说明和使用说明书。

属于危险化学品生产单位的，还应当提交危险化学品生产企业安全生产许可证和危险化学品登记证(复印件)，免于提交本条第(四)、(五)、(七)项所要求的文件、资料。

第八条 经营单位申请非药品类易制毒化学品经营许可证，应当向所在地的省级人民政府安全生产监督管理部门提交下列文件、资料，并对其真实性负责：

（一）非药品类易制毒化学品经营许可证申请书（一式两份）；

（二）经营场所、仓储设施情况说明材料；

（三）易制毒化学品经营管理制度和包括销售机构、销售代理商、用户等内容的销售网络文件；

（四）单位法定代表人或者主要负责人和销售、管理人员具有相应易制毒化学品知识的证明材料及无毒品犯罪记录证明材料；

（五）工商营业执照副本（复印件）；

（六）产品包装说明和使用说明书。

属于危险化学品经营单位的，还应当提交危险化学品经营许可证（复印件），免于提交本条第（五）项所要求的文件、资料。

第九条 省、自治区、直辖市人民政府安全生产监督管理部门对申请人提交的申请书及文件、资料，应当按照下列规定分别处理：

（一）申请事项不属于本部门职权范围的，应当即时出具不予受理的书面凭证；

（二）申请材料存在可以当场更正的错误的，应当允许或者要求申请人当场更正；

（三）申请材料不齐全或者不符合要求的，应当当场或者在5个工作日内书面一次告知申请人需要补正的全部内容，逾期不告知的，自收到申请材料之日起即为受理；

（四）申请材料齐全、符合要求或者按照要求全部补正的，自收到申请材料或者全部补正材料之日起为受理。

第十条 对已经受理的申请材料，省、自治区、直辖市人民政府安全生产监督管理部门应当进行审查，根据需要可以进行实地核查。

第十一条 自受理之日起，对非药品类易制毒化学品的生产许可证申请在60个工作日内、对经营许可证申请在30个工作日内，省、自治区、直辖市人民政府安全生产监督管理部门应当作出颁发或者不予颁发许可证的决定。

对决定颁发的，应当自决定之日起10个工作日内送达或者通知申请人领取许可证；对不予颁发的，应当在10个工作日内书面通知申请人并说明理由。

第十二条 非药品类易制毒化学品生产、经营许可证有效期为3年。许可证有效期满后需继续生产、经营第一类非药品类易制毒化学品的，应当于许可证有效期满前 3 个月内向原许可证颁发管理部门提出换证申请并提交相应资料，经审查合格后换领新证。

第十三条 第一类非药品类易制毒化学品生产、经营单位在非药品类易制毒化学品生产、经营许可证有效期内出现下列情形之一的，应当向原许可证颁发管理部门申请变更许可证：

（一）单位法定代表人或者主要负责人改变；

（二）单位名称改变；

（三）许可品种主要流向改变；

（四）需要增加许可品种、数量。

属于本条第（一）、（三）项的变更，应当自发生改变之日起 20 个工作日内提出申请；属于本条第（二）项的变更，应当自工商营业执照变更后提出申请。

申请本条第（一）项的变更，应当提供变更后的法定代表人或者主要负责人符合本办法第七条第（五）、（六）项或第八条第（四）项要求的有关证明材料；申请本条第（二）项的变更，应当提供变更后的工商营业执照副本（复印件）；申请本条第（三）项的变更，生产、经营单位应当分别提供主要流向改变说明、第八条第（三）项要求的有关资料；申请本条第（四）项的变更，应当提供本办法第七条第（二）、（三）、（八）项或第八条第（二）、（三）、（六）项要求的有关资料。

第十四条 对已经受理的本办法第十三条第（一）、（二）、（三）项的变更申请，许可证颁发管理部门在对申请人提交的文件、资料审核后，即可办理非药品类易制毒化学品生产、经营许可证变更手续。

对已经受理的本办法第十三条第（四）项的变更申请，许可证颁发管理部门应当按照本办法第十条、第十一条的规定，办理非药品类易制毒化学品生产、经营许可证变更手续。

第十五条 非药品类易制毒化学品生产、经营单位原有技术或者销售人员、管理人员变动的，变动人员应当具有相应的安全生产和易制毒化学品知识。

第十六条 第一类非药品类易制毒化学品生产、经营单位不再生产、经营非药品类易制毒化学品时，应当在停止生产、经营后 3 个月内办理注销许可手续。

第三章 生产、经营备案

第十七条 生产、经营第二类、第三类非药品类易制毒化学品的，必须进行非药品类易制毒化学品生产、经营备案。

第十八条 生产第二类、第三类非药品类易制毒化学品的，应当自生产之日起 30 个工作日内，将生产的品种、数量等情况，向所在地的设区的市级人民政府安全生产监督管理部门备案。

经营第二类非药品类易制毒化学品的，应当自经营之日起 30 个工作日内，将经营的品种、数量、主要流向等情况，向所在地的设区的市级人民政府安全生产监督管理部门备案。

经营第三类非药品类易制毒化学品的，应当自经营之日起 30 个工作日内，将经营的品种、数量、主要流向等情况，向所在地的县级人民政府安全生产监督管理部门备案。

第十九条 第二类、第三类非药品类易制毒化学品生产单位进行备案时，应当提交下列资料：

（一）非药品类易制毒化学品品种、产量、销售量等情况的备案申请书；

（二）易制毒化学品管理制度；

（三）产品包装说明和使用说明书；

（四）工商营业执照副本（复印件）。

属于危险化学品生产单位的，还应当提交危险化学品生产企业安全生产许可证和危险化学品登记证（复印件），免于提交本条第（四）项所要求的文件、资料。

第二十条 第二类、第三类非药品类易制毒化学品经营单位进行备案时，应当提交下列资料：

（一）非药品类易制毒化学品销售品种、销售量、主要流向等情况的备案申请书；

（二）易制毒化学品管理制度；

（三）产品包装说明和使用说明书；

（四）工商营业执照副本（复印件）。

属于危险化学品经营单位的，还应当提交危险化学品经营许可证，免于提交本条第（四）项所要求的文件、资料。

第二十一条 第二类、第三类非药品类易制毒化学品生产、经营备案主管部门收到本办法第十九条、第二十条规定的备案材料后，应当于当日发给备案证明。

第二十二条 第二类、第三类非药品类易制毒化学品生产、经营备案证明有效期为 3 年。有效期满后需继续生产、经营的，应当在备案证明有效期满前 3 个月内重新办理备案手续。

第二十三条 第二类、第三类非药品类易制毒化学品生产、经营单位的法定代表人或者主要负责人、单位名称、单位地址发生变化的，应当自工商营业执照变更之日起 30 个工作日内重新办理备案手续；生产或者经营的备案品种增加、主要流向改变的，在发生变化后 30 个工作日内重新办理备案手续。

第二十四条 第二类、第三类非药品类易制毒化学品生产、经营单位不再生产、经营非药品类易制毒化学品时，应当在终止生产、经营后3个月内办理备案注销手续。

第四章 监督管理

第二十五条 县级以上人民政府安全生产监督管理部门应当加强非药品类易制毒化学品生产、经营的监督检查工作。

县级以上人民政府安全生产监督管理部门对非药品类易制毒化学品的生产、经营活动进行监督检查时，可以查看现场、查阅和复制有关资料、记录有关情况、扣押相关的证据材料和违法物品；必要时，可以临时查封有关场所。

被检查的单位或者个人应当如实提供有关情况和资料、物品，不得拒绝或者隐匿。

第二十六条 生产、经营单位应当于每年3月31日前，向许可或者备案的安全生产监督管理部门报告本单位上年度非药品类易制毒化学品生产经营的品种、数量和主要流向等情况。

安全生产监督管理部门应当自收到报告后10个工作日内将本行政区域内上年度非药品类易制毒化学品生产、经营汇总情况报上级安全生产监督管理部门。

第二十七条 各级安全生产监督管理部门应当建立非药品类易制毒化学品许可和备案档案并加强信息管理。

第二十八条 安全生产监督管理部门应当及时将非药品类易制毒化学品生产、经营许可及吊销许可情况，向同级公安机关和工商行政管理部门通报；向商务主管部门通报许可证和备案证明颁发等有关情况。

第五章 罚 则

第二十九条 对于有下列行为之一的，县级以上人民政府安全生产监督管理部门可以自《条例》第三十八条规定的部门作出行政处罚决定之日起的3年内，停止受理其非药品类易制毒化学品生产、经营许可或备案申请：

（一）未经许可或者备案擅自生产、经营非药品类易制毒化学品的；

（二）伪造申请材料骗取非药品类易制毒化学品生产、经营许可证或者备案证明的；

（三）使用他人的非药品类易制毒化学品生产、经营许可证或者备案证明的；

（四）使用伪造、变造、失效的非药品类易制毒化学品生产、经营许可证或者备案证明的。

第三十条 对于有下列行为之一的，由县级以上人民政府安全生产监督管理部门给予警告，责令限期改正，处 1 万元以上 5 万元以下的罚款；对违反规定生产、经营的非药品类易制毒化学品，可以予以没收；逾期不改正的，责令限期停产停业整顿；逾期整顿不合格的，吊销相应的许可证：

（一）易制毒化学品生产、经营单位未按规定建立易制毒化学品的管理制度和安全管理制度的；

（二）将许可证或者备案证明转借他人使用的；

（三）超出许可的品种、数量，生产、经营非药品类易制毒化学品的；

（四）易制毒化学品的产品包装和使用说明书不符合《条例》规定要求的；

（五）生产、经营非药品类易制毒化学品的单位不如实或者不按时向安全生产监督管理部门报告年度生产、经营等情况的。

第三十一条　生产、经营非药品类易制毒化学品的单位或者个人拒不接受安全生产监督管理部门监督检查的，由县级以上人民政府安全生产监督管理部门责令改正，对直接负责的主管人员以及其他直接责任人员给予警告；情节严重的，对单位处 1 万元以上 5 万元以下的罚款，对直接负责的主管人员以及其他直接责任人员处 1000 元以上 5000 元以下的罚款。

第三十二条　安全生产监督管理部门工作人员在管理工作中，有滥用职权、玩忽职守、徇私舞弊行为或泄漏企业商业秘密的，依法给予行政处分；构成犯罪的，依法追究刑事责任。

第六章　附　　则

第三十三条　非药品类易制毒化学品生产许可证、经营许可证和备案证明由国家安全生产监督管理总局监制。

非药品类易制毒化学品年度报告表及许可、备案、变更申请书由国家安全生产监督管理总局规定式样。

第三十四条　本办法自 2006 年 4 月 15 日起施行。

附表

非药品类易制毒化学品分类和品种目录

第一类

1. 1-苯基-2-丙酮
2. 3,4-亚甲基二氧苯基-2-丙酮
3. 胡椒醛
4. 黄樟素
5. 黄樟油
6. 异黄樟素
7. *N*-乙酰邻氨基苯酸
8. 邻氨基苯甲酸

第二类

1. 苯乙酸
2. 醋酸酐☆
3. 三氯甲烷☆
4. 乙醚☆
5. 哌啶☆

第三类

1. 甲苯☆
2. 丙酮☆
3. 甲基乙基酮☆
4. 高锰酸钾☆
5. 硫酸☆
6. 盐酸☆

说明：

一、第一类、第二类所列物质可能存在的盐类，也纳入管制。

二、带有☆标记的品种为危险化学品。

中华人民共和国公安部令

第 77 号

《剧毒化学品购买和公路运输许可证件管理办法》已经 2005 年 4 月 21 日公安部部长办公会议通过，现予公布，自 2005 年 8 月 1 日起施行。

公安部部长　周永康

2005 年 5 月 25 日

剧毒化学品购买和公路运输许可证件管理办法

第一条　为加强对剧毒化学品购买和公路运输的监督管理，保障国家财产和公民生命财产安全，根据《中华人民共和国道路交通安全法》《危险化学品安全管理条例》等法律、法规的规定，制定本办法。

第二条　除个人购买农药、灭鼠药、灭虫药以外，在中华人民共和国境内购买和通过公路运输剧毒化学品的，应当遵守本办法。

本办法所称剧毒化学品，按照国务院安全生产监督管理部门会同国务院公安、环保、卫生、质检、交通部门确定并公布的剧毒化学品目录执行。

第三条　国家对购买和通过公路运输剧毒化学品行为实行许可管理制度。购买和通过公路运输剧毒化学品，应当依照本办法申请取得《剧毒化学品购买凭证》《剧毒化学品准购证》和《剧毒化学品公路运输通行证》。未取得上述许可证件，任何单位和个人不得购买、通过公路运输剧毒化学品。

任何单位或者个人不得伪造、变造、买卖、出借或者以其他方式转让《剧毒化学品购买凭证》《剧毒化学品准购证》和《剧毒化学品公路运输通行证》，不得使用作废的上述许可证件。

第四条　公安机关应当坚持公开、公平、公正的原则，严格依照本办法审查核发剧毒化学品购买和公路运输许可证件，建立健全审查核发许可证件的管理档案，公开办理许可证件的公安机关主管部门的通信地址、联系电话、传真号码和电子信箱，并监督指导从业单位严格执行剧毒化学品购买和公路运输许可管理规定。

省级公安机关对核发的剧毒化学品购买凭证、准购证和公路运输通行证应当建立计算机数据库，包括证件编号、购买企业、运输企业、运输车辆、驾驶人、押运人员、剧毒化学品品名和数量、目的地、始发地、行驶路线等内容。数据库的项目和数据的格式应当全国统一。治安管理、交通管理部门应当建立信息共享或者通报制度。

第五条 经常需要购买、使用剧毒化学品的，应当持销售单位生产或者经营剧毒化学品资质证明复印件，向购买单位所在地设区的市级人民政府公安机关治安管理部门提出申请。符合要求的，由设区的市级人民政府公安机关负责人审批后，将盖有公安机关印章的《剧毒化学品购买凭证》成册发给购买或者使用单位保管、填写。

（一）生产危险化学品的企业申领《剧毒化学品购买凭证》时，应当如实填写《剧毒化学品购买凭证申请表》，并提交危险化学品生产企业安全生产许可证或者批准书的复印件。

（二）经营剧毒化学品的企业申领《剧毒化学品购买凭证》时，应当如实填写《剧毒化学品购买凭证申请表》，并提交危险化学品经营许可证(甲种)的复印件。

（三）其他生产、科研、医疗等经常需要使用剧毒化学品的单位申领《剧毒化学品购买凭证》时，应当如实填写《剧毒化学品购买凭证申请表》，并提交使用、接触剧毒化学品从业人员的上岗资格证的复印件。使用剧毒化学品从事生产的单位还应当提交危险化学品使用许可证、批准书或者其他相应的从业许可证明。

第六条 临时需要购买、使用剧毒化学品的，应当持销售单位生产或者经营剧毒化学品资质证明复印件，向购买单位所在地设区的市级人民政府公安机关治安管理部门提出申请。符合要求的，由设区的市级人民政府公安机关负责人审批签发《剧毒化学品准购证》。

申领《剧毒化学品准购证》时，应当如实填写《剧毒化学品准购证申请表》，并提交注明品名、数量、用途的单位证明。

第七条 对需要通过公路运输剧毒化学品的，以及单车运输气态、液态剧毒化学品超过五吨的，由签发《剧毒化学品购买凭证》《剧毒化学品准购证》的公安机关治安管理部门将证件编号、发证机关、剧毒化学品品名、数量等有关信息，向运输目的地县级人民政府公安机关交通管理部门通报并录入剧毒化学品公路运输安全管理数据库。具体通报办法由省级人民政府公安机关制定。

第八条 需要通过公路运输剧毒化学品的，应当向运输目的地县级人民政府公安机关交通管理部门申领《剧毒化学品公路运输通行证》。申领时，托运人应当如实填写《剧毒化学品公路运输通行证申请表》，同时提交下列证明文件和资料，并接受公安机关交通管理部门对运输车辆和驾驶人、押运人员的查验、审核：

（一）《剧毒化学品购买凭证》或者《剧毒化学品准购证》。

运输进口或者出口剧毒化学品的，应当提交危险化学品进口或者出口登记证。

（二）承运单位从事危险货物道路运输的经营（运输）许可证（复印件）、机动车行驶证、运输车辆从事危险货物道路运输的道路运输证。

运输剧毒化学品的车辆必须设置安装剧毒化学品道路运输专用标识和安全标示牌。安全标示牌应当标明剧毒化学品品名、种类、罐体容积、载质量、施救方法、运输企业联系电话。

（三）驾驶人的机动车驾驶证，驾驶人、押运人员的身份证件以及从事危险货物道路运输的上岗资格证。

（四）随《剧毒化学品公路运输通行证申请表》附运输企业对每辆运输车辆制作的运输路线图和运行时间表，每辆车拟运输的载质量。

承运单位不在目的地的，可以向运输目的地县级人民政府公安机关交通管理部门提出申请，委托运输始发地县级人民政府公安机关交通管理部门受理核发《剧毒化学品公路运输通行证》，但不得跨省（自治区、直辖市）委托。具体委托办法由省级人民政府公安机关制定。

第九条 公安机关交通管理部门受理申请后，应当及时审核和查验以下事项：

（一）审核证明文件的真实性，并与省级人民政府公安机关建立的剧毒化学品公路运输安全管理数据库进行比对，审核证明文件与运输单位、运输车辆、驾驶人和押运人员的同一性。

（二）审核驾驶人在一个记分周期内是否有交通违法记分满 12 分，或者有两次以上驾驶剧毒化学品运输车辆超载、超速记录。

（三）审核申请的通行路线和时间是否可能对公共安全构成威胁。

（四）查验运输车辆是否设置安装了剧毒化学品道路运输专用标识和安全标示牌，是否配备了主管部门规定的应急处理器材和防护用品，是否有非法改装行为，轮胎花纹深度是否符合国家标准，车辆定期检验周期的时间是否在有效期内。

（五）审核单车运输的数量是否超过行驶证核定载质量。

第十条 公安机关交通管理部门经过审核和查验后，应当按照下列情况分别处理：

（一）对证明文件真实有效，运输单位、运输车辆、驾驶人和押运人员符合规定，通行路线和时间对公共安全不构成威胁的，报本级公安机关负责人批准签发《剧毒化学品公路运输通行证》，每次运输一车一证，有效期不超过 15 天。

（二）对其他申请条件符合要求，但通行路线和时间有可能对公共安全构成威胁的，由公安机关交通管理部门变更通行路线和时间后，再予批准签发《剧毒化学品公路运输通行证》。

（三）对车辆定期检验合格标志已超过有效期或者在运输过程中将超过有效期的，没有设置专用标识、安全标示牌的，或者没有配备应急处理器材和防护用品，应当经过检验合格，补充有关设置，配齐有关器材和用品后，重新受理申请。

（四）对证明文件过期或者失效的，证明文件与计算机数据库记录比对结果不一致或者没有记录的，承运单位不具备运输危险化学品资质的，驾驶人、押运人员不具备上岗资格的，驾驶人交通违法记录不符合本办法要求的，或者车辆有非法改装行为或者安全状况不符合国家安全技术标准的，不予批准。

行驶路线跨越本县（市、区、旗）的，应当由县级人民政府公安机关交通管理部门报送上一级公安机关交通管理部门核准；行驶路线跨越本地（市、州、盟）或者跨省（自治区、直辖市）的，应当逐级上报到省级人民政府公安机关交通管理部门核准。由县级人民政府公安机关交通管理部门按照核准后的路线指定。对跨省（自治区、直辖市）行驶路线的指定，应当由所在地省级人民政府公安机关交通管理部门征得途经地省级人民政府公安机关交通管理部门同意。

第十一条　签发通行证后，发证的公安机关交通管理部门应当及时将发证信息发送到省级人民政府公安机关建立的剧毒化学品公路运输安全管理数据库，并通过书面或者信息系统通报沿线公安机关交通管理部门。跨县（市、区、旗）运输的，由设区的市级人民政府公安机关交通管理部门通报，跨地（市、州、盟）和跨省（自治区、直辖市）运输的，由省级人民政府公安机关交通管理部门通报。

对气态、液态剧毒化学品单车运输超过五吨的，签发通行证的公安机关交通管理部门应当报上一级公安机关交通管理部门备案。

具体通报和备案办法由省级人民政府公安机关制定。

第十二条　目的地、始发地和途经地公安机关交通管理部门应当通过信息系统或者采取其他方式及时了解剧毒化学品运输信息，加强对剧毒化学品运输车辆、驾驶人遵守道路交通安全法律规定情况的监督检查。

第十三条　申领《剧毒化学品购买凭证》《剧毒化学品准购证》的申请人或者申请人委托的代理人可以直接到公安机关提出书面申请，也可以通过信函、传真、电子邮件等形式提出申请。

第十四条　公安机关对申领单位提交的申请材料，应当按照下列规定分别处理：

（一）对符合申领条件的，应当当场受理并出具书面凭证。

（二）对申请材料不齐全或者不符合法定形式的，应当当场一次性告知需要补正的全部内容；申请材料存在的错误，可以当场更正的，应当允许申请人当场更正。

（三）对不属于本机关职权范围或者本办法所规定的许可事项的，应当即时作出不予受理的决定并出具书面凭证。

第十五条 对已经受理的申请，公安机关应当及时进行审查，并在三个工作日内作出批准或者不予批准的决定；对申请跨省（自治区、直辖市）运输需要勘察核定行驶线路的，应当在十个工作日内作出批准或者不予批准的决定。对批准的，应当即时填发剧毒化学品购买和公路运输许可证件，并于当日送达或者通知申请人领取；对不予批准的，应当告知申请人不予批准的理由，并出具不予批准的书面凭证。

第十六条 《剧毒化学品购买凭证》由发证公安机关成册核发给购买或者使用单位的，由该单位负责人按照制度规定审核签批使用。持证单位用完后应当及时将购买凭证的存根交回原发证公安机关核查存档。

已经领取《剧毒化学品购买凭证》的单位，应当建立规范的购买凭证保管、填写、审核、签批、使用制度，严格管理。因故不再需要使用时，应当及时将尚未使用的购买凭证连同已经使用的购买凭证的存根交回原发证公安机关核查存档。

第十七条 销售单位销售剧毒化学品时，应当收验《剧毒化学品购买凭证》或者《剧毒化学品准购证》，按照购买凭证或者准购证许可的品名、数量销售，并如实填写《剧毒化学品购买凭证》或者《剧毒化学品准购证》回执第一联和回执第二联，由购买经办人签字确认。

回执第一联由购买单位带回，并在保管人员签注接收情况后的七日内交原发证公安机关核查存档；回执第二联由销售单位在销售后的七日内交所在地县级人民政府公安机关治安管理部门核查存档。

第十八条 通过公路运输剧毒化学品的，应当遵守《中华人民共和国道路交通安全法》《危险化学品安全管理条例》等法律、法规对剧毒化学品运输安全的管理规定，悬挂警示标志，采取必要的安全措施，并按照《剧毒化学品公路运输通行证》载明的运输车辆、驾驶人、押运人员、装载数量、有效期限、指定的路线、时间和速度运输，禁止超载、超速行驶；押运人员应当随车携带《剧毒化学品公路运输通行证》，以备查验。

运输车辆行驶速度在不超过限速标志的前提下，在高速公路上不低于每小时 70 公里、不高于每小时 90 公里，在其他道路上不超过每小时 60 公里。

剧毒化学品运达目的地后，收货单位应当在《剧毒化学品公路运输通行证》上签注接收情况，并在收到货物后的七日内将《剧毒化学品公路运输通行证》送目的地县级人民政府公安机关治安管理部门备案存查。

第十九条 填写《剧毒化学品购买凭证》《剧毒化学品准购证》或者《剧毒化学品公路运输通行证》发生错误时，应当注明作废并保留存档备查，不得涂改；填写错误的《剧毒化学品购买凭证》，由持证单位负责交回原发证公安机关核查存档。

填写《剧毒化学品购买凭证》或者《剧毒化学品准购证》回执第一联、回执第二联发生错误确需涂改的，应当在涂改处加盖销售单位印章予以确认。

第二十条 未申领《剧毒化学品购买凭证》《剧毒化学品准购证》《剧毒化学品公路运输通行证》，擅自购买、通过公路运输剧毒化学品的，由公安机关依法采取措施予以制止，处以一万元以上三万元以下罚款；对已经购买了剧毒化学品的，责令退回原销售单位；对已经实施运输的，扣留运输车辆，责令购买、使用和承运单位共同派员接受处理；对发生重大事故，造成严重后果的，依法追究刑事责任。

第二十一条 提供虚假证明文件、采取其他欺骗手段或者贿赂等不正当手段，取得《剧毒化学品购买凭证》《剧毒化学品准购证》《剧毒化学品公路运输通行证》的，由发证的公安机关依法撤销许可证件，处以1000元以上一万元以下罚款。

对利用骗取的许可证件购买了剧毒化学品的，责令退回原销售单位。

利用骗取的许可证件通过公路运输剧毒化学品的，由公安机关依照《危险化学品安全管理条例》第六十七条第(一)项的规定予以处罚。

第二十二条 伪造、变造、买卖、出借或者以其他方式转让《剧毒化学品购买凭证》《剧毒化学品准购证》和《剧毒化学品公路运输通行证》，或者使用作废的上述许可证件的，由公安机关依照《危险化学品安全管理条例》第六十四条的规定予以处罚。

第二十三条 《剧毒化学品购买凭证》或者《剧毒化学品准购证》回执第一联、回执第二联填写错误时，未按规定在涂改处加盖销售单位印章予以确认的，由公安机关责令改正，处以500元以上1000元以下罚款。

未按规定填写《剧毒化学品购买凭证》和《剧毒化学品准购证》回执记录剧毒化学品销售、购买信息的，由公安机关依照《危险化学品安全管理条例》第六十一条的规定予以处罚。

第二十四条 通过公路运输剧毒化学品未随车携带《剧毒化学品公路运输通行证》的，由公安机关责令提供已依法领取《剧毒化学品公路运输通行证》的证明，处以500元以上1000元以下罚款。

除不可抗力外，未按《剧毒化学品公路运输通行证》核准载明的运输车辆、驾驶人、押运人员、装载数量、有效期限、指定的路线、时间和速度运输剧毒化学品的，尚未造成严重后果的，由公安机关对单位处以1000元以上一万元以下罚款，对直接责任人员依法给予治安处罚；构成犯罪的，依法追究刑事责任。

第二十五条 违反本办法的规定，有下列行为之一的，由原发证公安机关责令改正，处以500元以上1000元以下罚款：

（一）除不可抗力外，未在规定时限内将《剧毒化学品购买凭证》《剧毒化学品准购证》的回执交原发证公安机关或者销售单位所在地县级人民政府公安机关核查存档的；

（二）除不可抗力外，未在规定时限内将《剧毒化学品公路运输通行证》交目的地县级人民政府公安机关备案存查的；

（三）未按规定将已经使用的《剧毒化学品购买凭证》的存根或者因故不再需要使用的《剧毒化学品购买凭证》交回原发证公安机关核查存档的；

（四）未按规定将填写错误的《剧毒化学品购买凭证》注明作废并保留交回原发证公安机关核查存档的。

第二十六条 当事人对公安机关依照本办法作出的具体行政行为不服的，可以依法申请行政复议或者提起行政诉讼。

第二十七条 公安机关及其人民警察在工作中，有下列行为之一的，对直接负责的主管人员和其他直接责任人员依法给予行政处分；构成犯罪的，依法追究刑事责任：

（一）为不符合申领条件的单位发证的；

（二）除不可抗力外，不按本办法规定的时限办理许可证件的；

（三）索取、收受当事人贿赂或者谋取其他利益的；

（四）对违反本办法的行为不依法追究法律责任的；

（五）违反法律、法规、本办法的规定实施处罚或者收取费用的；

（六）其他滥用职权、玩忽职守、徇私舞弊的。

第二十八条 本办法规定的《剧毒化学品购买凭证》《剧毒化学品准购证》和《剧毒化学品公路运输通行证》由公安部统一印制；其他法律文书式样由公安部制定，各发证公安机关自行印制；各类申请书式样由公安部制定，申领单位根据需要自行印制。

第二十九条 在中华人民共和国境内通过城市道路运输剧毒化学品的，参照本办法关于通过公路运输剧毒化学品的规定执行。

第三十条 本办法自2005年8月1日起施行。

国家安全监管总局关于印发遏制危险化学品和烟花爆竹重特大事故工作意见的通知

安监总管三〔2016〕62号

各省、自治区、直辖市及新疆生产建设兵团安全生产监督管理局：

根据《国务院安委会办公室关于印发标本兼治遏制重特大事故工作指南的通知》(安委办〔2016〕3号)，国家安全监管总局制定了《遏制危险化学品和烟花爆竹重特大事故工作意见》。现印发给你们，请组织辖区内各级安全监管部门和危险化学品、烟花爆竹从业单位认真贯彻落实。

国家安全监管总局

2016年6月3日

遏制危险化学品和烟花爆竹重特大事故工作意见

为认真落实党中央、国务院决策部署，强化安全风险管控和隐患排查治理，着力解决危险化学品领域和烟花爆竹行业存在的突出安全问题，有效防范较大事故，坚决遏制重特大事故，根据《国务院安委会办公室关于印发标本兼治遏制重特大事故工作指南的通知》(安委办〔2016〕3号)，制定本工作意见。

一、主要工作任务和目标

深刻理解习近平总书记关于构建风险分级管控和隐患排查治理双重预防性工作机制重要指示的重大意义，认真分析危险化学品和烟花爆竹安全生产特点和事故规律，全面排查评估生产经营企业安全风险，严格落实隐患排查治理闭环管理，构建形成风险分级管控和隐患排查治理双重预防体系。坚持问题短板导向，专项整治突出问题，实施本质安全提升工程，强化重点风险管控，根治一批重大隐患，淘汰一批落后工艺技术，关闭一批安全保障能力差的企业，有效防范危险化学品和烟花爆竹较大事故，坚决遏制重特大事故。

二、准确把握风险、隐患与事故内涵和关系

认真研究危险化学品和烟花爆竹安全生产特点，深入分析总结事故规律，准确把握风险、隐患与事故的内在联系，深刻认识事故是由隐患发展积累导致的，隐患的根源在于风险，风险得不到有效管控就会演变成隐患从而导致事故发生。因此，要把防范事故关口前移，全面排查安全风险，强化风险管控。要改进隐患排查治理方式方法，通过明晰责任、完善制度、健全管理，解决改变当前隐患排查不全面不深入、治理不彻底以及屡查屡犯的问题，切实提高隐患排查治理的有效性。要在严格管控风险、强化隐患排查治理的基础上，加强事故应急前期处置，构建形成风险排查管控、隐患排查治理和事故应急前期处置三道重特大事故防范屏障。

三、全面排查生产经营企业的安全风险和隐患

结合各地区、各行业、各单位实际，不断完善排查风险和隐患的方式方法与体制机制，通过网格化排查，做到全覆盖、无死角、无遗漏；通过加强行业指导，确保排查深入、科学、准确、全面。要进一步明晰排查路径，突出排查重点，彻底摸清易燃、易爆、剧毒等高风险生产经营储存场所及可能受到事故影响的人员密集场所。

1. 及时收集、认真分析国内外各类典型事故案例，对照本单位实际情况，借鉴事故教训，举一反三，查找存在的风险漏洞与薄弱环节。

2. 抓住泄漏、火灾、爆炸、中毒、窒息、坍塌、倒塌、坠落、挤压等致灾因素，结合危险化学品储存量大小，科学、准确的评估事故可能影响范围，排查可能存在的重大风险和隐患。

3. 突出劳动密集型企业、人员密集场所，结合风险评估结果和现实管理状况，排查可能造成群死群伤的风险和隐患。

4. 盯紧动火、受限空间作业等特殊作业环节，排查特殊作业的风险评价、控制措施和安全规程。

5. 高度关注新兴化工产业，严格风险评估论证管理，认真排查新工艺、新技术、新装备、新产品可能潜在的风险和隐患。

6. 进一步明晰监管责任，消除监管漏洞，排查部门监管结合点可能存在的漏洞和薄弱环节。

7. 针对违法生产、贮存危险化学品和烟花爆竹隐蔽性强、危害大的特点，排查可能出现违法生产、贮存的地区(场所)及人群。

8. 坚持底线思维，按照事故后果最大化原则，排查可能存在的风险和隐患，严防“想不到”的问题现象。

四、严格风险管控和隐患排查治理

1. 在全面排查、摸清底数的基础上，按照《标本兼治遏制重特大事故工作指南》要求，绘制省、市、县三级以及企业的危险化学品和烟花爆竹重大危险源分布电子图、安全风险等级分布电子图，建立安全风险和事故隐患数据库。

2. 建立危险化学品和烟花爆竹安全风险网格化管理、分级管控、公告预警制度和隐患排查治理闭环管理制度，聚焦危险化学品“两重点一重大”、经营单位仓储场所、人员密集场所及烟花爆竹生产企业，盯住爆炸品、易燃液体、液化气体、有毒有害气体，依靠制度和技术手段，落实每一处重大安全风险和事故隐患的管理与监管责任，对重点设施、重点场所、关键部位、关键环节以及重点人群严格监管，有效管控。

3. 扎实推进危险化学品专项整治，全面推行重点防控措施：(1)涉及光气、液氯、液氨、硝酸铵、硝酸胍等物品的生产经营企业储存场所与周边安全距离不满足《危险化学品生产、储存装置个人可接受风险标准和社会可接受风险标准(试行)》的，一律停止使用；(2)涉及“两重点一重大”的危险化学品生产经营新、改、扩建项目，地方安全监管部门应对企业试生产方案组织专家论证，确保试生产安全；(3)通过定量风险评价方式进行安全评估的危险化学品重大危险源，个人和社会风险值超过相关限值标准的，必须采取降低风险的措施，其中周边有学校、幼儿园、医院、养老院、交通、商业、文化、旅游以及住宅小区等人员密集场所且风险不能降低的，采取停产整顿、转产、搬迁、关闭等强制性措施；(4)自 2017 年 1 月 1 日起，凡是构成一级、二级重大危险源，未设置紧急停车(紧急切断)功能的危险化学品罐区，一律停止使用；(5)自 2017 年 1 月 1 日起，凡是未实现温度、压力、液位等信息的远程不间断采集检测，未设置可燃和有毒有害气体泄漏检测报警装置的构成重大危险源的危险化学品罐区，一律停止使用；(6)自 2016 年 7 月 1 日起，所有仓储经营企业构成重大危险源的危险化学品罐区动火作业全部按特级动火进行升级管理，鼓励地方安全监管部门或行业主管部门对动火等特殊作业实施第三方专业化监管；(7)采用新工艺、新配方的企业必须开展反应风险评估，国内首次使用的化工工艺，必须经过省级人民政府有关部门组织的安全可靠性论证；(8)地方安全监管部门可研究将所有构成危险化学品重大危险源的仓储经营单位的仓储操作纳入特种作业管理。

4. 认真开展烟花爆竹专项整治，全面推行重点防控措施：(1)对分包转包、一证多厂、多股东各自独立组织生产的，一律依法吊销安全生产许可证；(2)对存在“三超一改”(超许可范围、超人员、超药量和擅自改变工房用途)行为的，一律依法责令停产整改，逾期不改的，吊销安全生产许可证；(3)对工作台(地面)导静电设施和机械设备接地不合格的，一律依法停产整改；(4)对“三库”不达标的，安全生产许可证到期后一律不予延期换证；(5)对不符合《礼花弹安全生产条件》(AQ 4121)、《黑火药引火线生产企业安全基本要求》(安监总厅管三〔2013〕43 号)的，一律依法停产整改提升或予以关闭；(6)自 2016 年 7 月 1 日起，对领导值班安排未上墙、职工进出厂未打卡(或签名)登记的，一律依法停产整顿；(7)自 2017 年起，重点部位和总仓库未实现防超员超量视频监控的，一律依法停产整改；(8)自2017年起，全面淘汰爆竹引火线“干法制引”工艺和烟火药手工混药工艺。

五、提高应急处置能力

坚持以科学性、实用性、可操作性为目标，督促地方和企业进一步完善各类事故专项应急预案和高风险岗位现场处置方案，定期组织演练，以实战实操来发现问题、改进提高。要根据危险化学品和烟花爆竹事故危害特性，强化事故应急前期处置，注重现场安全风险科学评估和精准管控，在最短时间内将事故消灭在萌芽状态，控制在最小范围内，避免盲目施救和处置不当导致事故后果升级扩大。

六、构建标本兼治的综合防控体系

1. 健全完善危险化学品的关键工艺、技术、装备等安全标准，继续推动18种重点监管危险化工工艺的化工装置及74种重点监管危险化学品的生产储存装置完成自动化控制系统改造，实施危险化学品重大危险源在线监控及事故预警工程和危险化学品罐区本质安全提升工程，逐步淘汰一批安全保障能力差的工艺、技术和装备。

2. 公布涉及危险化学品安全的行业目录，强化“管行业必须管安全”。配合住建、城乡规划、国土资源等部门加强城乡规划和用地控制，提高危险化学品生产储存项目准入门槛，推动重点地区建立“两重点一重大”建设项目立项阶段部门联合审批制度，鼓励各地制定本地区危险化学品“禁限控”目录，严格涉及硝酸铵等爆炸品、硝化棉等易燃品、有毒有害气体和甲类、乙类易燃液体及液化气体的项目审批。

3. 建立烟花爆竹生产关键涉药机械设备安全准入制度，实施生产机械化示范推广工程，强制淘汰烟花爆竹落后生产工艺，逐步提高烟花爆竹生产准入门槛，严格安全生产许可把关，严格控制黑火药、礼花弹等高危产品生产企业数量，坚决关闭不具备安全生产条件的企业。

各省级安全监管部门要按照本意见制定具体实施方案，组织辖区内各级安全监管部门和危险化学品、烟花爆竹从业单位抓好贯彻落实，及时进行分析总结，积极推广有效做法和典型经验，持续推动相关工作深入开展，不断提高危险化学品和烟花爆竹安全保障能力，有力促进全国危险化学品和烟花爆竹安全生产形势稳定好转。

国家安全监管总局关于印发《化工(危险化学品)企业安全检查重点指导目录》的通知

安监总管三〔2015〕113号

各省、自治区、直辖市及新疆生产建设兵团安全生产监督管理局，有关中央企业：

为进一步规范化工(危险化学品)企业安全生产管理，指导和强化地方政府安全监管工作，更好地推动化工(危险化学品)生产、经营企业安全生产主体责任落实，国家安全监管总局组织制定了《化工(危险化学品)企业安全检查重点指导目录》(以下简称《目录》)。现印发给你们，请遵照执行，并就有关事项通知如下：

一、《目录》适用于化工企业和危险化学品生产、经营(带仓储设施)企业，作为安全监管部门组织安全督查及企业开展隐患排查的重点内容。

二、各省级安全监管部门要结合实际，在《目录》基础上完善本地区化工(危险化学品)生产、经营企业安全检查重点指导目录及具体的行政处罚自由裁量标准，并报送安全监管总局备案。

三、有关企业要参照《目录》，制定安全检查重点内容，并开展全面的自查自改；地方各级安全监管部门要组织做好宣贯工作，将本通知下发到有关企业，并认真开展安全监督执法检查，发现存在《目录》中有关问题的，一律依法予以处理。

附件：《化工(危险化学品)企业安全检查重点指导目录》

安全监管总局

2015年12月14日

附件

化工(危险化学品)企业安全检查重点指导目录

序号	检查重点内容	违反条文	处罚依据
		人员和资质管理	
1	企业安全生产行政许可手续不齐全或不在有效期内的。	《危险化学品安全管理条例》第十四条、第二十九条、第三十三条	**《危险化学品安全管理条例》**第七十七条：未依法取得危险化学品安全生产许可证从事危险化学品生产的，依照《安全生产许可证条例》的规定处罚。 违反本条例规定，化工企业未取得危险化学品安全使用许可证，使用危险化学品从事生产的，由安全生产监督管理部门责令限期改正，处10万元以上20万元以下的罚款；逾期不改正的，责令停产整顿。 违反本条例规定，未取得危险化学品经营许可证从事危险化学品经营的，由安全生产监督管理部门责令停止经营活动，没收违法经营的危险化学品以及违法所得，并处10万元以上20万元以下的罚款；构成犯罪的，依法追究刑事责任。 **《安全生产许可证条例》**第十九条：违反本条例规定，未取得安全生产许可证擅自进行生产的，责令停止生产，没收违法所得，并处10万元以上50万元以下的罚款；造成重大事故或者其他严重后果，构成犯罪的，依法追究刑事责任。 第二十条：违反本条例规定，安全生产许可证有效期满未办理延期手续，继续进行生产的，责令停止生产，限期补办延期手续，没收违法所得，并处5万元以上10万元以下的罚款；逾期仍不办理延期手续，继续进行生产的，依照本条例第十九条的规定处罚。
2	企业未依法明确主要负责人、分管负责人安全生产职责或主要负责人、分管负责人未依法履行其安全生产职责的。	《安全生产法》第十九条	**《安全生产法》**第九十一条：生产经营单位的主要负责人未履行本法规定的安全生产管理职责的，责令限期改正；逾期未改正的，处二万元以上五万元以下的罚款，责令生产经营单位停产停业整顿。
3	企业未设置安全生产管理机构或配备专职安全生产管理人员的。	《安全生产法》第二十一条	**《安全生产法》**第九十四条：生产经营单位有下列行为之一的，责令限期改正，可以处五万元以下的罚款；逾期未改正的，责令停产停业整顿，并处五万元以上十万元以下的罚款，对其直接负责的主管人员和其他直接责任人员处一万元以上二万元以下的罚款： (一)未按照规定设置安全生产管理机构或者配备安全生产管理人员的。

续表

序号	检查重点内容	违反条文	处罚依据
4	企业的主要负责人、安全负责人及其他安全生产管理人员未按照规定经考核合格的。	《安全生产法》第二十四条	**《安全生产法》**第九十四条：生产经营单位有下列行为之一的，责令限期改正，可以处五万元以下的罚款；逾期未改正的，责令停产停业整顿，并处五万元以上十万元以下的罚款，对其直接负责的主管人员和其他直接责任人员处一万元以上二万元以下的罚款： （二）危险物品的生产、经营、储存单位以及矿山、金属冶炼、建筑施工、道路运输单位的主要负责人和安全生产管理人员未按照规定经考核合格的。
5	企业未对从业人员进行安全生产教育培训或者安排未经安全生产教育和培训合格的从业人员上岗作业的。	《安全生产法》第二十五条	**《安全生产法》**第九十四条：生产经营单位有下列行为之一的，责令限期改正，可以处五万元以下的罚款；逾期未改正的，责令停产停业整顿，并处五万元以上十万元以下的罚款，对其直接负责的主管人员和其他直接责任人员处一万元以上二万元以下的罚款： （三）未按照规定对从业人员、被派遣劳动者、实习学生进行安全生产教育和培训，或者未按照规定如实告知有关的安全生产事项的。
6	从业人员对本岗位涉及的危险化学品危险特性不熟悉的。	《安全生产法》第二十五条	**《安全生产法》**第九十四条：生产经营单位有下列行为之一的，责令限期改正，可以处五万元以下的罚款；逾期未改正的，责令停产停业整顿，并处五万元以上十万元以下的罚款，对其直接负责的主管人员和其他直接责任人员处一万元以上二万元以下的罚款： （三）未按照规定对从业人员、被派遣劳动者、实习学生进行安全生产教育和培训，或者未按照规定如实告知有关的安全生产事项的。
7	特种作业人员未按照国家有关规定经专门的安全作业培训并取得相应资格上岗作业的。	《安全生产法》第二十七条	**《安全生产法》**第九十四条：生产经营单位有下列行为之一的，责令限期改正，可以处五万元以下的罚款；逾期未改正的，责令停产停业整顿，并处五万元以上十万元以下的罚款，对其直接负责的主管人员和其他直接责任人员处一万元以上二万元以下的罚款： （七）特种作业人员未按照规定经专门的安全作业培训并取得相应资格，上岗作业的。

续表

序号	检查重点内容	违反条文	处罚依据
8	选用不符合资质的承包商或未对承包商的安全生产工作统一协调、管理的。	《安全生产法》第四十六条	**《安全生产法》**第一百条：生产经营单位将生产经营项目、场所、设备发包或者出租给不具备安全生产条件或者相应资质的单位或者个人的，责令限期改正，没收违法所得；违法所得十万元以上的，并处违法所得二倍以上五倍以下的罚款；没有违法所得或者违法所得不足十万元的，单处或者并处十万元以上二十万元以下的罚款；对其直接负责的主管人员和其他直接责任人员处一万元以上二万元以下的罚款；导致发生生产安全事故给他人造成损害的，与承包方、承租方承担连带赔偿责任。 生产经营单位未与承包单位、承租单位签订专门的安全生产管理协议或者未在承包合同、租赁合同中明确各自的安全生产管理职责，或者未对承包单位、承租单位的安全生产统一协调、管理的，责令限期改正，可以处五万元以下的罚款，对其直接负责的主管人员和其他直接责任人员可以处一万元以下的罚款；逾期未改正的，责令停产停业整顿。
9	将火种带入易燃易爆场所或存在脱岗、睡岗、酒后上岗行为的。	《安全生产法》第五十四条	**《安全生产法》**第九十九条：生产经营单位未采取措施消除事故隐患的，责令立即消除或者限期消除；生产经营单位拒不执行的，责令停产停业整顿，并处十万元以上五十万元以下的罚款，对其直接负责的主管人员和其他直接责任人员处二万元以上五万元以下的罚款。 **《安全生产法》**第一百零四条：生产经营单位的从业人员不服从管理，违反安全生产规章制度或者操作规程的，由生产经营单位给予批评教育，依照有关规章制度给予处分；构成犯罪的，依照刑法有关规定追究刑事责任。
工艺管理			
10	在役化工装置未经正规设计且未进行安全设计诊断的。	《安全生产法》第三十八条	**《安全生产法》**第九十九条：生产经营单位未采取措施消除事故隐患的，责令立即消除或者限期消除；生产经营单位拒不执行的，责令停产停业整顿，并处十万元以上五十万元以下的罚款，对其直接负责的主管人员和其他直接责任人员处二万元以上五万元以下的罚款。

续表

序号	检查重点内容	违反条文	处罚依据
11	新开发的危险化学品生产工艺未经逐级放大试验到工业化生产或首次使用的化工工艺未经省级人民政府有关部门组织安全可靠性论证的。	《危险化学品生产企业安全生产许可证实施办法》(国家安全监管总局令第41号)	**《安全生产法》**第九十九条：生产经营单位未采取措施消除事故隐患的，责令立即消除或者限期消除；生产经营单位拒不执行的，责令停产停业整顿，并处十万元以上五十万元以下的罚款，对其直接负责的主管人员和其他直接责任人员处二万元以上五万元以下的罚款。
12	未按规定制定操作规程和工艺控制指标的。	《安全生产法》第十八条	**《安全生产法》**第九十一条：生产经营单位的主要负责人未履行本法规定的安全生产管理职责的，责令限期改正；逾期未改正的，处二万元以上五万元以下的罚款，责令生产经营单位停产停业整顿。
13	生产、储存装置及设施超温、超压、超液位运行的。	《安全生产法》第三十八条	**《安全生产法》**第九十九条：生产经营单位未采取措施消除事故隐患的，责令立即消除或者限期消除；生产经营单位拒不执行的，责令停产停业整顿，并处十万元以上五十万元以下的罚款，对其直接负责的主管人员和其他直接责任人员处二万元以上五万元以下的罚款。
14	在厂房、围堤、窨井等场所内设置有毒有害气体排放口且未采取有效防范措施的。	《安全生产法》第三十八条、《工业企业设计卫生标准》(GBZ 1)第6.1.5.1条	**《安全生产法》**第九十九条：生产经营单位未采取措施消除事故隐患的，责令立即消除或者限期消除；生产经营单位拒不执行的，责令停产停业整顿，并处十万元以上五十万元以下的罚款，对其直接负责的主管人员和其他直接责任人员处二万元以上五万元以下的罚款。
15	涉及液化烃、液氨、液氯、硫化氢等易燃易爆及有毒介质的安全阀及其他泄放设施直排大气的(环氧乙烷的排放应采取安全措施)。	《安全生产法》第三十三条、《固定式压力容器安全技术监察规程》(TSG R0004－2009)第8.2(3)条	**《安全生产法》**第九十六条：生产经营单位有下列行为之一的，责令限期改正，可以处五万元以下的罚款；逾期未改正的，处五万元以上二十万元以下的罚款，对其直接负责的主管人员和其他直接责任人员处一万元以上二万元以下的罚款；情节严重的，责令停产停业整顿；构成犯罪的，依照刑法有关规定追究刑事责任： (二)安全设备的安装、使用、检测、改造和报废不符合国家标准或者行业标准的。
16	液化烃、液氨、液氯等易燃易爆、有毒有害液化气体的充装未使用万向节管道充装系统的。	《安全生产法》第三十八条	**《安全生产法》**第九十九条：生产经营单位未采取措施消除事故隐患的，责令立即消除或者限期消除；生产经营单位拒不执行的，责令停产停业整顿，并处十万元以上五十万元以下的罚款，对其直接负责的主管人员和其他直接责任人员处二万元以上五万元以下的罚款。

续表

序号	检查重点内容	违反条文	处罚依据
17	浮顶储罐运行中浮盘落底的。	《安全生产法》第三十八条	**《安全生产法》**第九十九条：生产经营单位未采取措施消除事故隐患的，责令立即消除或者限期消除；生产经营单位拒不执行的，责令停产停业整顿，并处十万元以上五十万元以下的罚款，对其直接负责的主管人员和其他直接责任人员处二万元以上五万元以下的罚款。
设备设施管理			
18	安全设备的安装、使用、检测、维修、改造和报废不符合国家标准或行业标准；或使用国家明令淘汰的危及生产安全的工艺、设备的。	《安全生产法》第三十三条、第三十五条	**《安全生产法》**第九十六条：生产经营单位有下列行为之一的，责令限期改正，可以处五万元以下的罚款；逾期未改正的，处五万元以上二十万元以下的罚款，对其直接负责的主管人员和其他直接责任人员处一万元以上二万元以下的罚款；情节严重的，责令停产停业整顿；构成犯罪的，依照刑法有关规定追究刑事责任： （二）安全设备的安装、使用、检测、改造和报废不符合国家标准或者行业标准的； （六）使用应当淘汰的危及生产安全的工艺、设备的。
19	油气储罐未按规定达到以下要求的： （1）液化烃的储罐应设液位计、温度计、压力表、安全阀，以及高液位报警和高高液位自动联锁切断进料措施；全冷冻式液化烃储罐还应设真空泄放设施和高、低温度检测，并应与自动控制系统相连； （2）气柜应设上、下限位报警装置，并宜设进出管道自动联锁切断装置； （3）液化石油气球形储罐液相进出口应设置紧急切断阀，其位置宜靠近球形储罐； （4）丙烯、丙烷、混合 C_4、抽余 C_4 及液化石油气的球形储罐应设置注水措施。	《安全生产法》第三十三条； 《石油化工企业设计防火规范》（GB 50160）第 6.3.11 条、第 6.3.12 条；《液化烃球形储罐安全设计规范》（SH 3136）第 6.1 条、第 7.4 条	**《安全生产法》**第九十六条：生产经营单位有下列行为之一的，责令限期改正，可以处五万元以下的罚款；逾期未改正的，处五万元以上二十万元以下的罚款，对其直接负责的主管人员和其他直接责任人员处一万元以上二万元以下的罚款；情节严重的，责令停产停业整顿；构成犯罪的，依照刑法有关规定追究刑事责任： （二）安全设备的安装、使用、检测、改造和报废不符合国家标准或者行业标准的。
20	涉及危险化工工艺、重点监管危险化学品的装置未设置自动化控制系统；或者涉及危险化工工艺的大型化工装置未设置紧急停车系统的。	《危险化学品生产企业安全生产许可证实施办法》（国家安全监管总局令第 41 号）第九条	**《安全生产法》**第九十九条：生产经营单位未采取措施消除事故隐患的，责令立即消除或者限期消除；生产经营单位拒不执行的，责令停产停业整顿，并处十万元以上五十万元以下的罚款，对其直接负责的主管人员和其他直接责任人员处二万元以上五万元以下的罚款。

续表

序号	检查重点内容	违反条文	处罚依据
21	有毒有害、可燃气体泄漏检测报警系统未按照标准设置、使用或定期检测校验；以及报警信号未发送至有操作人员常驻的控制室、现场操作室进行报警的。	《安全生产法》第三十三条、《石油化工企业可燃气体和有毒气体检测报警设计规范》(GB 50493)	**《安全生产法》**第九十六条：生产经营单位有下列行为之一的，责令限期改正，可以处五万元以下的罚款；逾期未改正的，处五万元以上二十万元以下的罚款，对其直接负责的主管人员和其他直接责任人员处一万元以上二万元以下的罚款；情节严重的，责令停产停业整顿；构成犯罪的，依照刑法有关规定追究刑事责任： (二)安全设备的安装、使用、检测、改造和报废不符合国家标准或者行业标准的。
22	安全联锁未正常投用或未经审批摘除以及经审批后临时摘除超过一个月未恢复的。	《安全生产法》第三十三条	**《安全生产法》**第九十六条：生产经营单位有下列行为之一的，责令限期改正，可以处五万元以下的罚款；逾期未改正的，处五万元以上二十万元以下的罚款，对其直接负责的主管人员和其他直接责任人员处一万元以上二万元以下的罚款；情节严重的，责令停产停业整顿；构成犯罪的，依照刑法有关规定追究刑事责任： (二)安全设备的安装、使用、检测、改造和报废不符合国家标准或者行业标准的。
23	工艺或安全仪表报警时未及时处置的。	《安全生产法》第三十八条	**《安全生产法》**第九十九条：生产经营单位未采取措施消除事故隐患的，责令立即消除或者限期消除；生产经营单位拒不执行的，责令停产停业整顿，并处十万元以上五十万元以下的罚款，对其直接负责的主管人员和其他直接责任人员处二万元以上五万元以下的罚款。
24	在用装置(设施)安全阀或泄压排放系统未正常投用的。	《安全生产法》第三十三条、《固定式压力容器安全技术监察规程》(TSG R0004－2009)第8.3.5条	**《安全生产法》**第九十六条：生产经营单位有下列行为之一的，责令限期改正，可以处五万元以下的罚款；逾期未改正的，处五万元以上二十万元以下的罚款，对其直接负责的主管人员和其他直接责任人员处一万元以上二万元以下的罚款；情节严重的，责令停产停业整顿；构成犯罪的，依照刑法有关规定追究刑事责任： (二)安全设备的安装、使用、检测、改造和报废不符合国家标准或者行业标准的。
25	涉及放热反应的危险化工工艺生产装置未设置双重电源供电或控制系统未设置不间断电源(UPS)的。	《安全生产法》第三十八条、《石油化工企业生产装置电力设计技术规范》(SH 3038)、 《供配电系统设计规范》(GB 50052)	**《安全生产法》**第九十九条：生产经营单位未采取措施消除事故隐患的，责令立即消除或者限期消除；生产经营单位拒不执行的，责令停产停业整顿，并处十万元以上五十万元以下的罚款，对其直接负责的主管人员和其他直接责任人员处二万元以上五万元以下的罚款。

续表

序号	检查重点内容	违反条文	处罚依据
安全管理			
26	未建立变更管理制度或未严格执行的。	《安全生产法》第四条、第四十一条	**《安全生产法》**第九十一条：生产经营单位的主要负责人未履行本法规定的安全生产管理职责的，责令限期改正；逾期未改正的，处二万元以上五万元以下的罚款，责令生产经营单位停产停业整顿。
27	危险化学品生产装置、罐区、仓库等设施与周边的安全距离不符合要求的。	《安全生产法》第三十八条	**《安全生产法》**第九十九条：生产经营单位未采取措施消除事故隐患的，责令立即消除或者限期消除；生产经营单位拒不执行的，责令停产停业整顿，并处十万元以上五十万元以下的罚款，对其直接负责的主管人员和其他直接责任人员处二万元以上五万元以下的罚款。
28	控制室或机柜间面向具有火灾、爆炸危险性装置一侧有门窗的。(2017 年前必须整改完成)	《安全生产法》第三十八条、《石油化工企业设计防火规范》(GB 50160)第 5.2.18 条	**《安全生产法》**第九十九条：生产经营单位未采取措施消除事故隐患的，责令立即消除或者限期消除；生产经营单位拒不执行的，责令停产停业整顿，并处十万元以上五十万元以下的罚款，对其直接负责的主管人员和其他直接责任人员处二万元以上五万元以下的罚款。
29	生产、经营、储存、使用危险化学品的车间、仓库与员工宿舍在同一座建筑内或与员工宿舍的距离不符合安全要求的。	《安全生产法》第三十九条	**《安全生产法》**第一百零二条：生产经营单位有下列行为之一的，责令限期改正，可以处五万元以下的罚款，对其直接负责的主管人员和其他直接责任人员可以处一万元以下的罚款；逾期未改正的，责令停产停业整顿；构成犯罪的，依照刑法有关规定追究刑事责任： (一)生产、经营、储存、使用危险物品的车间、商店、仓库与员工宿舍在同一座建筑内，或者与员工宿舍的距离不符合安全要求的。
30	危险化学品未按照标准分区、分类、分库存放，或存在超量、超品种以及相互禁忌物质混放混存的。	《危险化学品安全管理条例》第二十四条、 《常用化学危险品贮存通则》(GB 15603)	**《危险化学品安全管理条例》**第八十条：生产、储存、使用危险化学品的单位有下列情形之一的，由安全生产监督管理部门责令改正，处 5 万元以上 10 万元以下的罚款；拒不改正的，责令停产停业整顿直至由原发证机关吊销其相关许可证件，并由工商行政管理部门责令其办理经营范围变更登记或者吊销其营业执照；有关责任人员构成犯罪的，依法追究刑事责任： (五)危险化学品的储存方式、方法或者储存数量不符合国家标准或者国家有关规定的。

续表

序号	检查重点内容	违反条文	处罚依据
31	危险化学品厂际输送管道存在违章占压、安全距离不足和违规交叉穿越问题的。	《安全生产法》第三十八条	**《安全生产法》**第九十九条：生产经营单位未采取措施消除事故隐患的，责令立即消除或者限期消除；生产经营单位拒不执行的，责令停产停业整顿，并处十万元以上五十万元以下的罚款，对其直接负责的主管人员和其他直接责任人员处二万元以上五万元以下的罚款。
32	光气、氯气(液氯)等剧毒化学品管道穿(跨)越公共区域的。	《危险化学品输送管道安全管理规定》(国家安全监管总局令第43号)	**《安全生产法》**第九十九条：生产经营单位未采取措施消除事故隐患的，责令立即消除或者限期消除；生产经营单位拒不执行的，责令停产停业整顿，并处十万元以上五十万元以下的罚款，对其直接负责的主管人员和其他直接责任人员处二万元以上五万元以下的罚款。
33	动火作业未按规定进行可燃气体分析；受限空间作业未按规定进行可燃气体、氧含量和有毒气体分析；以及作业过程无人监护的。	《安全生产法》第四十条、《化学品生产单位特殊作业安全规范》(GB 30871)	**《安全生产法》**第九十八条：生产经营单位有下列行为之一的，责令限期改正，可以处十万元以下的罚款；逾期未改正的，责令停产停业整顿，并处十万元以上二十万元以下的罚款，对其直接负责的主管人员和其他直接责任人员处二万元以上五万元以下的罚款；构成犯罪的，依照刑法有关规定追究刑事责任： (三)进行爆破、吊装以及国务院安全生产监督管理部门会同国务院有关部门规定的其他危险作业，未安排专门人员进行现场安全管理的。 《安全生产法》第九十九条：生产经营单位未采取措施消除事故隐患的，责令立即消除或者限期消除；生产经营单位拒不执行的，责令停产停业整顿，并处十万元以上五十万元以下的罚款，对其直接负责的主管人员和其他直接责任人员处二万元以上五万元以下的罚款。
34	脱水、装卸、倒罐作业时，作业人员离开现场或油气罐区同一防火堤内切水和动火作业同时进行的。	《安全生产法》第三十八条	**《安全生产法》**第九十九条：生产经营单位未采取措施消除事故隐患的，责令立即消除或者限期消除；生产经营单位拒不执行的，责令停产停业整顿，并处十万元以上五十万元以下的罚款，对其直接负责的主管人员和其他直接责任人员处二万元以上五万元以下的罚款。

续表

序号	检查重点内容	违反条文	处罚依据
35	在有较大危险因素的生产经营场所和有关设施、设备上未设置明显的安全警示标志的。	《安全生产法》第三十二条	**《安全生产法》**第九十六条：生产经营单位有下列行为之一的，责令限期改正，可以处五万元以下的罚款；逾期未改正的，处五万元以上二十万元以下的罚款，对其直接负责的主管人员和其他直接责任人员处一万元以上二万元以下的罚款；情节严重的，责令停产停业整顿；构成犯罪的，依照刑法有关规定追究刑事责任： (一)未在有较大危险因素的生产经营场所和有关设施、设备上设置明显的安全警示标志的。
36	危险化学品生产企业未提供化学品安全技术说明书，未在包装(包括外包装件)上粘贴、拴挂化学品安全标签的。	《危险化学品安全管理条例》第十五条	**《危险化学品安全管理条例》**第七十八条：有下列情形之一的，由安全生产监督管理部门责令改正，可以处5万元以下的罚款；拒不改正的，处5万元以上10万元以下的罚款；情节严重的，责令停产停业整顿： (三)危险化学品生产企业未提供化学品安全技术说明书，或者未在包装(包括外包装件)上粘贴、拴挂化学品安全标签的。
37	对重大危险源未登记建档，或者未进行评估、有效监控的。	《安全生产法》第三十七条	**《安全生产法》**第九十八条：生产经营单位有下列行为之一的，责令限期改正，可以处十万元以下的罚款；逾期未改正的，责令停产停业整顿，并处十万元以上二十万元以下的罚款，对其直接负责的主管人员和其他直接责任人员处二万元以上五万元以下的罚款；构成犯罪的，依照刑法有关规定追究刑事责任： (二)对重大危险源未登记建档，或者未进行评估、监控，或者未制定应急预案的。
38	未对重大危险源的安全生产状况进行定期检查，采取措施消除事故隐患的。	《危险化学品重大危险源监督管理暂行规定》(国家安全监管总局令第40号)第十六条	**《危险化学品重大危险源监督管理暂行规定》**第三十五条：危险化学品单位未按照本规定对重大危险源的安全生产状况进行定期检查，采取措施消除事故隐患的，责令立即消除或者限期消除；危险化学品单位拒不执行的，责令停产停业整顿，并处10万元以上20万元以下的罚款，对其直接负责的主管人员和其他直接责任人员处2万元以上5万元以下的罚款。

续表

序号	检查重点内容	违反条文	处罚依据
39	易燃易爆区域使用非防爆工具或电器的。	《安全生产法》第三十八条	**《安全生产法》**第九十九条：生产经营单位未采取措施消除事故隐患的，责令立即消除或者限期消除；生产经营单位拒不执行的，责令停产停业整顿，并处十万元以上五十万元以下的罚款，对其直接负责的主管人员和其他直接责任人员处二万元以上五万元以下的罚款。
40	未在存在有毒气体的区域配备便携式检测仪、空气呼吸器等器材和设备或者不能正确佩戴、使用个体防护用品和应急救援器材的。	《安全生产法》第三十八条、第七十九条	**《安全生产法》**第九十九条：生产经营单位未采取措施消除事故隐患的，责令立即消除或者限期消除；生产经营单位拒不执行的，责令停产停业整顿，并处十万元以上五十万元以下的罚款，对其直接负责的主管人员和其他直接责任人员处二万元以上五万元以下的罚款。

国家安全监管总局办公厅关于印发危险化学品目录(2015版)实施指南(试行)的通知

安监总管三〔2015〕80号

各省、自治区、直辖市及新疆生产建设兵团安全生产监督管理局：

为有效实施《危险化学品目录(2015版)》(国家安全监管总局等10部门公告2015年第5号)，国家安全监管总局组织编制了《危险化学品目录(2015版)实施指南(试行)》(请自行从国家安全监管总局网站下载)，现印发给你们，请遵照执行。在实施过程中，如遇到问题，请及时反馈国家安全监管总局监管三司(联系人及电话：陆旭，010-64463239<带传真>)。

安全监管总局办公厅

2015年8月19日

危险化学品目录(2015版)实施指南(试行)

一、《危险化学品目录(2015版)》(以下简称《目录》)所列化学品是指达到国家、行业、地方和企业的产品标准的危险化学品(国家明令禁止生产、经营、使用的化学品除外)。

二、工业产品的CAS号与《目录》所列危险化学品CAS号相同时(不论其中文名称是否一致)，即可认为是同一危险化学品。

三、企业将《目录》中同一品名的危险化学品在改变物质状态后进行销售的，应取得危险化学品经营许可证。

四、对生产、经营柴油的企业(每批次柴油的闭杯闪点均大于60℃的除外)按危险化学品企业进行管理。

五、主要成分均为列入《目录》的危险化学品，并且主要成分质量比或体积比之和不小于70%的混合物(经鉴定不属于危险化学品确定原则的除外)，可视其为危险化学品并按危险化学品进行管理，安全监管部门在办理相关安全行政许可时，应注明混合物的商品名称及其主要成分含量。

六、对于主要成分均为列入《目录》的危险化学品，并且主要成分质量比或体积比之和小于70%的混合物或危险特性尚未确定的化学品，生产或进口企业应根据《化学品物理危险性鉴定与分类管理办法》(国家安全监管总局令第60号)及其他相关规定进行鉴定分类，经过鉴定分类属于危险化学品确定原则的，应根据《危险化学品登记管理办法》(国家安全监管总局令第53号)进行危险化学品登记，但不需要办理相关安全行政许可手续。

七、化学品只要满足《目录》中序号第2828项闪点判定标准即属于第2828项危险化学品。为方便查阅，危险化学品分类信息表中列举部分品名。其列举的涂料、油漆产品以成膜物为基础确定。例如，条目“酚醛树脂漆(涂料)”，是指以酚醛树脂、改性酚醛树脂等为成膜物的各种油漆涂料。各油漆涂料对应的成膜物详见国家标准《涂料产品分类和命名》(GB/T 2705—2003)。胶粘剂以粘料为基础确定。例如，条目“酚醛树脂类胶粘剂”，是指以酚醛树脂、间苯二酚甲醛树脂等为粘料的各种胶粘剂。各胶粘剂对应的粘料详见国家标准《胶粘剂分类》(GB/T 13553—1996)。

八、危险化学品分类信息表(见附件)是各级安全监管部门判定危险化学品危险特性的重要依据。各级安全监管部门可根据《指南》中列出的各种危险化学品分类信息，有针对性的指导企业按照其所涉及的危险化学品危险特性采取有效防范措施，加强安全生产工作。

九、危险化学品生产和进口企业要依据危险化学品分类信息表列出的各种危险化学品分类信息，按照《化学品分类和标签规范》系列标准(GB 30000.2—2013~GB 30000.29—2013)及《化学品安全标签编写规定》(GB 15258—2009)等国家标准规范要求，科学准确地确定本企业化学品的危险性说明、警示词、象形图和防范说明，编制或更新化学品安全技术说明书、安全标签等危险化学品登记信息，做好化学品危害告知和信息传递工作。

十、危险化学品在运输时，应当符合交通运输、铁路、民航等部门的相关规定。

十一、按照《危险化学品安全管理条例》第三条的有关规定，随着新化学品的不断出现、化学品危险性鉴别分类工作的深入开展，以及人们对化学品物理等危险性认识的提高，国家安全监管总局等10部门将适时对《目录》进行调整，国家安全监管总局也将会适时对危险化学品分类信息表进行补充和完善。

附件：危险化学品分类信息表(略)

国家安全生产监督管理总局　中华人民共和国工业和信息化部
中华人民共和国公安部　中华人民共和国环境保护部
中华人民共和国交通运输部　中华人民共和国农业部
中华人民共和国国家卫生和计划生育委员会
中华人民共和国国家质量监督检验检疫总局
国家铁路局　中国民用航空局

公　告

2015 年第 5 号

按照《危险化学品安全管理条例》(国务院令第 591 号)有关规定，安全监管总局会同工业和信息化部、公安部、环境保护部、交通运输部、农业部、国家卫生计生委、质检总局、铁路局、民航局制定了《危险化学品目录(2015 版)》，现予公布，请自行下载(网址：www. chinasafety. gov. cn)。《危险化学品目录(2015 版)》于 2015 年 5 月 1 日起实施，《危险化学品名录(2002 版)》(原国家安全生产监督管理局公告 2003 年第 1 号)、《剧毒化学品目录(2002 年版)》(原国家安全生产监督管理局等 8 部门公告 2003 年第 2 号)同时予以废止。

安全监管总局　工业和信息化部　公安部
环境保护部　交通运输部　农业部
国家卫生计生委　质检总局　铁路局
民航局

2015 年 2 月 27 日

危险化学品目录(2015 版)

说　明

一、危险化学品的定义和确定原则

定义：具有毒害、腐蚀、爆炸、燃烧、助燃等性质，对人体、设施、环境具有危害的剧毒化学品和其他化学品。

确定原则：危险化学品的品种依据化学品分类和标签国家标准，从下列危险和危害特性类别中确定。

1. 物理危险

爆炸物：不稳定爆炸物、1.1、1.2、1.3、1.4。

易燃气体：类别1、类别2、化学不稳定性气体类别A、化学不稳定性气体类别B。

气溶胶(又称气雾剂)：类别1。

氧化性气体：类别1。

加压气体：压缩气体、液化气体、冷冻液化气体、溶解气体。

易燃液体：类别1、类别2、类别3。

易燃固体：类别1、类别2。

自反应物质和混合物：A型、B型、C型、D型、E型。

自燃液体：类别1。

自燃固体：类别1。

自热物质和混合物：类别1、类别2。

遇水放出易燃气体的物质和混合物：类别1、类别2、类别3。

氧化性液体：类别1、类别2、类别3。

氧化性固体：类别1、类别2、类别3。

有机过氧化物：A型、B型、C型、D型、E型、F型。

金属腐蚀物：类别1。

2. 健康危害

急性毒性：类别1、类别2、类别3。

皮肤腐蚀/刺激：类别1A、类别1B、类别1C、类别2。

严重眼损伤/眼刺激：类别1、类别2A、类别2B。

呼吸道或皮肤致敏：呼吸道致敏物1A、呼吸道致敏物1B、皮肤致敏物1A、皮肤致敏物1B。

生殖细胞致突变性：类别1A、类别1B、类别2。

致癌性：类别1A、类别1B、类别2。

生殖毒性：类别1A、类别1B、类别2、附加类别。

特异性靶器官毒性——一次接触：类别1、类别2、类别3。

特异性靶器官毒性——反复接触：类别1、类别2。

吸入危害：类别1。

3. 环境危害

危害水生环境——急性危害：类别1、类别2；

危害水生环境——长期危害：类别1、类别2、类别3。

危害臭氧层：类别1。

二、剧毒化学品的定义和判定界限

定义：具有剧烈急性毒性危害的化学品，包括人工合成的化学品及其混合物和天然毒素，还包括具有急性毒性易造成公共安全危害的化学品。

剧烈急性毒性判定界限：急性毒性类别1，即满足下列条件之一：大鼠实验，经口 $LD_{50} \leqslant 5mg/kg$，经皮 $LD_{50} \leqslant 50mg/kg$，吸入(4h) $LC_{50} \leqslant 100mL/m^3$(气体)或0.5mg/L(蒸气)或0.05mg/L(尘、雾)。经皮 LD_{50} 的实验数据，也可使用兔实验数据。

三、《危险化学品目录》各栏目的含义

(一)"序号"是指《危险化学品目录》中化学品的顺序号。

(二)"品名"是指根据《化学命名原则》(1980)确定的名称。

(三)"别名"是指除"品名"以外的其他名称，包括通用名、俗名等。

(四)"CAS号"是指美国化学文摘社对化学品的唯一登记号。

(五)"备注"是对剧毒化学品的特别注明。

四、其他事项

(一)《危险化学品目录》按"品名"汉字的汉语拼音排序。

(二)《危险化学品目录》中除列明的条目外，无机盐类同时包括无水和含有结晶水的化合物。

(三)序号2828是类属条目，《危险化学品目录》中除列明的条目外，符合相应条件的，属于危险化学品。

(四)《危险化学品目录》中除混合物之外无含量说明的条目，是指该条目的工业产品或者纯度高于工业产品的化学品，用作农药用途时，是指其原药。

(五)《危险化学品目录》中的农药条目结合其物理危险性、健康危害、环境危害及农药管理情况综合确定。

危险化学品目录

序号	品　名	别　名	CAS 号	备注
1	阿片	鸦片	8008-60-4	
2	氨	液氨;氨气	7664-41-7	
3	5-氨基-1,3,3-三甲基环己甲胺	异佛尔酮二胺；3,3,5-三甲基-4,6-二氨基-2-烯环己酮；1-氨基-3-氨基甲基-3,5,5-三甲基环己烷	2855-13-2	
4	5-氨基-3-苯基-1-[双(*N*,*N*-二甲基氨基氧膦基)]-1,2,4-三唑[含量>20%]	威菌磷	1031-47-6	剧毒
5	4-[3-氨基-5-(1-甲基胍基)戊酰氨基]-1-[4-氨基-2-氧代-1(2H)-嘧啶基]-1,2,3,4-四脱氧-β,D 赤己-2-烯吡喃糖醛酸	灰瘟素	2079-00-7	
6	4-氨基-*N*,*N*-二甲基苯胺	*N*,*N*-二甲基对苯二胺；对氨基-*N*,*N*-二甲基苯胺	99-98-9	
7	2-氨基苯酚	邻氨基苯酚	95-55-6	
8	3-氨基苯酚	间氨基苯酚	591-27-5	
9	4-氨基苯酚	对氨基苯酚	123-30-8	
10	3-氨基苯甲腈	间氨基苯甲腈；氰化氨基苯	2237-30-1	
11	2-氨基苯胂酸	邻氨基苯胂酸	2045-00-3	
12	3-氨基苯胂酸	间氨基苯胂酸	2038-72-4	
13	4-氨基苯胂酸	对氨基苯胂酸	98-50-0	
14	4-氨基苯胂酸钠	对氨基苯胂酸钠	127-85-5	
15	2-氨基吡啶	邻氨基吡啶	504-29-0	
16	3-氨基吡啶	间氨基吡啶	462-08-8	
17	4-氨基吡啶	对氨基吡啶；4-氨基氮杂苯；对氨基氮苯；γ-吡啶胺	504-24-5	
18	1-氨基丙烷	正丙胺	107-10-8	
19	2-氨基丙烷	异丙胺	75-31-0	
20	3-氨基丙烯	烯丙胺	107-11-9	剧毒
21	4-氨基二苯胺	对氨基二苯胺	101-54-2	
22	氨基胍重碳酸盐		2582-30-1	

续表

序号	品　名	别　名	CAS 号	备注
23	氨基化钙	氨基钙	23321-74-6	
24	氨基化锂	氨基锂	7782-89-0	
25	氨基磺酸		5329-14-6	
26	5-(氨基甲基)-3-异噁唑醇	3-羟基-5-氨基甲基异噁唑；蝇蕈醇	2763-96-4	
27	氨基甲酸胺		1111-78-0	
28	(2-氨基甲酰氧乙基)三甲基氯化铵	氯化氨甲酰胆碱；卡巴考	51-83-2	
29	3-氨基喹啉		580-17-6	
30	2-氨基联苯	邻氨基联苯；邻苯基苯胺	90-41-5	
31	4-氨基联苯	对氨基联苯；对苯基苯胺	92-67-1	
32	1-氨基乙醇	乙醛合氨	75-39-8	
33	2-氨基乙醇	乙醇胺；2-羟基乙胺	141-43-5	
34	2-(2-氨基乙氧基)乙醇		929-06-6	
35	氨溶液[含氨>10%]	氨水	1336-21-6	
36	*N*-氨基乙基哌嗪	1-哌嗪乙胺；*N*-(2-氨基乙基)哌嗪；2-(1-哌嗪基)乙胺	140-31-8	
37	八氟-2-丁烯	全氟-2-丁烯	360-89-4	
38	八氟丙烷	全氟丙烷	76-19-7	
39	八氟环丁烷	RC318	115-25-3	
40	八氟异丁烯	全氟异丁烯；1,1,3,3,3-五氟-2-(三氟甲基)-1-丙烯	382-21-8	剧毒
41	八甲基焦磷酰胺	八甲磷	152-16-9	剧毒
42	1,3,4,5,6,7,8,8-八氯-1,3,3a,4,7,7a-六氢-4,7-甲撑异苯并呋喃[含量>1%]	八氯六氢亚甲基苯并呋喃；碳氯灵	297-78-9	剧毒
43	1,2,4,5,6,7,8,8-八氯-2,3,3a,4,7,7a-六氢-4,7-亚甲基茚	氯丹	57-74-9	
44	八氯莰烯	毒杀芬	8001-35-2	
45	八溴联苯		27858-07-7	
46	白磷	黄磷	12185-10-3	
47	钡	金属钡	7440-39-3	

续表

序号	品　名	别　名	CAS 号	备注
48	钡合金			
49	苯	纯苯	71-43-2	
50	苯-1,3-二磺酰肼[糊状,浓度52%]		4547-70-0	
51	苯胺	氨基苯	62-53-3	
52	苯并呋喃	氧茚；香豆酮；古马隆	271-89-6	
53	1,2-苯二胺	邻苯二胺；1,2-二氨基苯	95-54-5	
54	1,3-苯二胺	间苯二胺；1,3-二氨基苯	108-45-2	
55	1,4-苯二胺	对苯二胺；1,4-二氨基苯；乌尔丝 D	106-50-3	
56	1,2-苯二酚	邻苯二酚	120-80-9	
57	1,3-苯二酚	间苯二酚；雷琐酚	108-46-3	
58	1,4-苯二酚	对苯二酚；氢醌	123-31-9	
59	1,3-苯二磺酸溶液		98-48-6	
60	苯酚	酚；石炭酸	108-95-2	
	苯酚溶液			
61	苯酚二磺酸硫酸溶液			
62	苯酚磺酸		1333-39-7	
63	苯酚钠	苯氧基钠	139-02-6	
64	苯磺酰肼	发泡剂 BSH	80-17-1	
65	苯磺酰氯	氯化苯磺酰	98-09-9	
66	4-苯基-1-丁烯		768-56-9	
67	*N*-苯基-2-萘胺	防老剂 D	135-88-6	
68	2-苯基丙烯	异丙烯基苯；α-甲基苯乙烯	98-83-9	
69	2-苯基苯酚	邻苯基苯酚	90-43-7	
70	苯基二氯硅烷	二氯苯基硅烷	1631-84-1	
71	苯基硫醇	苯硫酚；巯基苯；硫代苯酚	108-98-5	剧毒
72	苯基氢氧化汞	氢氧化苯汞	100-57-2	
73	苯基三氯硅烷	苯代三氯硅烷	98-13-5	
74	苯基溴化镁[浸在乙醚中的]		100-58-3	

续表

序号	品　名	别　名	CAS 号	备注
75	苯基氧氯化膦	苯磷酰二氯	824-72-6	
76	*N*-苯基乙酰胺	乙酰苯胺；退热冰	103-84-4	
77	*N*-苯甲基-*N*-(3,4-二氯基本)-DL-丙氨酸乙酯	新燕灵	22212-55-1	
78	苯甲腈	氰化苯；苯基氰；氰基苯；苄腈	100-47-0	
79	苯甲醚	茴香醚；甲氧基苯	100-66-3	
80	苯甲酸汞	安息香酸汞	583-15-3	
81	苯甲酸甲酯	尼哦油	93-58-3	
82	苯甲酰氯	氯化苯甲酰	98-88-4	
83	苯甲氧基磺酰氯			
84	苯肼	苯基联胺	100-63-0	
85	苯胩化二氯	苯胩化氯；二氯化苯胩	622-44-6	
86	苯醌		106-51-4	
87	苯硫代二氯化膦	苯硫代磷酰二氯；硫代二氯化膦苯	3497-00-5	
88	苯胂化二氯	二氯化苯胂；二氯苯胂	696-28-6	剧毒
89	苯胂酸		98-05-5	
90	苯四甲酸酐	均苯四甲酸酐	89-32-7	
91	苯乙醇腈	苯甲氰醇；扁桃腈	532-28-5	
92	*N*-(苯乙基-4-哌啶基)丙酰胺柠檬酸盐	枸橼酸芬太尼	990-73-8	
93	2-苯乙基异氰酸酯		1943-82-4	
94	苯乙腈	氰化苄；苄基氰	140-29-4	
95	苯乙炔	乙炔苯	536-74-3	
96	苯乙烯[稳定的]	乙烯苯	100-42-5	
97	苯乙酰氯		103-80-0	
98	吡啶	氮杂苯	110-86-1	
99	1-(3-吡啶甲基)-3-(4-硝基苯基)脲	1-(4-硝基苯基)-3-(3-吡啶基甲基)脲；灭鼠优	53558-25-1	剧毒
100	吡咯	一氮二烯五环；氮杂茂	109-97-7	

续表

序号	品 名	别 名	CAS 号	备注
101	2-吡咯酮		616-45-5	
102	4-[苄基(乙基)氨基]-3-乙氧基苯重氮氯化锌盐			
103	*N*-苄基-*N*-乙基苯胺	*N*-乙基-*N*-苄基苯胺；苄乙基苯胺	92-59-1	
104	2-苄基吡啶	2-苯甲基吡啶	101-82-6	
105	4-苄基吡啶	4-苯甲基吡啶	2116-65-6	
106	苄硫醇	α-甲苯硫醇	100-53-8	
107	变性乙醇	变性酒精		
108	(1R,2R,4R)-冰片-2-硫氰基醋酸酯	敌稻瘟	115-31-1	
109	丙胺氟磷	*N*,*N*′-氟磷酰二异丙胺；双(二异丙氨基)磷酰氟	371-86-8	
110	1-丙醇	正丙醇	71-23-8	
111	2-丙醇	异丙醇	67-63-0	
112	1,2-丙二胺	1,2-二氨基丙烷；丙邻二胺	78-90-0	
113	1,3-丙二胺	1,3-二氨基丙烷	109-76-2	
114	丙二醇乙醚	1-乙氧基-2-丙醇	1569-02-4	
115	丙二腈	二氰甲烷；氰化亚甲基；缩苹果腈	109-77-3	
116	丙二酸铊	丙二酸亚铊	2757-18-8	
117	丙二烯[稳定的]		463-49-0	
118	丙二酰氯	缩苹果酰氯	1663-67-8	
119	丙基三氯硅烷		141-57-1	
120	丙基胂酸	丙胂酸	107-34-6	
121	丙腈	乙基氰	107-12-0	剧毒
122	丙醛		123-38-6	
123	2-丙炔-1-醇	丙炔醇；炔丙醇	107-19-7	剧毒
124	丙炔和丙二烯混合物[稳定的]	甲基乙炔和丙二烯混合物	59355-75-8	
125	丙炔酸		471-25-0	
126	丙酸		79-09-4	
127	丙酸酐	丙酐	123-62-6	

续表

序号	品　名	别　名	CAS 号	备注
128	丙酸甲酯		554-12-1	
129	丙酸烯丙酯		2408-20-0	
130	丙酸乙酯		105-37-3	
131	丙酸异丙酯	丙酸-1-甲基乙基酯	637-78-5	
132	丙酸异丁酯	丙酸-2-甲基丙酯	540-42-1	
133	丙酸异戊酯		105-68-0	
134	丙酸正丁酯		590-01-2	
135	丙酸正戊酯		624-54-4	
136	丙酸仲丁酯		591-34-4	
137	丙酮	二甲基酮	67-64-1	
138	丙酮氰醇	丙酮合氰化氢；2-羟基异丁腈；氰丙醇	75-86-5	剧毒
139	丙烷		74-98-6	
140	丙烯		115-07-1	
141	2-丙烯-1-醇	烯丙醇；蒜醇；乙烯甲醇	107-18-6	剧毒
142	2-丙烯-1-硫醇	烯丙基硫醇	870-23-5	
143	2-丙烯腈[稳定的]	丙烯腈；乙烯基氰；氰基乙烯	107-13-1	
144	丙烯醛[稳定的]	烯丙醛；败脂醛	107-02-8	
145	丙烯酸[稳定的]		79-10-7	
146	丙烯酸-2-硝基丁酯		5390-54-5	
147	丙烯酸甲酯[稳定的]		96-33-3	
148	丙烯酸羟丙酯		2918-23-2	
149	2-丙烯酸-1,1-二甲基乙基酯	丙烯酸叔丁酯	1663-39-4	
150	丙烯酸乙酯[稳定的]		140-88-5	
151	丙烯酸异丁酯[稳定的]		106-63-8	
152	2-丙烯酸异辛酯		29590-42-9	
153	丙烯酸正丁酯[稳定的]		141-32-2	
154	丙烯酰胺		79-06-1	
155	丙烯亚胺	2-甲基氮丙啶；2-甲基乙撑亚胺；丙撑亚胺	75-55-8	剧毒
156	丙酰氯	氯化丙酰	79-03-8	

续表

序号	品 名	别 名	CAS 号	备注
157	草酸-4-氨基-*N*,*N*-二甲基苯胺	*N*,*N*-二甲基对苯二胺草酸；对氨基-*N*,*N*-二甲基苯胺草酸	24631-29-6	
158	草酸汞		3444-13-1	
159	超氧化钾		12030-88-5	
160	超氧化钠		12034-12-7	
161	次磷酸		6303-21-5	
162	次氯酸钡[含有效氯>22%]		13477-10-6	
163	次氯酸钙		7778-54-3	
164	次氯酸钾溶液[含有效氯>5%]		7778-66-7	
165	次氯酸锂		13840-33-0	
166	次氯酸钠溶液[含有效氯>5%]		7681-52-9	
167	粗苯	动力苯；混合苯		
168	粗蒽			
169	醋酸三丁基锡		56-36-0	
170	代森锰		12427-38-2	
171	单过氧马来酸叔丁酯[含量>52%]		1931-62-0	
	单过氧马来酸叔丁酯[含量≤52%,惰性固体含量≥48%]			
	单过氧马来酸叔丁酯[含量≤52%,含A型稀释剂≥48%]			
	单过氧马来酸叔丁酯[含量≤52%,糊状物]			
172	氮[压缩的或液化的]		7727-37-9	
173	氮化锂		26134-62-3	
174	氮化镁		12057-71-5	
175	10-氮杂蒽	吖啶	260-94-6	
176	氘	重氢	7782-39-0	
177	地高辛	地戈辛；毛地黄叶毒苷	20830-75-5	
178	碲化镉		1306-25-8	
179	3-碘-1-丙烯	3-碘丙烯；烯丙基碘；碘代烯丙基	556-56-9	

续表

序号	品　名	别　名	CAS 号	备注
180	1-碘-2-甲基丙烷	异丁基碘；碘代异丁烷	513-38-2	
181	2-碘-2-甲基丙烷	叔丁基碘；碘代叔丁烷	558-17-8	
182	1-碘-3-甲基丁烷	异戊基碘；碘代异戊烷	541-28-6	
183	4-碘苯酚	4-碘酚；对碘苯酚	540-38-5	
184	1-碘丙烷	正丙基碘；碘代正丙烷	107-08-4	
185	2-碘丙烷	异丙基碘；碘代异丙烷	75-30-9	
186	1-碘丁烷	正丁基碘；碘代正丁烷	542-69-8	
187	2-碘丁烷	仲丁基碘；碘代仲丁烷	513-48-4	
188	碘化钾汞	碘化汞钾	7783-33-7	
189	碘化氢[无水]		10034-85-2	
190	碘化亚汞	一碘化汞	15385-57-6	
191	碘化亚铊	一碘化铊	7790-30-9	
192	碘化乙酰	碘乙酰；乙酰碘	507-02-8	
193	碘甲烷	甲基碘	74-88-4	
194	碘酸		7782-68-5	
195	碘酸铵		13446-09-8	
196	碘酸钡		10567-69-8	
197	碘酸钙	碘钙石	7789-80-2	
198	碘酸镉		7790-81-0	
199	碘酸钾		7758-05-6	
200	碘酸钾合一碘酸	碘酸氢钾；重碘酸钾	13455-24-8	
201	碘酸钾合二碘酸			
202	碘酸锂		13765-03-2	
203	碘酸锰		25659-29-4	
204	碘酸钠		7681-55-2	
205	碘酸铅		25659-31-8	
206	碘酸锶		13470-01-4	
207	碘酸铁		29515-61-5	
208	碘酸锌		7790-37-6	

续表

序号	品　名	别　名	CAS 号	备注
209	碘酸银		7783-97-3	
210	1-碘戊烷	正戊基碘；碘代正戊烷	628-17-1	
211	碘乙酸	碘醋酸	64-69-7	
212	碘乙酸乙酯		623-48-3	
213	碘乙烷	乙基碘	75-03-6	
214	电池液[酸性的]			
215	电池液[碱性的]			
216	叠氮化钡	叠氮钡	18810-58-7	
217	叠氮化钠	三氮化钠	26628-22-8	剧毒
218	叠氮化铅[含水或水加乙醇≥20%]		13424-46-9	
219	2-丁醇	仲丁醇	78-92-2	
220	丁醇钠	丁氧基钠	2372-45-4	
221	1,4-丁二胺	1,4-二氨基丁烷；四亚甲基二胺；腐肉碱	110-60-1	
222	丁二腈	1,2-二氰基乙烷；琥珀腈	110-61-2	
223	1,3-丁二烯[稳定的]	联乙烯	106-99-0	
224	丁二酰氯	氯化丁二酰；琥珀酰氯	543-20-4	
225	丁基甲苯			
226	丁基磷酸	酸式磷酸丁酯	12788-93-1	
227	2-丁基硫醇	仲丁硫醇	513-53-1	
228	丁基三氯硅烷		7521-80-4	
229	丁醛肟		110-69-0	
230	1-丁炔[稳定的]	乙基乙炔	107-00-6	
231	2-丁炔	巴豆炔；二甲基乙炔	503-17-3	
232	1-丁炔-3-醇		2028-63-9	
233	丁酸丙烯酯	丁酸烯丙酯；丁酸-2-丙烯酯	2051-78-7	
234	丁酸酐		106-31-0	
235	丁酸正戊酯	丁酸戊酯	540-18-1	
236	2-丁酮	丁酮；乙基甲基酮；甲乙酮	78-93-3	

续表

序号	品　名	别　名	CAS 号	备注
237	2-丁酮肟		96-29-7	
238	1-丁烯		106-98-9	
239	2-丁烯		107-01-7	
240	2-丁烯-1-醇	巴豆醇；丁烯醇	6117-91-5	
241	3-丁烯-2-酮	甲基乙烯基酮；丁烯酮	78-94-4	剧毒
242	丁烯二酰氯[反式]	富马酰氯	627-63-4	
243	3-丁烯腈	烯丙基氰	109-75-1	
244	2-丁烯腈[反式]	巴豆腈；丙烯基氰	4786-20-3	
245	2-丁烯醛	巴豆醛；β-甲基丙烯醛	4170-30-3	
246	2-丁烯酸	巴豆酸	3724-65-0	
247	丁烯酸甲酯	巴豆酸甲酯	623-43-8	
248	丁烯酸乙酯	巴豆酸乙酯	623-70-1	
249	2-丁氧基乙醇	乙二醇丁醚；丁基溶纤剂	111-76-2	
250	毒毛旋花苷 G	羊角拗质	630-60-4	
251	毒毛旋花苷 K		11005-63-3	
252	杜廷	羟基马桑毒内酯；马桑苷	2571-22-4	
253	短链氯化石蜡(C_{10}~C_{13})	C_{10}~C_{13}氯代烃	85535-84-8	
254	对氨基苯磺酸	4-氨基苯磺酸	121-57-3	
255	对苯二甲酰氯		100-20-9	
256	对甲苯磺酰氯		98-59-9	
257	对硫氰酸苯胺	对硫氰基苯胺；硫氰酸对氨基苯酯	15191-25-0	
258	1-(对氯苯基)-2,8,9-三氧-5-氮-1-硅双环(3,3,3)十二烷	毒鼠硅；氯硅宁；硅灭鼠	29025-67-0	剧毒
259	对氯苯硫醇	4-氯硫酚；对氯硫酚	106-54-7	
260	对蓋基化过氧氢[72%<含量≤100%] 对蓋基化过氧氢[含量≤72%，含 A 型稀释剂≥28%]	对蓋基过氧化氢	39811-34-2	
261	对壬基酚		104-40-5	

续表

序号	品　名	别　名	CAS号	备注
262	对硝基苯酚钾	对硝基酚钾	1124-31-8	
263	对硝基苯酚钠	对硝基酚钠	824-78-2	
264	对硝基苯磺酸		138-42-1	
265	对硝基苯甲酰肼		636-97-5	
266	对硝基乙苯		100-12-9	
267	对异丙基苯酚	对异丙基酚	99-89-8	
268	多钒酸铵	聚钒酸铵	12207-63-5	
269	多聚甲醛	聚蚁醛；聚合甲醛	30525-89-4	
270	多聚磷酸	四磷酸	8017-16-1	
271	多硫化铵溶液		9080-17-5	
272	多氯二苯并对二噁英	PCDDs		
273	多氯二苯并呋喃	PCDFs		
274	多氯联苯	PCBs		
275	多氯三联苯		61788-33-8	
276	多溴二苯醚混合物			
277	苊	萘乙环	83-32-9	
278	蒽醌-1-胂酸	蒽醌-α-胂酸		
279	蒽油乳膏			
	蒽油乳剂			
280	二-(1-羟基环己基)过氧化物[含量≤100%]		2407-94-5	
281	二-(2-苯氧乙基)过氧重碳酸酯[85%<含量≤100%]		41935-39-1	
	二-(2-苯氧乙基)过氧重碳酸酯[含量≤85%,含水≥15%]			
282	二(2-环氧丙基)醚	二缩水甘油醚；双环氧稀释剂；2,2′-[氧双(亚甲基)双环氧乙烷]；二环氧甘油醚	2238-07-5	
283	二-(2-甲基苯甲酰)过氧化物[含量≤87%]	过氧化二-(2-甲基苯甲酰)	3034-79-5	
284	二-(2-羟基-3,5,6-三氯苯基)甲烷	2,2′-亚甲基-双(3,4,6-三氯苯酚)；毒菌酚	70-30-4	

续表

序号	品　名	别　名	CAS 号	备注
285	二-(2-新癸酰过氧异丙基)苯[含量≤52%,含A型稀释剂≥48%]			
286	二-(2-乙基己基)磷酸酯	2-乙基己基-2′-乙基己基磷酸酯	298-07-7	
287	二-(3,5,5-三甲基己酰)过氧化物[52%<含量≤82%,含A型稀释剂≥18%]		3851-87-4	
	二-(3,5,5-三甲基己酰)过氧化物[含量≤38%,含A型稀释剂≥62%]			
	二-(3,5,5-三甲基己酰)过氧化物[38%<含量≤52%,含A型稀释剂≥48%]			
	二-(3,5,5-三甲基己酰)过氧化物[含量≤52%,在水中稳定弥散]			
288	2,2-二-(4,4-二(叔丁基过氧环己基)丙烷[含量≤22%,含B型稀释剂≥78%]		1705-60-8	
	2,2-二-(4,4-二(叔丁基过氧环己基)丙烷[含量≤42%,含惰性固体≥58%]			
289	二-(4-甲基苯甲酰)过氧化物[硅油糊状物,含量≤52%]		895-85-2	
290	二-(4-叔丁基环己基)过氧重碳酸酯[含量≤100%]	过氧化二碳酸-二-(4-叔丁基环己基)酯	15520-11-3	
	二-(4-叔丁基环己基)过氧重碳酸酯[含量≤42%,在水中稳定弥散]			
291	二(苯磺酰肼)醚	4,4′-氧代双苯磺酰肼	80-51-3	
292	1,6-二-(过氧化叔丁基-羰基氧)己烷[含量≤72%,含A型稀释剂≥28%]		36536-42-2	

续表

序号	品　名	别　名	CAS 号	备注
293	二(氯甲基)醚	二氯二甲醚；对称二氯二甲醚；氧代二氯甲烷	542-88-1	
294	二(三氯甲基)碳酸酯	三光气	32315-10-9	
295	1,1-二-(叔丁基过氧)-3,3,5-三甲基环己烷[90%<含量≤100%]		6731-36-8	
	1,1-二-(叔丁基过氧)-3,3,5-三甲基环己烷[57%<含量≤90%,含A型稀释剂≥10%]			
	1,1-二-(叔丁基过氧)-3,3,5-三甲基环己烷[含量≤32%,含A型稀释剂≥26%,含B型稀释剂≥42%]			
	1,1-二-(叔丁基过氧)-3,3,5-三甲基环己烷[含量≤57%,含A型稀释剂≥43%]			
	1,1-二-(叔丁基过氧)-3,3,5-三甲基环己烷[含量≤57%,含惰性固体≥43%]			
	1,1-二-(叔丁基过氧)-3,3,5-三甲基环己烷[含量≤77%,含B型稀释剂≥23%]			
	1,1-二-(叔丁基过氧)-3,3,5-三甲基环己烷[含量≤90%,含A型稀释剂≥10%]			
296	2,2-二-(叔丁基过氧)丙烷[含量≤42%,含A型稀释剂≥13%,惰性固体含量≥45%]		4262-61-7	
	2,2-二-(叔丁基过氧)丙烷[含量≤52%,含A型稀释剂≥48%]			
297	3,3-二-(叔丁基过氧)丁酸乙酯[77%<含量≤100%]	3,3-双-(过氧化叔丁基)丁酸乙酯	55794-20-2	
	3,3-二-(叔丁基过氧)丁酸乙酯[含量≤52%]			
	3,3-二-(叔丁基过氧)丁酸乙酯[含量≤77%,含A型稀释剂≥23%]			

续表

序号	品　名	别　名	CAS 号	备注
298	2,2-二-(叔丁基过氧)丁烷[含量≤52%,含A型稀释剂≥48%]		2167-23-9	
299	1,1-二-(叔丁基过氧)环己烷[80%<含量≤100%]	1,1-双-(过氧化叔丁基)环己烷	3006-86-8	
	1,1-二-(叔丁基过氧)环己烷[52%<含量≤80%,含A型稀释剂≥20%]			
	1,1-二-(叔丁基过氧)环己烷[42%<含量≤52%,含A型稀释剂≥48%]			
	1,1-二-(叔丁基过氧)环己烷[含量≤13%,含A型稀释剂≥13%,含B型稀释剂≥74%]			
	1,1-二-(叔丁基过氧)环己烷[含量≤27%,含A型稀释剂≥25%]			
	1,1-二-(叔丁基过氧)环己烷[含量≤42%,含A型稀释剂≥13%,惰性固体含量≥45%]			
	1,1-二-(叔丁基过氧)环己烷[含量≤42%,含A型稀释剂≥58%]			
	1,1-二-(叔丁基过氧)环己烷[含量≤72%,含B型稀释剂≥28%]			
300	1,1-二-(叔丁基过氧)环己烷和过氧化(2-乙基己酸)叔丁酯的混合物[1,1-二-(叔丁基过氧)环己烷含量≤43%,过氧化(2-乙基己酸)叔丁酯含量≤16%,含A型稀释剂≥41%]			

续表

序号	品　名	别　名	CAS 号	备注
301	二-(叔丁基过氧)邻苯二甲酸酯[糊状,含量≤52%]			
	二-(叔丁基过氧)邻苯二甲酸酯[42%<含量≤52%,含 A 型稀释剂≥48%]			
	二-(叔丁基过氧)邻苯二甲酸酯[含量≤42%,含 A 型稀释剂≥58%]			
302	3,3-二-(叔戊基过氧)丁酸乙酯[含量≤67%,含 A 型稀释剂≥33%]		67567-23-1	
303	2,2-二-(叔戊基过氧)丁烷[含量≤57%,含 A 型稀释剂≥43%]		13653-62-8	
304	4,4′-二氨基-3,3′-二氯二苯基甲烷		101-14-4	
305	3,3′-二氨基二丙胺	二丙三胺; 3,3′-亚氨基二丙胺; 三丙撑三胺	56-18-8	
306	2,4-二氨基甲苯	甲苯-2,4-二胺; 2,4-甲苯二胺	95-80-7	
307	2,5-二氨基甲苯	甲苯-2,5-二胺; 2,5-甲苯二胺	95-70-5	
308	2,6-二氨基甲苯	甲苯-2,6-二胺; 2,6-甲苯二胺	823-40-5	
309	4,4′-二氨基联苯	联苯胺; 二氨基联苯	92-87-5	
310	二氨基镁		7803-54-5	
311	二苯胺		122-39-4	
312	二苯胺硫酸溶液			
313	二苯基胺氯胂	吩吡嗪化氯; 亚当氏气	578-94-9	
314	二苯基二氯硅烷	二苯二氯硅烷	80-10-4	
315	二苯基二硒		1666-13-3	
316	二苯基汞	二苯汞	587-85-9	
317	二苯基甲烷二异氰酸酯	MDI	26447-40-5	

续表

序号	品　名	别　名	CAS 号	备注
318	二苯基甲烷-4,4′-二异氰酸酯	亚甲基双(4,1-亚苯基)二异氰酸酯；4,4′-二异氰酸二苯甲烷	101-68-8	
319	二苯基氯胂	氯化二苯胂	712-48-1	
320	二苯基镁		555-54-4	
321	2-(二苯基乙酰基)-2,3-二氢-1,3-茚二酮	2-(2,2-二苯基乙酰基)-1,3-茚满二酮；敌鼠	82-66-6	剧毒
322	二苯甲基溴	溴二苯甲烷；二苯溴甲烷	776-74-9	
323	1,1-二苯肼	不对称二苯肼	530-50-7	
324	1,2-二苯肼	对称二苯肼	122-66-7	
325	二苄基二氯硅烷		18414-36-3	
326	二丙硫醚	正丙硫醚；二丙基硫；硫化二正丙基	111-47-7	
327	二碘化苯胂	苯基二碘胂	6380-34-3	
328	二碘化汞	碘化汞；碘化高汞；红色碘化汞	7774-29-0	
329	二碘甲烷		75-11-6	
330	*N*,*N*-二丁基苯胺		613-29-6	
331	二丁基二(十二酸)锡	二丁基二月桂酸锡；月桂酸二丁基锡	77-58-7	
332	二丁基二氯化锡		683-18-1	
333	二丁基氧化锡	氧化二丁基锡	818-08-6	
334	*S*,*S*′-(1,4-二噁烷 2,3-二基)*O*,*O*,*O*′,*O*′-四乙基双(二硫代磷酸酯)	敌噁磷	78-34-2	
335	1,3-二氟-2-丙醇		453-13-4	
336	1,2-二氟苯	邻二氟苯	367-11-3	
337	1,3-二氟苯	间二氟苯	372-18-9	
338	1,4-二氟苯	对二氟苯	540-36-3	
339	1,3-二氟丙-2-醇(Ⅰ)与1-氯-3-氟丙-2-醇(Ⅱ)的混合物	鼠甘伏；甘氟	8065-71-2	剧毒
340	二氟化氧	一氧化二氟	7783-41-7	剧毒
341	二氟甲烷	R32	75-10-5	
342	二氟磷酸[无水]	二氟代磷酸	13779-41-4	

续表

序号	品　名	别　名	CAS号	备注
343	1,1-二氟乙烷	R152a	75-37-6	
344	1,1-二氟乙烯	R1132a；偏氟乙烯	75-38-7	
345	二甘醇双(碳酸烯丙酯)和过二碳酸二异丙酯的混合物[二甘醇双(碳酸烯丙酯)≥88%,过二碳酸二异丙酯≤12%]			
346	二环庚二烯	2,5-降冰片二烯	121-46-0	
347	二环己胺		101-83-7	
348	1,3-二磺酰肼苯		26747-93-3	
349	β-二甲氨基丙腈	2-(二甲胺基)乙基氰	1738-25-6	
350	*O*-[4-((二甲氨基)磺酰基)苯基]*O*,*O*-二甲基硫代磷酸酯	伐灭磷	52-85-7	
351	二甲氨基二氮硒杂茚			
352	二甲氨基甲酰氯		79-44-7	
353	4-二甲氨基偶氮苯-4′-胂酸	锆试剂	622-68-4	
354	二甲胺[无水]		124-40-3	
	二甲胺溶液			
355	1,2-二甲苯	邻二甲苯	95-47-6	
356	1,3-二甲苯	间二甲苯	108-38-3	
357	1,4-二甲苯	对二甲苯	106-42-3	
358	二甲苯异构体混合物		1330-20-7	
359	2,3-二甲苯酚	1-羟基-2,3-二甲基苯；2,3-二甲酚	526-75-0	
360	2,4-二甲苯酚	1-羟基-2,4-二甲基苯；2,4-二甲酚	105-67-9	
361	2,5-二甲苯酚	1-羟基-2,5-二甲基苯；2,5-二甲酚	95-87-4	
362	2,6-二甲苯酚	1-羟基-2,6-二甲基苯；2,6-二甲酚	576-26-1	
363	3,4-二甲苯酚	1-羟基-3,4-二甲基苯	95-65-8	
364	3,5-二甲苯酚	1-羟基-3,5-二甲基苯	108-68-9	
365	*O*,*O*-二甲基-(2,2,2-三氯-1-羟基乙基)膦酸酯	敌百虫	52-68-6	

续表

序号	品 名	别 名	CAS 号	备注
366	*O*,*O*-二甲基-*O*-(2,2-二氯乙烯基)磷酸酯	敌敌畏	62-73-7	
367	*O*-*O*-二甲基-*O*-(2-甲氧甲酰基-1-甲基)乙烯基磷酸酯[含量>5%]	甲基-3-[(二甲氧基磷酰基)氧代]-2-丁烯酸酯;速灭磷	7786-34-7	剧毒
368	*N*,*N*-二甲基-1,3-丙二胺	3-二甲氨基-1-丙胺	109-55-7	
369	4,4-二甲基-1,3-二噁烷		766-15-4	
370	2,5-二甲基-1,4-二噁烷		15176-21-3	
371	2,5-二甲基-1,5-己二烯		627-58-7	
372	2,5-二甲基-2,4-己二烯		764-13-6	
373	2,3-二甲基-1-丁烯		563-78-0	
374	2,5-二甲基-2,5-二-(2-乙基己酰过氧)己烷[含量≤100%]	2,5-二甲基-2,5-双-(过氧化-2-乙基己酰)己烷	13052-09-0	
375	2,5-二甲基-2,5-二-(3,5,5-三甲基己酰过氧)己烷[含量≤77%,含A型稀释剂≥23%]	2,5-二甲基-2,5-双-(过氧化-3,5,5-三甲基己酰)己烷		
376	2,5-二甲基-2,5-二(叔丁基过氧)-3-己烷[52%<含量≤86%,含A型稀释剂≥14%]		1068-27-5	
	2,5-二甲基-2,5-二(叔丁基过氧)-3-己烷[86%<含量≤100%]			
	2,5-二甲基-2,5-二(叔丁基过氧)-3-己烷[含量≤52%,含惰性固体≥48%]			
377	2,5-二甲基-2,5-二(叔丁基过氧)己烷[90%<含量≤100%]	2,5-二甲基-2,5-双-(过氧化叔丁基)己烷	78-63-7	
	2,5-二甲基-2,5-二(叔丁基过氧)己烷[52%<含量≤90%,含A型稀释剂≥10%]			
	2,5-二甲基-2,5-二(叔丁基过氧)己烷[含量≤52%,含A型稀释剂≥48%]			
	2,5-二甲基-2,5-二(叔丁基过氧)己烷[含量≤77%]			
	2,5-二甲基-2,5-二(叔丁基过氧)己烷[糊状物,含量≤47%]			

续表

序号	品 名	别 名	CAS 号	备注
378	2,5-二甲基-2,5-二氢过氧化己烷[含量≤82%]	2,5-二甲基-2,5-过氧化二氢己烷	3025-88-5	
379	2,5-二甲基-2,5-双(苯甲酰过氧)己烷[82%<含量≤100%]	2,5-二甲基-2,5-双-(过氧化苯甲酰)己烷	2618-77-1	
	2,5-二甲基-2,5-双(苯甲酰过氧)己烷[含量≤82%,惰性固体含量≥18%]			
	2,5-二甲基-2,5-双(苯甲酰过氧)己烷[含量≤82%,含水≥18%]			
380	2,5-二甲基-2,5-双-(过氧化叔丁基)-3-己炔[86%<含量≤100%]		1068-27-5	
	2,5-二甲基-2,5-双-(过氧化叔丁基)-3-己炔[含量≤52%,含惰性固体≥48%]			
	2,5-二甲基-2,5-双-(过氧化叔丁基)-3-己炔[52%<含量≤86% A 型稀释剂≥14%]			
381	2,3-二甲基-2-丁烯	四甲基乙烯	563-79-1	
382	3-[2-(3,5-二甲基-2-氧代环己基)-2-羟基乙基]戊二酰胺	放线菌酮	66-81-9	
383	2,6-二甲基-3-庚烯		2738-18-3	
384	2,4-二甲基-3-戊酮	二异丙基甲酮	565-80-0	
385	二甲基-4-(甲基硫代)苯基磷酸酯	甲硫磷	3254-63-5	剧毒
386	1,1′-二甲基-4,4′-联吡啶阳离子	百草枯	4685-14-7	
387	3,3′-二甲基-4,4′-二氨基联苯	邻二氨基二甲基联苯;3,3′-二甲基联苯胺	119-93-7	
388	*N*′,*N*′-二甲基-*N*′-苯基-*N*′-(氟二氯甲硫基)磺酰胺	苯氟磺胺	1085-98-9	

续表

序号	品　名	别　名	CAS 号	备注
389	O,O-二甲基-O-(1,2-二溴-2,2-二氯乙基)磷酸酯	二溴磷	300-76-5	
390	O,O-二甲基-O-(4-甲硫基-3-甲基苯基)硫代磷酸酯	倍硫磷	55-38-9	
391	O,O-二甲基-O-(4-硝基苯基)硫代磷酸酯	甲基对硫磷	298-00-0	
392	(E)-O,O-二甲基-O-[1-甲基-2-(1-苯基-乙氧基甲酰)乙烯基]磷酸酯	巴毒磷	7700-17-6	
393	(E)-O,O-二甲基-O-[1-甲基-2-(二甲基氨基甲酰)乙烯基]磷酸酯[含量>25%]	3-二甲氧基磷氧基-N,N-二甲基异丁烯酰胺；百治磷	141-66-2	剧毒
394	O,O-二甲基-O-[1-甲基-2-(甲基氨基甲酰)乙烯基]磷酸酯[含量>0.5%]	久效磷	6923-22-4	剧毒
395	O,O-二甲基-O-[1-甲基-2氯-2-(二乙基氨基甲酰)乙烯基]磷酸酯	2-氯-3-(二乙氨基)-1-甲基-3-氧代-1-丙烯二甲基磷酸酯；磷胺	13171-21-6	
396	O,O-二甲基-S-(2,3-二氢-5-甲氧基-2-氧代-1,3,4-噻二唑-3-基甲基)二硫代磷酸酯	杀扑磷	950-37-8	
397	O,O-二甲基-S-(2-甲硫基乙基)二硫代磷酸酯(II)	二硫代田乐磷	2587-90-8	
398	O,O-二甲基-S-(2-乙硫基乙基)二硫代磷酸酯	甲基乙拌磷	640-15-3	
399	O,O-二甲基-S-(3,4-二氢-4-氧代苯并[d]-[1,2,3]-三氮苯-3-基甲基)二硫代磷酸酯	保棉磷	86-50-0	
400	O,O-二甲基-S-(N-甲基氨基甲酰甲基)硫代磷酸酯	氧乐果	1113-02-6	
401	O,O-二甲基-S-(吗啉代甲酰甲基)二硫代磷酸酯	茂硫磷	144-41-2	
402	O,O-二甲基-S-(酞酰亚胺基甲基)二硫代磷酸酯	亚胺硫磷	732-11-6	

续表

序号	品　名	别　名	CAS 号	备注
403	*O*,*O*-二甲基-*S*-(乙基氨基甲酰甲基)二硫代磷酸酯	益棉磷	2642-71-9	
404	*O*-*O*-二甲基-*S*-[1,2-双(乙氧基甲酰)乙基]二硫代磷酸酯	马拉硫磷	121-75-5	
405	4-*N*,*N*-二甲基氨基-3,5-二甲基苯基 *N*-甲基氨基甲酸酯	4-二甲氨基-3,5-二甲苯基-*N*-甲基氨基甲酸酯；兹克威	315-18-4	
406	4-*N*,*N*-二甲基氨基-3-甲基苯基 *N*-甲基氨基甲酸酯	灭害威	2032-59-9	
407	4-二甲基氨基-6-(2-二甲基氨乙基氧基)甲苯-2-重氮氯化锌盐		135072-82-1	
408	8-(二甲基氨基甲基)-7-甲氧基氨基-3-甲基黄酮	二甲弗林	1165-48-6	
409	3-二甲基氨基亚甲基亚氨基苯基-*N*-甲基氨基甲酸酯(或其盐酸盐)	伐虫脒	22259-30-9；23422-53-9	
410	*N*,*N*-二甲基氨基乙腈	2-(二甲氨基)乙腈	926-64-7	剧毒
411	2,3-二甲基苯胺	1-氨基-2,3-二甲基苯	87-59-2	
412	2,4-二甲基苯胺	1-氨基-2,4-二甲基苯	95-68-1	
413	2,5-二甲基苯胺	1-氨基-2,5-二甲基苯	95-78-3	
414	2,6-二甲基苯胺	1-氨基-2,6-二甲基苯	87-62-7	
415	3,4-二甲基苯胺	1-氨基-3,4-二甲基苯	95-64-7	
416	3,5-二甲基苯胺	1-氨基-3,5-二甲基苯	108-69-0	
417	*N*,*N*-二甲基苯胺		121-69-7	
418	二甲基苯胺异构体混合物		1300-73-8	
419	3,5-二甲基苯甲酰氯		6613-44-1	
420	2,4-二甲基吡啶	2,4-二甲基氮杂苯	108-47-4	
421	2,5-二甲基吡啶	2,5-二甲基氮杂苯	589-93-5	
422	2,6-二甲基吡啶	2,6-二甲基氮杂苯	108-48-5	
423	3,4-二甲基吡啶	3,4-二甲基氮杂苯	583-58-4	
424	3,5-二甲基吡啶	3,5-二甲基氮杂苯	591-22-0	
425	*N*,*N*-二甲基苄胺	*N*-苄基二甲胺；苄基二甲胺	103-83-3	
426	*N*,*N*-二甲基丙胺		926-63-6	

续表

序号	品　名	别　名	CAS 号	备注
427	*N*,*N*-二甲基丙醇胺	3-(二甲胺基)-1-丙醇	3179-63-3	
428	2,2-二甲基丙酸甲酯	三甲基乙酸甲酯	598-98-1	
429	2,2-二甲基丙烷	新戊烷	463-82-1	
430	1,3-二甲基丁胺	2-氨基-4-甲基戊烷	108-09-8	
431	1,3-二甲基丁醇乙酸酯	乙酸仲己酯；2-乙酸-4-甲基戊酯	108-84-9	
432	2,2-二甲基丁烷	新己烷	75-83-2	
433	2,3-二甲基丁烷	二异丙基	79-29-8	
434	*O*,*O*-二甲基-对硝基苯基磷酸酯	甲基对氧磷	950-35-6	剧毒
435	二甲基二噁烷		25136-55-4	
436	二甲基二氯硅烷	二氯二甲基硅烷	75-78-5	
437	二甲基二乙氧基硅烷	二乙氧基二甲基硅烷	78-62-6	
438	2,5-二甲基呋喃	2,5-二甲基氧杂茂	625-86-5	
439	2,2-二甲基庚烷		1071-26-7	
440	2,3-二甲基庚烷		3074-71-3	
441	2,4-二甲基庚烷		2213-23-2	
442	2,5-二甲基庚烷		2216-30-0	
443	3,3-二甲基庚烷		4032-86-4	
444	3,4-二甲基庚烷		922-28-1	
445	3,5-二甲基庚烷		926-82-9	
446	4,4-二甲基庚烷		1068-19-5	
447	*N*,*N*-二甲基环己胺	二甲氨基环己烷	98-94-2	
448	1,1-二甲基环己烷		590-66-9	
449	1,2-二甲基环己烷		583-57-3	
450	1,3-二甲基环己烷		591-21-9	
451	1,4-二甲基环己烷		589-90-2	
452	1,1-二甲基环戊烷		1638-26-2	
453	1,2-二甲基环戊烷		2452-99-5	
454	1,3-二甲基环戊烷		2453-00-1	
455	2,2-二甲基己烷		590-73-8	
456	2,3-二甲基己烷		584-94-1	

续表

序号	品　名	别　名	CAS 号	备注
457	2,4-二甲基己烷		589-43-5	
458	3,3-二甲基己烷		563-16-6	
459	3,4-二甲基己烷		583-48-2	
460	*N*,*N*-二甲基甲酰胺	甲酰二甲胺	68-12-2	
461	1,1-二甲基肼	二甲基肼[不对称]；*N*,*N*-二甲基肼	57-14-7	剧毒
462	1,2-二甲基肼	二甲基肼[对称]	540-73-8	剧毒
463	*O*,*O′*-二甲基硫代磷酰氯	二甲基硫代磷酰氯	2524-03-0	剧毒
464	二甲基氯乙缩醛		97-97-2	
465	2,6-二甲基吗啉		141-91-3	
466	二甲基镁		2999-74-8	
467	1,4-二甲基哌嗪		106-58-1	
468	二甲基胂酸钠	卡可酸钠	124-65-2	
469	2,3-二甲基戊醛		32749-94-3	
470	2,2-二甲基戊烷		590-35-2	
471	2,3-二甲基戊烷		565-59-3	
472	2,4-二甲基戊烷	二异丙基甲烷	108-08-7	
473	3,3-二甲基戊烷	2,2-二乙基丙烷	562-49-2	
474	*N*,*N*-二甲基硒脲	二甲基硒脲[不对称]	5117-16-8	
475	二甲基锌		544-97-8	
476	*N*,*N*-二甲基乙醇胺	*N*,*N*-二甲基-2-羟基乙胺；2-二甲氨基乙醇	108-01-0	
477	二甲基乙二酮	双乙酰；丁二酮	431-03-8	
478	*N*,*N*-二甲基异丙醇胺	1-(二甲胺基)-2-丙醇	108-16-7	
479	二甲醚	甲醚	115-10-6	
480	二甲胂酸	二甲次胂酸；二甲基胂酸；卡可地酸；卡可酸	75-60-5	
481	二甲双胍	双甲胍；马钱子碱	57-24-9	剧毒
482	2,6-二甲氧基苯甲酰氯		1989-53-3	
483	2,2-二甲氧基丙烷		77-76-9	
484	二甲氧基甲烷	二甲醇缩甲醛；甲缩醛；甲撑二甲醚	109-87-5	

续表

序号	品　名	别　名	CAS 号	备注
485	3,3′-二甲氧基联苯胺	邻联二茴香胺；3,3′-二甲氧基-4,4′-二氨基联苯	119-90-4	
486	二甲氧基马钱子碱	番木鳖碱	357-57-3	剧毒
487	1,1-二甲氧基乙烷	二甲醇缩乙醛；乙醛缩二甲醇	534-15-6	
488	1,2-二甲氧基乙烷	二甲基溶纤剂；乙二醇二甲醚	110-71-4	
489	二聚丙烯醛[稳定的]		100-73-2	
490	二聚环戊二烯	双茂；双环戊二烯；4,7-亚甲基-3a,4,7,7a-四氢茚	77-73-6	
491	二硫代-4,4′-二氨基代二苯	4,4′-二氨基二苯基二硫醚二硫代对氨基苯	722-27-0	
492	二硫化二甲基	二甲二硫；二甲基二硫；甲基化二硫	624-92-0	
493	二硫化钛		12039-13-3	
494	二硫化碳		75-15-0	
495	二硫化硒		7488-56-4	
496	2,3-二氯-1,4-萘醌	二氯萘醌	117-80-6	
497	1,1-二氯-1-硝基乙烷		594-72-9	
498	1,3-二氯-2-丙醇	1,3-二氯异丙醇；1,3-二氯代甘油	96-23-1	
499	1,3-二氯-2-丁烯		926-57-8	
500	1,4-二氯-2-丁烯		764-41-0	
501	1,2-二氯苯	邻二氯苯	95-50-1	
502	1,3-二氯苯	间二氯苯	541-73-1	
503	2,3-二氯苯胺		608-27-5	
504	2,4-二氯苯胺		554-00-7	
505	2,5-二氯苯胺		95-82-9	
506	2,6-二氯苯胺		608-31-1	
507	3,4-二氯苯胺		95-76-1	
508	3,5-二氯苯胺		626-43-7	
509	二氯苯胺异构体混合物		27134-27-6	
510	2,3-二氯苯酚	2,3-二氯酚	576-24-9	
511	2,4-二氯苯酚	2,4-二氯酚	120-83-2	

续表

序号	品 名	别 名	CAS 号	备注
512	2,5-二氯苯酚	2,5-二氯酚	583-78-8	
513	2,6-二氯苯酚	2,6-二氯酚	87-65-0	
514	3,4-二氯苯酚	3,4-二氯酚	95-77-2	
515	3,4-二氯苯基偶氮硫脲	3,4-二氯苯偶氮硫代氨基甲酰胺；灭鼠肼	5836-73-7	
516	二氯苯基三氯硅烷		27137-85-5	
517	2,4-二氯苯甲酰氯	2,4-二氯代氯化苯甲酰	89-75-8	
518	2-(2,4-二氯苯氧基)丙酸	2,4-滴丙酸	120-36-5	
519	3,4-二氯苄基氯	3,4-二氯氯化苄；氯化-3,4-二氯苄	102-47-6	
520	1,1-二氯丙酮		513-88-2	
521	1,3-二氯丙酮	α,γ-二氯丙酮	534-07-6	
522	1,2-二氯丙烷	二氯化丙烯	78-87-5	
523	1,3-二氯丙烷		142-28-9	
524	1,2-二氯丙烯	2-氯丙烯基氯	563-54-2	
525	1,3-二氯丙烯		542-75-6	
526	2,3-二氯丙烯		78-88-6	
527	1,4-二氯丁烷		110-56-5	
528	二氯二氟甲烷	R12	75-71-8	
529	二氯二氟甲烷和二氟乙烷的共沸物[含二氯二氟甲烷约74%]	R500		
530	1,2 二氯二乙醚	乙基-1,2-二氯乙醚	623-46-1	
531	2,2-二氯二乙醚	对称二氯二乙醚	111-44-4	
532	二氯硅烷		4109-96-0	
533	二氯化膦苯	苯基二氯磷；苯膦化二氯	644-97-3	
534	二氯化硫		10545-99-0	
535	二氯化乙基铝	乙基二氯化铝	563-43-9	
536	2,4-二氯甲苯		95-73-8	
537	2,5-二氯甲苯		19398-61-9	
538	2,6-二氯甲苯		118-69-4	
539	3,4-二氯甲苯		95-75-0	
540	α,α-二氯甲苯	二氯化苄；二氯甲基苯；苄叉二氯；α,α-二氯甲基苯	98-87-3	

续表

序号	品名	别名	CAS号	备注
541	二氯甲烷	亚甲基氯；甲撑氯	75-09-2	
542	3,3′-二氯联苯胺		91-94-1	
543	二氯硫化碳	硫光气；硫代羰基氯	463-71-8	
544	二氯醛基丙烯酸	粘氯酸；二氯代丁烯醛酸；糠氯酸	87-56-9	
545	二氯四氟乙烷	R114	76-14-2	
546	1,5-二氯戊烷		628-76-2	
547	2,3-二氯硝基苯	1,2-二氯-3-硝基苯	3209-22-1	
548	2,4-二氯硝基苯		611-06-3	
549	2,5-二氯硝基苯	1,4-二氯-2-硝基苯	89-61-2	
550	3,4-二氯硝基苯		99-54-7	
551	二氯一氟甲烷	R21	75-43-4	
552	二氯乙腈	氰化二氯甲烷	3018-12-0	
553	二氯乙酸	二氯醋酸	79-43-6	
554	二氯乙酸甲酯	二氯醋酸甲酯	116-54-1	
555	二氯乙酸乙酯	二氯醋酸乙酯	535-15-9	
556	1,1-二氯乙烷	乙叉二氯	75-34-3	
557	1,2-二氯乙烷	乙撑二氯；亚乙基二氯；1,2-二氯化乙烯	107-06-2	
558	1,1-二氯乙烯	偏二氯乙烯；乙烯叉二氯	75-35-4	
559	1,2-二氯乙烯	二氯化乙炔	540-59-0	
560	二氯乙酰氯		79-36-7	
561	二氯异丙基醚	二氯异丙醚	108-60-1	
562	二氯异氰尿酸		2782-57-2	
563	1,4-二羟基-2-丁炔	1,4-丁炔二醇；丁炔二醇	110-65-6	
564	1,5-二羟基-4,8-二硝基蒽醌		128-91-6	
565	3,4-二羟基-α-[(甲氨基)甲基]苄醇	肾上腺素；付肾碱；付肾素	51-43-4	
566	2,2′-二羟基二乙胺	二乙醇胺	111-42-2	
567	3,6-二羟基邻苯二甲腈	2,3-二氰基对苯二酚	4733-50-0	
568	2,3-二氢-2,2-二甲基苯并呋喃-7-基-*N*-甲基氨基甲酸酯	克百威	1563-66-2	剧毒
569	2,3-二氢吡喃		25512-65-6	

续表

序号	品　名	别　名	CAS 号	备注
570	2,3-二氰-5,6-二氯氢醌		84-58-2	
571	二肉豆蔻基过氧重碳酸酯[含量≤100%]		53220-22-7	
	二肉豆蔻基过氧重碳酸酯[含量≤42%,在水中稳定弥散]			
572	2,6-二噻-1,3,5,7-四氮三环-[3,3,1,1,3,7]癸烷-2,2,6,6-四氧化物	毒鼠强	80-12-6	剧毒
573	二叔丁基过氧化物[52%<含量≤100%]	过氧化二叔丁基	110-05-4	
	二叔丁基过氧化物[含量≤52%,含B型稀释剂≥48%]			
574	二叔丁基过氧壬二酸酯[含量≤52%,含A型稀释剂≥48%]		16580-06-6	
575	1,1-二叔戊过氧基环己烷[含量≤82%,含A型稀释剂≥18%]		15667-10-4	
576	二-叔戊基过氧化物[含量≤100%]		10508-09-5	
577	二水合三氟化硼	三氟化硼水合物	13319-75-0	
578	二戊基磷酸	酸式磷酸二戊酯	3138-42-9	
579	二烯丙基胺	二烯丙胺	124-02-7	
580	二烯丙基代氰胺	*N*-氰基二烯丙基胺	538-08-9	
581	二烯丙基硫醚	硫化二烯丙基；烯丙基硫醚	592-88-1	
582	二烯丙基醚	烯丙基醚	557-40-4	
583	4,6-二硝基-2-氨基苯酚	苦氨酸；二硝基氨基苯酚	96-91-3	
584	4,6-二硝基-2-氨基苯酚锆	苦氨酸锆	63868-82-6	
585	4,6-二硝基-2-氨基苯酚钠	苦氨酸钠	831-52-7	
586	1,2-二硝基苯	邻二硝基苯	528-29-0	
587	1,3-二硝基苯	间二硝基苯	99-65-0	
588	1,4-二硝基苯	对二硝基苯	100-25-4	
589	2,4-二硝基苯胺		97-02-9	
590	2,6-二硝基苯胺		606-22-4	

续表

序号	品　名	别　名	CAS 号	备注
591	3,5-二硝基苯胺		618-87-1	
592	二硝基苯酚[干的或含水<15%]		25550-58-7	
	二硝基苯酚溶液			
593	2,4-二硝基苯酚[含水≥15%]	1-羟基-2,4-二硝基苯	51-28-5	
594	2,5-二硝基苯酚[含水≥15%]		329-71-5	
595	2,6-二硝基苯酚[含水≥15%]		573-56-8	
596	二硝基苯酚碱金属盐[干的或含水<15%]	二硝基酚碱金属盐		
597	2,4-二硝基苯酚钠		1011-73-0	
598	2,4-二硝基苯磺酰氯		1656-44-6	
599	2,4-二硝基苯甲醚	2,4-二硝基茴香醚	119-27-7	
600	3,5-二硝基苯甲酰氯	3,5-二硝基氯化苯甲酰	99-33-2	
601	2,4-二硝基苯肼		119-26-6	
602	1,3-二硝基丙烷		6125-21-9	
603	2,2-二硝基丙烷		595-49-3	
604	2,4-二硝基二苯胺		961-68-2	
605	3,4-二硝基二苯胺			
606	二硝基甘脲		55510-04-8	
607	2,4-二硝基甲苯		121-14-2	
608	2,6-二硝基甲苯		606-20-2	
609	二硝基间苯二酚		519-44-8	
610	二硝基联苯		38094-35-8	
611	二硝基邻甲酚铵			
612	二硝基邻甲酚钾		5787-96-2	
613	4,6-二硝基邻甲苯酚钠		2312-76-7	
614	二硝基邻甲苯酚钠			
615	2,4-二硝基氯化苄	2,4-二硝基苯代氯甲烷	610-57-1	
616	1,5-二硝基萘		605-71-0	
617	1,8-二硝基萘		602-38-0	
618	2,4-二硝基萘酚		605-69-6	
619	2,4-二硝基萘酚钠	马汀氏黄；色淀黄	887-79-6	

续表

序号	品 名	别 名	CAS 号	备注
620	2,7-二硝基芴		5405-53-8	
621	二硝基重氮苯酚[按质量含水或乙醇和水的混合物不低于 40%]	重氮二硝基苯酚	4682-03-5	
622	1,2-二溴-3-丁酮		25109-57-3	
623	3,5-二溴-4-羟基苄腈	溴苯腈	1689-84-5	
624	1,2-二溴苯	邻二溴苯	583-53-9	
625	2,4-二溴苯胺		615-57-6	
626	2,5-二溴苯胺		3638-73-1	
627	1,2-二溴丙烷		78-75-1	
628	二溴二氟甲烷	二氟二溴甲烷	75-61-6	
629	二溴甲烷	二溴化亚甲基	74-95-3	
630	1,2-二溴乙烷	乙撑二溴；二溴化乙烯	106-93-4	
631	二溴异丙烷			
632	*N*,*N*′-二亚硝基-*N*,*N*′-二甲基对苯二酰胺		133-55-1	
633	二亚硝基苯		25550-55-4	
634	2,4-二亚硝基间苯二酚	1,3-二羟基-2,4-二亚硝基苯	118-02-5	
635	*N*,*N*′-二亚硝基五亚甲基四胺[减敏的]	发泡剂 H	101-25-7	
636	二亚乙基三胺	二乙撑三胺	111-40-0	
637	二氧化氮		10102-44-0	
638	二氧化丁二烯	双环氧乙烷	298-18-0	
639	二氧化硫	亚硫酸酐	7446-09-5	
640	二氧化氯		10049-04-4	
641	二氧化铅	过氧化铅	1309-60-0	
642	二氧化碳[压缩的或液化的]	碳酸酐	124-38-9	
643	二氧化碳和环氧乙烷混合物	二氧化碳和氧化乙烯混合物		
644	二氧化碳和氧气混合物			
645	二氧化硒	亚硒酐	7446-08-4	
646	1,3-二氧戊环	二氧戊环；乙二醇缩甲醛	646-06-0	
647	1,4-二氧杂环己烷	二噁烷；1,4-二氧己环	123-91-1	

续表

序号	品 名	别 名	CAS 号	备注
648	S-[2-(二乙氨基)乙基]-*O*,*O*-二乙基硫赶磷酸酯	胺吸磷	78-53-5	剧毒
649	*N*-二乙氨基乙基氯	2-氯乙基二乙胺	100-35-6	剧毒
650	二乙胺		109-89-7	
651	二乙二醇二硝酸酯[含不挥发、不溶于水的减敏剂≥25%]	二甘醇二硝酸酯	693-21-0	
652	*N*,*N*-二乙基-1,3-丙二胺	*N*,*N*-二乙基-1,3-二氨基丙烷；3-二乙氨基丙胺	104-78-9	
653	*N*,*N*-二乙基-1-萘胺	*N*,*N*-二乙基-α-萘胺	84-95-7	
654	*O*,*O*-二乙基-*N*-(1,3-二硫戊环-2-亚基)磷酰胺[含量>15%]	2-(二乙氧基磷酰亚氨基)-1,3-二硫戊环；硫环磷	947-02-4	剧毒
655	*O*,*O*-二乙基-*N*-(4-甲基-1,3-二硫戊环-2-亚基)磷酰胺[含量>5%]	二乙基(4-甲基-1,3-二硫戊环-2-叉氨基)磷酸酯；地胺磷	950-10-7	剧毒
656	*O*,*O*-二乙基-*N*-1,3-二噻丁环-2-亚基磷酰胺	丁硫环磷	21548-32-3	剧毒
657	*O*,*O*-二乙基-*O*-(2,2-二氯-1-β-氯乙氧基乙烯基)-磷酸酯	彼氧磷	67329-01-5	
658	*O*,*O*-二乙基-*O*-(2-乙硫基乙基)硫代磷酸酯与*O*,*O*-二乙基-*S*-(2-乙硫基乙基)硫代磷酸酯的混合物[含量>3%]	内吸磷	8065-48-3	剧毒
659	*O*,*O*-二乙基-*O*-(3-氯-4-甲基香豆素-7-基)硫代磷酸酯	蝇毒磷	56-72-4	
660	*O*,*O*-二乙基-*O*-(4-甲基香豆素基-7)硫代磷酸酯	扑杀磷	299-45-6	剧毒
661	*O*,*O*-二乙基-*O*-(4-硝基苯基)磷酸酯	对氧磷	311-45-5	剧毒
662	*O*,*O*-二乙基-*O*-(4-硝基苯基)硫代磷酸酯[含量>4%]	对硫磷	56-38-2	剧毒
663	*O*,*O*-二乙基-*O*-(4-溴-2,5-二氯苯基)硫代磷酸酯	乙基溴硫磷	4824-78-6	
664	*O*,*O*-二乙基-*O*-(6-二乙胺次甲基-2,4-二氯)苯基硫逐磷酰酯盐酸盐			

续表

序号	品 名	别 名	CAS 号	备注
665	*O*,*O*-二乙基-*O*-[2-氯-1-(2,4-二氯苯基)乙烯基]磷酸酯[含量>20%]	2-氯-1-(2,4-二氯苯基)乙烯基二乙基磷酸酯；毒虫畏	470-90-6	剧毒
666	*O*,*O*-二乙基-*O*-2,5-二氯-4-甲硫基苯基硫代磷酸酯	*O*-[2,5-二氯-4-(甲硫基)苯基]-*O*,*O*-二乙基硫代磷酸酯；虫螨磷	21923-23-9；60238-56-4	
667	*O*,*O*-二乙基-*O*-2-吡嗪基硫代磷酸酯[含量>5%]	虫线磷	297-97-2	剧毒
668	*O*,*O*-二乙基-*O*-喹噁啉-2-基硫代磷酸酯	喹硫磷	13593-03-8	
669	*O*,*O*-二乙基-*S*-(2,5-二氯苯硫基甲基)二硫代磷酸酯	芬硫磷	2275-14-1	
670	*O*,*O*-二乙基-*S*-(2-氯-1-酞酰亚氨基乙基)二硫代磷酸酯	氯亚胺硫磷	10311-84-9	
671	*O*,*O*-二乙基-*S*-(2-乙基亚磺酰基乙基)二硫代磷酸酯	砜拌磷	2497-07-6	
672	*O*,*O*-二乙基-*S*-(2-乙硫基乙基)二硫代磷酸酯[含量>15%]	乙拌磷	298-04-4	剧毒
673	*O*,*O*-二乙基-*S*-(4-甲基亚磺酰基苯基)硫代磷酸酯[含量>4%]	丰索磷	115-90-2	剧毒
674	*O*,*O*-二乙基-*S*-(4-氯苯硫基甲基)二硫代磷酸酯	三硫磷	786-19-6	
675	*O*,*O*-二乙基-*S*-(对硝基苯基)硫代磷酸	硫代磷酸-*O*,*O*-二乙基-*S*-(4-硝基苯基)酯	3270-86-8	剧毒
676	*O*,*O*-二乙基-*S*-(乙硫基甲基)二硫代磷酸酯	甲拌磷	298-02-2	剧毒
677	*O*,*O*-二乙基-*S*-(异丙基氨基甲酰甲基)二硫代磷酸酯[含量>15%]	发硫磷	2275-18-5	剧毒
678	*O*,*O*-二乙基-*S*-[*N*-(1-氰基-1-甲基乙基)氨基甲酰甲基]硫代磷酸酯	*S*-{2-[(1-氰基-1-甲基乙基)氨基]-2-氧代乙基}-*O*,*O*-二乙基硫代磷酸酯；果虫磷	3734-95-0	
679	*O*,*O*-二乙基-*S*-氯甲基二硫代磷酸酯[含量>15%]	氯甲硫磷	24934-91-6	剧毒

续表

序号	品　名	别　名	CAS 号	备注
680	*O*,*O*-二乙基-*S*-叔丁基硫甲基二硫代磷酸酯	特丁硫磷	13071-79-9	剧毒
681	*O*,*O*-二乙基-*S*-乙基亚磺酰基甲基二硫代磷酸酯	甲拌磷亚砜	2588-03-6	
682	1-二乙基氨基-4-氨基戊烷	2-氨基-5-二乙基氨基戊烷；*N'*,*N'*-二乙基-1,4-戊二胺；2-氨基-5-二乙氨基戊烷	140-80-7	
683	二乙基氨基氰	氰化二乙胺	617-83-4	
684	1,2-二乙基苯	邻二乙基苯	135-01-3	
685	1,3-二乙基苯	间二乙基苯	141-93-5	
686	1,4-二乙基苯	对二乙基苯	105-05-5	
687	*N*,*N*-二乙基苯胺	二乙氨基苯	91-66-7	
688	*N*-(2,6-二乙基苯基)-*N*-甲氧基甲基-氯乙酰胺	甲草胺	15972-60-8	
689	*N*,*N*-二乙基对甲苯胺	4-(二乙胺基)甲苯	613-48-9	
690	*N*,*N*-二乙基二硫代氨基甲酸-2-氯烯丙基酯	菜草畏	95-06-7	
691	二乙基二氯硅烷	二氯二乙基硅烷	1719-53-5	
692	二乙基汞	二乙汞	627-44-1	剧毒
693	1,2-二乙基肼	二乙基肼[不对称]	1615-80-1	
694	*N*,*N*-二乙基邻甲苯胺	2-(二乙胺基)甲苯	2728-04-3	
695	*O*,*O'*-二乙基硫代磷酰氯	二乙基硫代磷酰氯	2524-04-1	
696	二乙基镁		557-18-6	
697	二乙基硒		627-53-2	
698	二乙基锌		557-20-0	
699	*N*,*N*-二乙基乙撑二胺	*N*,*N*-二乙基乙二胺	100-36-7	
700	*N*,*N*-二乙基乙醇胺	2-(二乙胺基)乙醇	100-37-8	
701	二乙硫醚	硫代乙醚；二乙硫	352-93-2	
702	二乙烯基醚[稳定的]	乙烯基醚	109-93-3	
703	3,3-二乙氧基丙烯	丙烯醛二乙缩醛；二乙基缩醛丙烯醛	3054-95-3	
704	二乙氧基甲烷	甲醛缩二乙醇；二乙醇缩甲醛	462-95-3	

续表

<table>
<tr><th>序号</th><th>品　名</th><th>别　名</th><th>CAS 号</th><th>备注</th></tr>
<tr><td>705</td><td>1,1-二乙氧基乙烷</td><td>乙叉二乙基醚；二乙醇缩乙醛；乙缩醛</td><td>105-57-7</td><td></td></tr>
<tr><td>706</td><td>二异丙胺</td><td></td><td>108-18-9</td><td></td></tr>
<tr><td>707</td><td>二异丙醇胺</td><td>2,2′-二羟基二丙胺</td><td>110-97-4</td><td></td></tr>
<tr><td>708</td><td>O,O-二异丙基-S-(2-苯磺酰胺基)乙基二硫代磷酸酯</td><td>S-2-苯磺酰基氨基乙基-O,O-二异丙基二硫代磷酸酯；地散磷</td><td>741-58-2</td><td></td></tr>
<tr><td>709</td><td>二异丙基二硫代磷酸锑</td><td></td><td></td><td></td></tr>
<tr><td>710</td><td>N,N-二异丙基乙胺</td><td>N-乙基二异丙胺</td><td>7087-68-5</td><td></td></tr>
<tr><td>711</td><td>N,N-二异丙基乙醇胺</td><td>N,N-二异丙氨基乙醇</td><td>96-80-0</td><td></td></tr>
<tr><td>712</td><td>二异丁胺</td><td></td><td>110-96-3</td><td></td></tr>
<tr><td>713</td><td>二异丁基酮</td><td>2,6-二甲基-4-庚酮</td><td>108-83-8</td><td></td></tr>
<tr><td>714</td><td>二异戊醚</td><td></td><td>544-01-4</td><td></td></tr>
<tr><td>715</td><td>二异辛基磷酸</td><td>酸式磷酸二异辛酯</td><td>27215-10-7</td><td></td></tr>
<tr><td>716</td><td>二正丙胺</td><td>二丙胺</td><td>142-84-7</td><td></td></tr>
<tr><td rowspan="2">718</td><td>二正丙基过氧重碳酸酯[含量≤100%]</td><td rowspan="2"></td><td rowspan="2">16066-38-9</td><td rowspan="2"></td></tr>
<tr><td>二正丙基过氧重碳酸酯[含量≤77%,含 B 型稀释剂≥23%]</td></tr>
<tr><td>718</td><td>二正丁胺</td><td>二丁胺</td><td>111-92-2</td><td></td></tr>
<tr><td>719</td><td>N,N-二正丁基氨基乙醇</td><td>N,N-二正丁基乙醇胺；2-二丁氨基乙醇</td><td>102-81-8</td><td></td></tr>
<tr><td rowspan="3">720</td><td>二-正丁基过氧重碳酸酯[含量≤27%,含 B 型稀释剂≥73%]</td><td rowspan="3"></td><td rowspan="3">16215-49-9</td><td rowspan="3"></td></tr>
<tr><td>二-正丁基过氧重碳酸酯[27%<含量≤52%,含 B 型稀释剂≥48%]</td></tr>
<tr><td>二-正丁基过氧重碳酸酯[含量≤42%,在水(冷冻)中稳定弥散]</td></tr>
<tr><td>721</td><td>二正戊胺</td><td>二戊胺</td><td>2050-92-2</td><td></td></tr>
<tr><td>722</td><td>二仲丁胺</td><td></td><td>626-23-3</td><td></td></tr>
<tr><td>723</td><td>发烟硫酸</td><td>硫酸和三氧化硫的混合物；焦硫酸</td><td>8014-95-7</td><td></td></tr>
<tr><td>724</td><td>发烟硝酸</td><td></td><td>52583-42-3</td><td></td></tr>
</table>

续表

序号	品　名	别　名	CAS 号	备注
725	钒酸铵钠		12055-09-3	
726	钒酸钾	钒酸三钾	14293-78-8	
727	放线菌素		1402-38-6	
728	放线菌素 D		50-76-0	
729	呋喃	氧杂茂	110-00-9	
730	2-呋喃甲醇	糠醇	98-00-0	
731	呋喃甲酰氯	氯化呋喃甲酰	527-69-5	
732	氟		7782-41-4	剧毒
733	1-氟-2,4-二硝基苯	2,4-二硝基-1-氟苯	70-34-8	
734	2-氟苯胺	邻氟苯胺；邻氨基氟化苯	348-54-9	
735	3-氟苯胺	间氟苯胺；间氨基氟化苯	372-19-0	
736	4-氟苯胺	对氟苯胺；对氨基氟化苯	371-40-4	
737	氟代苯	氟苯	462-06-6	
738	氟代甲苯		25496-08-6	
739	氟锆酸钾	氟化锆钾	16923-95-8	
740	氟硅酸	硅氟酸	16961-83-4	
741	氟硅酸铵		1309-32-6	
742	氟硅酸钾		16871-90-2	
743	氟硅酸钠		16893-85-9	
744	氟化铵		12125-01-8	
745	氟化钡		7787-32-8	
746	氟化锆		7783-64-4	
747	氟化镉		7790-79-6	
748	氟化铬	三氟化铬	7788-97-8	
749	氟化汞	二氟化汞	7783-39-3	
750	氟化钴	三氟化钴	10026-18-3	
751	氟化钾		7789-23-3	
752	氟化镧	三氟化镧	13709-38-1	
753	氟化锂		7789-24-4	
754	氟化钠		7681-49-4	
755	氟化铅	二氟化铅	7783-46-2	

续表

序号	品　名	别　名	CAS 号	备注
756	氟化氢[无水]		7664-39-3	
757	氟化氢铵	酸性氟化铵；二氟化氢铵	1341-49-7	
758	氟化氢钾	酸性氟化钾；二氟化氢钾	7789-29-9	
759	氟化氢钠	酸性氟化钠；二氟化氢钠	1333-83-1	
760	氟化铷		13446-74-7	
761	氟化铯		13400-13-0	
762	氟化铜	二氟化铜	7789-19-7	
763	氟化锌		7783-49-5	
764	氟化亚钴	二氟化钴	10026-17-2	
765	氟磺酸		7789-21-1	
766	2-氟甲苯	邻氟甲苯；邻甲基氟苯；2-甲基氟苯	95-52-3	
767	3-氟甲苯	间氟甲苯；间甲基氟苯；3-甲基氟苯	352-70-5	
768	4-氟甲苯	对氟甲苯；对甲基氟苯；4-甲基氟苯	352-32-9	
769	氟甲烷	R41；甲基氟	593-53-3	
770	氟磷酸[无水]		13537-32-1	
771	氟硼酸		16872-11-0	
772	氟硼酸-3-甲基-4-(吡咯烷-1-基)重氮苯		36422-95-4	
773	氟硼酸镉		14486-19-2	
774	氟硼酸铅		13814-96-5	
	氟硼酸铅溶液[含量>28%]			
775	氟硼酸锌		13826-88-5	
776	氟硼酸银		14104-20-2	
777	氟铍酸铵	氟化铍铵	14874-86-3	
778	氟铍酸钠		13871-27-7	
779	氟钽酸钾	钽氟酸钾；七氟化钽钾	16924-00-8	
780	氟乙酸	氟醋酸	144-49-0	剧毒
781	氟乙酸-2-苯酰肼	法尼林	2343-36-4	
782	氟乙酸钾	氟醋酸钾	23745-86-0	

续表

序号	品　名	别　名	CAS 号	备注
783	氟乙酸甲酯		453-18-9	剧毒
784	氟乙酸钠	氟醋酸钠	62-74-8	剧毒
785	氟乙酸乙酯	氟醋酸乙酯	459-72-3	
786	氟乙烷	R161；乙基氟	353-36-6	
787	氟乙烯[稳定的]	乙烯基氟	75-02-5	
788	氟乙酰胺		640-19-7	剧毒
789	钙	金属钙	7440-70-2	
	金属钙粉	钙粉		
790	钙合金			
791	钙锰硅合金			
792	甘露糖醇六硝酸酯[湿的，按质量含水或乙醇和水的混合物不低于 40%]	六硝基甘露醇	15825-70-4	
793	高碘酸	过碘酸；仲高碘酸	10450-60-9	
794	高碘酸铵	过碘酸铵	13446-11-2	
795	高碘酸钡	过碘酸钡	13718-58-6	
796	高碘酸钾	过碘酸钾	7790-21-8	
797	高碘酸钠	过碘酸钠	7790-28-5	
798	高氯酸[浓度>72%]	过氯酸	7601-90-3	
	高氯酸[浓度≤50%]			
	高氯酸[浓度 50%~72%]			
799	高氯酸铵	过氯酸铵	7790-98-9	
800	高氯酸钡	过氯酸钡	13465-95-7	
801	高氯酸醋酐溶液	过氯酸醋酐溶液		
802	高氯酸钙	过氯酸钙	13477-36-6	
803	高氯酸钾	过氯酸钾	7778-74-7	
804	高氯酸锂	过氯酸锂	7791-03-9	
805	高氯酸镁	过氯酸镁	10034-81-8	
806	高氯酸钠	过氯酸钠	7601-89-0	
807	高氯酸铅	过氯酸铅	13637-76-8	
808	高氯酸锶	过氯酸锶	13450-97-0	

续表

序号	品 名	别 名	CAS 号	备注
809	高氯酸亚铁		13520-69-9	
810	高氯酸银	过氯酸银	7783-93-9	
811	高锰酸钡	过锰酸钡	7787-36-2	
812	高锰酸钙	过锰酸钙	10118-76-0	
813	高锰酸钾	过锰酸钾；灰锰氧	7722-64-7	
814	高锰酸钠	过锰酸钠	10101-50-5	
815	高锰酸锌	过锰酸锌	23414-72-4	
816	高锰酸银	过锰酸银	7783-98-4	
817	镉[非发火的]		7440-43-9	
818	铬硫酸			
819	铬酸钾		7789-00-6	
820	铬酸钠		7775-11-3	
821	铬酸铍		14216-88-7	
822	铬酸铅		7758-97-6	
823	铬酸溶液		7738-94-5	
824	铬酸叔丁酯四氯化碳溶液		1189-85-1	
825	庚二腈	1,5-二氰基戊烷	646-20-8	
826	庚腈	氰化正己烷	629-08-3	
827	1-庚炔	正庚炔	628-71-7	
828	庚酸	正庚酸	111-14-8	
829	2-庚酮	甲基戊基甲酮	110-43-0	
830	3-庚酮	乙基正丁基甲酮	106-35-4	
831	4-庚酮	乳酮；二丙基甲酮	123-19-3	
832	1-庚烯	正庚烯；正戊基乙烯	592-76-7	
833	2-庚烯		592-77-8	
834	3-庚烯		592-78-9	
835	汞	水银	7439-97-6	
836	挂-3-氯桥-6-氰基-2-降冰片酮-*O*-(甲基氨基甲酰基)肟	肟杀威	15271-41-7	
837	硅粉[非晶形的]		7440-21-3	
838	硅钙	二硅化钙	12013-56-8	

续表

序号	品　名	别　名	CAS 号	备注
839	硅化钙		12013-55-7	
840	硅化镁		22831-39-6；39404-03-0	
841	硅锂		68848-64-6	
842	硅铝		57485-31-1	
	硅铝粉[无涂层的]			
843	硅锰钙		12205-44-6	
844	硅酸铅		10099-76-0；11120-22-2	
845	硅酸四乙酯	四乙氧基硅烷；正硅酸乙酯	78-10-4	
846	硅铁锂		64082-35-5	
847	硅铁铝[粉末状的]		12003-41-7	
848	癸二酰氯	氯化癸二酰	111-19-3	
849	癸硼烷	十硼烷；十硼氢	17702-41-9	剧毒
850	1-癸烯		872-05-9	
851	过二硫酸铵	高硫酸铵；过硫酸铵	7727-54-0	
852	过二硫酸钾	高硫酸钾；过硫酸钾	7727-21-1	
853	过二碳酸二-(2-乙基己)酯[77%<含量≤100%]		16111-62-9	
	过二碳酸二-(2-乙基己)酯[含量≤52%，在水(冷冻)中稳定弥散]			
	过二碳酸二-(2-乙基己)酯[含量≤62%，在水中稳定弥散]			
	过二碳酸二-(2-乙基己)酯[含量≤77%，含B型稀释剂≥23%]			
854	过二碳酸二-(2-乙氧乙)酯[含量≤52%，含B型稀释剂≥48%]			
855	过二碳酸二-(3-甲氧丁)酯[含量≤52%，含B型稀释剂≥48%]		52238-68-3	
856	过二碳酸钠		3313-92-6	

续表

序号	品　名	别　名	CAS 号	备注
857	过二碳酸异丙仲丁酯、过二碳酸二仲丁酯和过二碳酸二异丙酯的混合物[过二碳酸异丙仲丁酯≤32%,15%≤过二碳酸二仲丁酯≤18%,12%≤过二碳酸二异丙酯≤15%,含A型稀释剂≥38%]			
	过二碳酸异丙仲丁酯、过二碳酸二仲丁酯和过二碳酸二异丙酯的混合物[过二碳酸异丙仲丁酯≤52%,过二碳酸二仲丁酯≤28%,过二碳酸二异丙酯≤22%]			
858	过硫酸钠	过二硫酸钠；高硫酸钠	7775-27-1	
859	过氯酰氟	氟化过氯氧；氟化过氯酰	7616-94-6	
860	过硼酸钠	高硼酸钠	15120-21-5; 7632-04-4; 11138-47-9	
861	过新庚酸-1,1-二甲基-3-羟丁酯[含量≤52%,含A型稀释剂≥48%]		110972-57-1	
862	过新庚酸枯酯[含量≤77%,含A型稀释剂≥23%]		104852-44-0	
863	过新癸酸叔己酯[含量≤71%,含A型稀释剂≥29%]		26748-41-4	
864	过氧-3,5,5-三甲基己酸叔丁酯[32%<含量≤100%]	叔丁基过氧化-3,5,5-三甲基己酸酯	13122-18-4	
	过氧-3,5,5-三甲基己酸叔丁酯[含量≤32%,含B型稀释剂≥68%]			
	过氧-3,5,5-三甲基己酸叔丁酯[含量≤42%,惰性固体含量≥58%]			

续表

序号	品　名	别　名	CAS 号	备注
865	过氧苯甲酸叔丁酯[77%<含量≤100%]		614-45-9	
	过氧苯甲酸叔丁酯[52%<含量≤77%,含A型稀释剂≥23%]			
	过氧苯甲酸叔丁酯[含量≤52%,惰性固体含量≥48%]			
866	过氧丁烯酸叔丁酯[含量≤77%,含A型稀释剂≥23%]	过氧化叔丁基丁烯酸酯;过氧化巴豆酸叔丁酯	23474-91-1	
867	过氧化钡	二氧化钡	1304-29-6	
868	过氧化苯甲酸叔戊酯[含量≤100%]	叔戊基过氧苯甲酸酯	4511-39-1	
869	过氧化丙酰[含量≤27%,含B型稀释剂≥73%]	过氧化二丙酰	3248-28-0	
870	过氧化二-(2,4-二氯苯甲酰)[糊状物,含量≤52%]		133-14-2	
	过氧化二-(2,4-二氯苯甲酰)[含硅油糊状,含量≤52%]			
	过氧化二-(2,4-二氯苯甲酰)[含量≤77%,含水≥23%]			
871	过氧化-二-(3,5,5-三甲基-1,2-二氧戊环)[糊状物,含量≤52%]			
872	过氧化二(3-甲基苯甲酰)、过氧化(3-甲基苯甲酰)苯甲酰和过氧化二苯甲酰的混合物[过氧化二(3-甲基苯甲酰)≤20%,过氧化(3-甲基苯甲酰)苯甲酰≤18%,过氧化二苯甲酰≤4%,含B型稀释剂≥58%]			
873	过氧化二-(4-氯苯甲酰)[含量≤77%]		94-17-7	
	过氧化二-(4-氯苯甲酰)[糊状物,含量≤52%]			

续表

序号	品 名	别 名	CAS 号	备注
874	过氧化二苯甲酰[51%<含量≤100%,惰性固体含量≤48%]		94-36-0	
	过氧化二苯甲酰[35%<含量≤52%,惰性固体含量≥48%]			
	过氧化二苯甲酰[36%<含量≤42%,含 A 型稀释剂≥18%,含水≤40%]			
	过氧化二苯甲酰[77%<含量≤94%,含水≥6%]			
	过氧化二苯甲酰[含量≤42%,在水中稳定弥散]			
	过氧化二苯甲酰[含量≤62%,惰性固体含量≥28%,含水≥10%]			
	过氧化二苯甲酰[含量≤77%,含水≥23%]			
	过氧化二苯甲酰[糊状物,52%<含量≤62%]			
	过氧化二苯甲酰[糊状物,含量≤52%]			
	过氧化二苯甲酰[糊状物,含量≤56.5%,含水≥15%]			
	过氧化二苯甲酰[含量≤35%,含惰性固体≥65%]			
875	过氧化二癸酰[含量≤100%]		762-12-9	
876	过氧化二琥珀酸[72%<含量≤100%]	过氧化双丁二酸;过氧化丁二酰	123-23-9	
	过氧化二琥珀酸[含量≤72%]			
877	2,2-过氧化二氢丙烷[含量≤27%,含惰性固体≥73%]		2614-76-8	
878	过氧化二碳酸二(十八烷基)酯[含量≤87%,含有十八烷醇]	过氧化二(十八烷基)二碳酸酯;过氧化二碳酸二硬脂酰酯	52326-66-6	
879	过氧化二碳酸二苯甲酯[含量≤87%,含水]	过氧化苄基二碳酸酯	2144-45-8	

续表

序号	品　名	别　名	CAS 号	备注
880	过氧化二碳酸二乙酯[在溶液中,含量≤27%]	过氧化二乙基二碳酸酯	14666-78-5	
881	过氧化二碳酸二异丙酯[52%<含量≤100%]	过氧重碳酸二异丙酯	105-64-6	
	过氧化二碳酸二异丙酯[含量≤52%,含B型稀释剂≥48%]			
	过氧化二碳酸二异丙酯[含量≤32%,含A型稀释剂≥68%]			
882	过氧化二乙酰[含量≤27%,含B型稀释剂≥73%]		110-22-5	
883	过氧化二异丙苯[52%<含量≤100%]	二枯基过氧化物；硫化剂 DCP	80-43-3	
	过氧化二异丙苯[含量≤52%,含惰性固体≥48%]			
884	过氧化二异丁酰[含量≤32%,含B型稀释剂≥68%]		3437-84-1	
	过氧化二异丁酰[32%<含量≤52%,含B型稀释剂≥48%]			
885	过氧化二月桂酰[含量≤100%]		105-74-8	
	过氧化二月桂酰[含量≤42%,在水中稳定弥散]			
886	过氧化二正壬酰[含量≤100%]			
887	过氧化二正辛酰[含量≤100%]	过氧化正辛酰	762-16-3	
888	过氧化钙	二氧化钙	1305-79-9	
889	过氧化环己酮[含量≤72%,含A型稀释剂≥28%]		78-18-2	
	过氧化环己酮[含量≤91%,含水≥9%]			
	过氧化环己酮[糊状物,含量≤72%]			
890	过氧化甲基环己酮[含量≤67%,含B型稀释剂≤33%]		11118-65-3	

续表

序号	品 名	别 名	CAS 号	备注
891	过氧化甲基乙基酮[10%<有效氧含量≤10.7%,含A型稀释剂≥48%]		1338-23-4	
	过氧化甲基乙基酮[有效氧含量≤10%,含A型稀释剂≥55%]			
	过氧化甲基乙基酮[有效氧含量≤8.2%,含A型稀释剂≥60%]			
892	过氧化甲基异丙酮[活性氧含量≤6.7%,含A型稀释剂≥70%]		182893-11-4	
893	过氧化甲基异丁基酮[含量≤62%,含A型稀释剂≥19%]		28056-59-9	
894	过氧化钾		17014-71-0	
895	过氧化锂		12031-80-0	
896	过氧化邻苯二甲酸叔丁酯	过氧化叔丁基邻苯二甲酸酯	15042-77-0	
897	过氧化镁	二氧化镁	1335-26-8	
898	过氧化钠	双氧化钠；二氧化钠	1313-60-6	
899	过氧化脲	过氧化氢尿素；过氧化氢脲	124-43-6	
900	过氧化氢苯甲酰	过苯甲酸	93-59-4	
901	过氧化氢对孟烷	过氧化氢孟烷	80-47-7	
902	过氧化氢二叔丁基异丙基苯[42%<含量≤100%,惰性固体含量≤57%]	二-(叔丁基过氧)异丙基苯	25155-25-3	
	过氧化氢二叔丁基异丙基苯[含量≤42%,惰性固体含量≥58%]			
903	过氧化氢溶液[含量>8%]		7722-84-1	
904	过氧化氢叔丁基[79%<含量≤90%,含水≥10%]	过氧化叔丁醇；过氧化氢第三丁基；叔丁基过氧化氢	75-91-2	
	过氧化氢叔丁基[含量≤80%,含A型稀释剂≥20%]			
	过氧化氢叔丁基[含量≤79%,含水>14%]			
	过氧化氢叔丁基[含量≤72%,含水≥28%]			

续表

序号	品 名	别 名	CAS 号	备注
905	过氧化氢四氢化萘		771-29-9	
906	过氧化氢异丙苯[90%<含量≤98%,含 A 型稀释剂≤10%]		80-15-9	
	过氧化氢异丙苯[含量≤90%,含 A 型稀释剂≥10%]			
907	过氧化十八烷酰碳酸叔丁酯	叔丁基过氧化硬脂酰碳酸酯		
908	过氧化叔丁基异丙基苯[42%<含量≤100%]	1,1-二甲基乙基-1-甲基-1-苯基乙基过氧化物	3457-61-2	
	过氧化叔丁基异丙基苯[含量≤52%,惰性固体含量≥48%]			
909	过氧化双丙酮醇[含量≤57%,含 B 型稀释剂≥26%,含水≥8%]		54693-46-8	
910	过氧化锶	二氧化锶	1314-18-7	
911	过氧化碳酸钠水合物	过碳酸钠	15630-89-4	
912	过氧化锌	二氧化锌	1314-22-3	
913	过氧化新庚酸叔丁酯[含量≤42%,在水中稳定弥散]		26748-38-9	
	过氧化新庚酸叔丁酯[含量≤77%,含 A 型稀释剂≥23%]			
914	1-(2-过氧化乙基)已醇-1,3-二甲基丁基过氧化新戊酸酯[含量≤52%,含 A 型稀释剂≥45%,含 B 型稀释剂≥10%]		228415-62-1	
915	过氧化乙酰苯甲酰[在溶液中含量≤45%]	乙酰过氧化苯甲酰	644-31-5	
916	过氧化乙酰丙酮[糊状物,含量≤32%,含溶剂≥44%,含水≥9%,带有惰性固体≥11%]		37187-22-7	
	过氧化乙酰丙酮[在溶液中,含量≤42%,含水≥8%,含 A 型稀释剂≥48%,含有效氧≤4.7%]			

续表

序号	品　名	别　名	CAS 号	备注
917	过氧化异丁基甲基甲酮[在溶液中,含量≤62%,含 A 型稀释剂≥19%,含甲基异丁基酮]		37206-20-5	
918	过氧化月桂酸[含量≤100%]		2388-12-7	
919	过氧化二异壬酰[含量≤100%]	过氧化二-(3,5,5-三甲基)己酰	3851-87-4	
920	过氧新癸酸枯酯[含量≤52%,在水中稳定弥散]	过氧化新癸酸异丙基苯酯;过氧化异丙苯基新癸酸酯	26748-47-0	
	过氧新癸酸枯酯[含量≤77%,含 B 型稀释剂≥23%]			
	过氧新癸酸枯酯[含量≤87%,含 A 型稀释剂≥13%]			
921	过氧新戊酸枯酯[含量≤77%,含 B 型稀释剂≥23%]		23383-59-7	
922	1,1,3,3-过氧新戊酸四甲叔丁酯[含量≤77%,含 A 型稀释剂≥23%]		22288-41-1	
923	过氧异丙基碳酸叔丁酯[含量≤77%,含 A 型稀释剂≥23%]		2372-21-6	
924	过氧重碳酸二环己酯[91%<含量≤100%]	过氧化二碳酸二环己酯	1561-49-5	
	过氧重碳酸二环己酯[含量≤42%,在水中稳定弥散]			
	过氧重碳酸二环己酯[含量≤91%]			
925	过氧重碳酸二仲丁酯[52%<含量<100%]	过氧化二碳酸二仲丁酯	19910-65-7	
	过氧重碳酸二仲丁酯[含量≤52%,含 B 型稀释剂≥48%]			
926	过乙酸[含量≤16%,含水≥39%,含乙酸≥15%,含过氧化氢≤24%,含有稳定剂]	过醋酸;过氧乙酸;乙酰过氧化氢	79-21-0	
	过乙酸[含量≤43%,含水≥5%,含乙酸≥35%,含过氧化氢≤6%,含有稳定剂]			

续表

序号	品　名	别　名	CAS 号	备注
927	过乙酸叔丁酯[32%<含量≤52%,含A型稀释剂≥48%]		107-71-1	
	过乙酸叔丁酯[52%<含量≤77%,含A型稀释剂≥23%]			
	过乙酸叔丁酯[含量≤32%,含B型稀释剂≥68%]			
928	海葱糖甙	红海葱甙	507-60-8	
929	氦[压缩的或液化的]		7440-59-7	
930	氨肥料[溶液,含游离氨>35%]			
931	核酸汞		12002-19-6	
932	红磷	赤磷	7723-14-0	
933	苄胺	苯甲胺	100-46-9	
934	花青甙	矢车菊甙	581-64-6	
935	环丙基甲醇		2516-33-8	
936	环丙烷		75-19-4	
937	环丁烷		287-23-0	
938	1,3,5-环庚三烯	环庚三烯	544-25-2	
939	环庚酮	软木酮	502-42-1	
940	环庚烷		291-64-5	
941	环庚烯		628-92-2	
942	环己胺	六氢苯胺; 氨基环己烷	108-91-8	
943	环己二胺	1,2-二氨基环己烷	694-83-7	
944	1,3-环己二烯	1,2-二氢苯	592-57-4	
945	1,4-环己二烯	1,4-二氢苯	628-41-1	
946	2-环己基丁烷	仲丁基环己烷	7058-01-7	
947	*N*-环己基环己胺亚硝酸盐	二环己胺亚硝酸; 亚硝酸二环己胺	3129-91-7	
948	环己基硫醇		1569-69-3	
949	环己基三氯硅烷		98-12-4	
950	环己基异丁烷	异丁基环己烷	1678-98-4	
951	1-环己基正丁烷	正丁基环己烷	1678-93-9	

续表

序号	品　名	别　名	CAS 号	备注
952	环己酮		108-94-1	
953	环己烷	六氢化苯	110-82-7	
954	环己烯	1,2,3,4-四氢化苯	110-83-8	
955	2-环己烯-1-酮	环己烯酮	930-68-7	
956	环己烯基三氯硅烷		10137-69-6	
957	环三亚甲基三硝胺[含水≥15%]	黑索金；旋风炸药	121-82-4	
	环三亚甲基三硝胺[减敏的]			
958	环三亚甲基三硝胺与环四亚甲基四硝胺混合物[含水≥15%或含减敏剂≥10%]	黑索金与奥克托金混合物		
959	环三亚甲基三硝胺与三硝基甲苯和铝粉混合物	黑索金与梯恩梯和铝粉混合炸药；黑索托纳尔		
960	环三亚甲基三硝胺与三硝基甲苯混合物[干的或含水<15%]	黑索雷特		
961	环四亚甲基四硝胺[含水≥15%]	奥克托今(HMX)	2691-41-0	
	环四亚甲基四硝胺[减敏的]			
962	环四亚甲基四硝胺与三硝基甲苯混合物[干的或含水<15%]	奥克托金与梯恩梯混合炸药；奥克雷特		
963	环烷酸钴[粉状的]	萘酸钴	61789-51-3	
964	环烷酸锌	萘酸锌	12001-85-3	
965	环戊胺	氨基环戊烷	1003-03-8	
966	环戊醇	羟基环戊烷	96-41-3	
967	1,3-环戊二烯	环戊间二烯；环戊二烯	542-92-7	
968	环戊酮		120-92-3	
969	环戊烷		287-92-3	
970	环戊烯		142-29-0	
971	1,3-环辛二烯		3806-59-5	
972	1,5-环辛二烯		111-78-4	
973	1,3,5,7-环辛四烯	环辛四烯	629-20-9	
974	环辛烷		292-64-8	
975	环辛烯		931-87-3	
976	2,3-环氧-1-丙醛	缩水甘油醛	765-34-4	

续表

序号	品　名	别　名	CAS 号	备注
977	1,2-环氧-3-乙氧基丙烷		4016-11-9	
978	2,3-环氧丙基苯基醚	双环氧丙基苯基醚	122-60-1	
979	1,2-环氧丙烷	氧化丙烯；甲基环氧乙烷	75-56-9	
980	1,2-环氧丁烷	氧化丁烯	106-88-7	
981	环氧乙烷	氧化乙烯	75-21-8	
982	环氧乙烷和氧化丙烯混合物［含环氧乙烷≤30%］	氧化乙烯和氧化丙烯混合物		
983	1,8-环氧对孟烷	桉叶油醇	470-82-6	
984	4,9-环氧,3-(2-羟基-2-甲基丁酸酯)15-(S)2-甲基丁酸酯),［3β(S),4α,7α,15α©,16β］-瑟文-3,4,7,14,15,16,20-庚醇	杰莫灵	63951-45-1	
985	黄原酸盐			
986	磺胺苯汞	磺胺汞		
987	磺化煤油			
988	混胺-02			
989	己醇钠		19779-06-7	
990	1,6-己二胺	1,6-二氨基己烷；己撑二胺	124-09-4	
991	己二腈	1,4-二氰基丁烷；氰化四亚甲基	111-69-3	
992	1,3-己二烯		592-48-3	
993	1,4-己二烯		592-45-0	
994	1,5-己二烯		592-42-7	
995	2,4-己二烯		592-46-1	
996	己二酰二氯	己二酰氯	111-50-2	
997	己基三氯硅烷		928-65-4	
998	己腈	戊基氰；氰化正戊烷	628-73-9	
999	己硫醇	巯基己烷	111-31-9	
1000	1-己炔		693-02-7	
1001	2-己炔		764-35-2	
1002	3-己炔		928-49-4	
1003	己酸		142-62-1	
1004	2-己酮	甲基丁基甲酮	591-78-6	

续表

序号	品　名	别　名	CAS 号	备注
1005	3-己酮	乙基丙基甲酮	589-38-8	
1006	1-己烯	丁基乙烯	592-41-6	
1007	2-己烯		592-43-8	
1008	4-己烯-1-炔-3-醇		10138-60-0	剧毒
1009	5-己烯-2-酮	烯丙基丙酮	109-49-9	
1010	己酰氯	氯化己酰	142-61-0	
1011	季戊四醇四硝酸酯[含蜡≥7%] 季戊四醇四硝酸酯[含水≥25%或含减敏剂≥15%]	泰安；喷梯尔；P. E. T. N.	78-11-5	
1012	季戊四醇四硝酸酯与三硝基甲苯混合物[干的或含水<15%]	泰安与梯恩梯混合炸药；彭托雷特		
1013	镓	金属镓	7440-55-3	
1014	甲苯	甲基苯；苯基甲烷	108-88-3	
1015	甲苯-2,4-二异氰酸酯	2,4-二异氰酸甲苯酯；2,4-TDI	584-84-9	
1016	甲苯-2,6-二异氰酸酯	2,6-二异氰酸甲苯酯；2,6-TDI	91-08-7	
1017	甲苯二异氰酸酯	二异氰酸甲苯酯；TDI	26471-62-5	
1018	甲苯-3,4-二硫酚	3,4-二巯基甲苯	496-74-2	
1019	2-甲苯硫酚	邻甲苯硫酚；2-巯基甲苯	137-06-4	
1020	3-甲苯硫酚	间甲苯硫酚；3-巯基甲苯	108-40-7	
1021	4-甲苯硫酚	对甲苯硫酚；4-巯基甲苯	106-45-6	
1022	甲醇	木醇；木精	67-56-1	
1023	甲醇钾		865-33-8	
1024	甲醇钠	甲氧基钠	124-41-4	
1025	甲醇钠甲醇溶液	甲醇钠合甲醇		
1026	2-甲酚	1-羟基-2-甲苯；邻甲酚	95-48-7	
1027	3-甲酚	1-羟基-3-甲苯；间甲酚	108-39-4	
1028	4-甲酚	1-羟基-4-甲苯；对甲酚	106-44-5	
1029	甲酚	甲苯基酸；克利沙酸；甲苯酚异构体混合物	1319-77-3	
1030	甲硅烷	硅烷；四氢化硅	7803-62-5	
1031	2-甲基-1,3-丁二烯[稳定的]	异戊间二烯；异戊二烯	78-79-5	

续表

序号	品　名	别　名	CAS号	备注
1032	6-甲基-1,4-二氮萘基-2,3-二硫代碳酸酯	6-甲基-1,3-二硫杂环戊烯并(4,5-b)喹喔啉-2-二酮；灭螨猛	2439-01-2	
1033	2-甲基-1-丙醇	异丁醇	78-83-1	
1034	2-甲基-1-丙硫醇	异丁硫醇	513-44-0	
1035	2-甲基-1-丁醇	活性戊醇；旋性戊醇	137-32-6	
1036	3-甲基-1-丁醇	异戊醇	123-51-3	
1037	2-甲基-1-丁硫醇		1878-18-8	
1038	3-甲基-1-丁硫醇	异戊硫醇	541-31-1	
1039	2-甲基-1-丁烯		563-46-2	
1040	3-甲基-1-丁烯	α-异戊烯；异丙基乙烯	563-45-1	
1041	3-(1-甲基-2-四氢吡咯基)吡啶硫酸盐	硫酸化烟碱	65-30-5	剧毒
1042	4-甲基-1-环己烯		591-47-9	
1043	1-甲基-1-环戊烯		693-89-0	
1044	2-甲基-1-戊醇		105-30-6	
1045	3-甲基-1-戊炔-3-醇	2-乙炔-2-丁醇	77-75-8	
1046	2-甲基-1-戊烯		763-29-1	
1047	3-甲基-1-戊烯		760-20-3	
1048	4-甲基-1-戊烯		691-37-2	
1049	2-甲基-2-丙醇	叔丁醇；三甲基甲醇；特丁醇	75-65-0	
1050	2-甲基-2-丁醇	叔戊醇	75-85-4	
1051	3-甲基-2-丁醇		598-75-4	
1052	2-甲基-2-丁硫醇	叔戊硫醇；特戊硫醇	1679-09-0	
1053	3-甲基-2-丁酮	甲基异丙基甲酮	563-80-4	
1054	2-甲基-2-丁烯	β-异戊烯	513-35-9	
1055	5-甲基-2-己酮		110-12-3	
1056	2-甲基-2-戊醇		590-36-3	
1057	4-甲基-2-戊醇	甲基异丁基甲醇	108-11-2	
1058	3-甲基-2-戊酮	甲基仲丁基甲酮	565-61-7	
1059	4-甲基-2-戊酮	甲基异丁基酮；异己酮	108-10-1	
1060	2-甲基-2-戊烯		625-27-4	

续表

序号	品　名	别　名	CAS 号	备注
1061	3-甲基-2-戊烯		922-61-2	
1062	4-甲基-2-戊烯		4461-48-7	
1063	3-甲基-2-戊烯-4-炔醇		105-29-3	
1064	1-甲基-3-丙基苯	3-丙基甲苯	1074-43-7	
1065	2-甲基-3-丁炔-2-醇		115-19-5	
1066	2-甲基-3-戊醇		565-67-3	
1067	3-甲基-3-戊醇		77-74-7	
1068	2-甲基-3-戊酮	乙基异丙基甲酮	565-69-5	
1069	4-甲基-3-戊烯-2-酮	异丙叉丙酮；异亚丙基丙酮	141-79-7	
1070	2-甲基-3-乙基戊烷		609-26-7	
1071	2-甲基-4,6-二硝基酚	4,6-二硝基邻甲苯酚；二硝酚	534-52-1	剧毒
1072	1-甲基-4-丙基苯	4-丙基甲苯	1074-55-1	
1073	2-甲基-5-乙基吡啶		104-90-5	
1074	3-甲基-6-甲氧基苯胺	邻氨基对甲苯甲醚	120-71-8	
1075	*S*-甲基-*N*-[(甲基氨基甲酰基)-氧基]硫代乙酰胺酸酯	灭多威；*O*-甲基氨基甲酰酯-2-甲硫基乙醛肟	16752-77-5	
1076	*O*-甲基-*O*-(2-异丙氧基甲酰基苯基)硫代磷酰胺	水胺硫磷	24353-61-5	
1077	*O*-甲基-*O*-(4-溴-2,5-二氯苯基)苯基硫代磷酸酯	溴苯磷	21609-90-5	
1078	*O*-甲基-*O*-[(2-异内氧基甲酰)苯基]-*N*-异丙基硫代磷酰胺	甲基异柳磷	99675-03-3	
1079	*O*-甲基-*S*-甲基-硫代磷酰胺	甲胺磷	10265-92-6	剧毒
1080	*O*-(甲基氨基甲酰基)-1-二甲氨基甲酰-1-甲硫基甲醛肟	杀线威	23135-22-0	
1081	*O*-甲基氨基甲酰基-2-甲基-2-(甲硫基)丙醛肟	涕灭威	116-06-3	剧毒
1082	*O*-甲基氨基甲酰基-3,3-二甲基-1-(甲硫基)丁醛肟	*O*-甲基氨基甲酰基-3,3-二甲基-1-(甲硫基)丁醛肟；久效威	39196-18-4	剧毒
1083	2-甲基苯胺	邻甲苯胺；2-氨基甲苯；邻氨基甲苯	95-53-4	
1084	3-甲基苯胺	间甲苯胺；3-氨基甲苯；间氨基甲苯	108-44-1	

续表

序号	品 名	别 名	CAS 号	备注
1085	4-甲基苯胺	对甲基苯胺;4-氨甲苯;对氨基甲苯	106-49-0	
1086	*N*-甲基苯胺		100-61-8	
1087	甲基苯基二氯硅烷		149-74-6	
1088	α-甲基苯基甲醇	苯基甲基甲醇;α-甲基苄醇	98-85-1	
1089	2-甲基苯甲腈	邻甲苯基氰;邻甲基苯甲腈	529-19-1	
1090	3-甲基苯甲腈	间甲苯基氰;间甲基苯甲腈	620-22-4	
1091	4-甲基苯甲腈	对甲苯基氰;对甲基苯甲腈	104-85-8	
1092	4-甲基苯乙烯[稳定的]	对甲基苯乙烯	622-97-9	
1093	2-甲基吡啶	α-皮考林	109-06-8	
1094	3-甲基吡啶	β-皮考林	108-99-6	
1095	4-甲基吡啶	γ-皮考林	108-89-4	
1096	3-甲基吡唑-5-二乙基磷酸酯	吡唑磷	108-34-9	
1097	(S)-3-(1-甲基吡咯烷-2-基)吡啶	烟碱;尼古丁;1-甲基-2-(3-吡啶基)吡咯烷	54-11-5	剧毒
1098	甲基苄基溴	甲基溴化苄;α-溴代二甲苯	89-92-9	
1099	甲基苄基亚硝胺	*N*-甲基-*N*-亚磷基苯甲胺	937-40-6	
1100	甲基丙基醚	甲丙醚	557-17-5	
1101	2-甲基丙烯腈[稳定的]	异丁烯腈	126-98-7	
1102	α-甲基丙烯醛	异丁烯醛	78-85-3	
1103	甲基丙烯酸[稳定的]	异丁烯酸	79-41-4	
1104	甲基丙烯酸-2-二甲氨乙酯	二甲氨基乙基异丁烯酸酯	2867-47-2	
1105	甲基丙烯酸甲酯[稳定的]	牙托水;有机玻璃单体;异丁烯酸甲酯	80-62-6	
1106	甲基丙烯酸三硝基乙酯			
1107	甲基丙烯酸烯丙酯	2-甲基-2-丙烯酸-2-丙烯基酯	96-05-9	
1108	甲基丙烯酸乙酯[稳定的]	异丁烯酸乙酯	97-63-2	
1109	甲基丙烯酸异丁酯[稳定的]		97-86-9	
1110	甲基丙烯酸正丁酯[稳定的]		97-88-1	
1111	甲基狄戈辛		30685-43-9	
1112	3-(1-甲基丁基)苯基-*N*-甲基氨基甲酸酯和3-(1-乙基丙基)苯基-*N*-甲基氨基甲酸酯	合杀威	8065-36-9	

续表

序号	品　名	别　名	CAS 号	备注
1113	3-甲基丁醛	异戊醛	590-86-3	
1114	2-甲基丁烷	异戊烷	78-78-4	
1115	甲基二氯硅烷	二氯甲基硅烷	75-54-7	
1116	2-甲基呋喃		534-22-5	
1117	2-甲基庚烷		592-27-8	
1118	3-甲基庚烷		589-81-1	
1119	4-甲基庚烷		589-53-7	
1120	甲基环己醇	六氢甲酚	25639-42-3	
1121	甲基环己酮		1331-22-2	
1122	甲基环己烷	六氢化甲苯;环己基甲烷	108-87-2	
1123	甲基环戊二烯		26519-91-5	
1124	甲基环戊烷		96-37-7	
1125	甲基磺酸		75-75-2	
1126	甲基磺酰氯	氯化硫酰甲烷;甲烷磺酰氯	124-63-0	剧毒
1127	3-甲基己烷		589-34-4	
1128	甲基肼	一甲肼;甲基联氨	60-34-4	剧毒
1129	2-甲基喹啉		91-63-4	
1130	4-甲基喹啉		491-35-0	
1131	6-甲基喹啉		91-62-3	
1132	7-甲基喹啉		612-60-2	
1133	8-甲基喹啉		611-32-5	
1134	甲基氯硅烷	氯甲基硅烷	993-00-0	
1135	*N*-甲基吗啉		109-02-4	
1136	1-甲基萘	*α*-甲基萘	90-12-0	
1137	2-甲基萘	*β*-甲基萘	91-57-6	
1138	2-甲基哌啶	2-甲基六氢吡啶	109-05-7	
1139	3-甲基哌啶	3-甲基六氢吡啶	626-56-2	
1140	4-甲基哌啶	4-甲基六氢吡啶	626-58-4	
1141	*N*-甲基哌啶	*N*-甲基六氢吡啶;1-甲基哌啶	626-67-5	
1142	*N*-甲基全氟辛基磺酰胺		31506-32-8	
1143	3-甲基噻吩	甲基硫茂	616-44-4	
1144	甲基三氯硅烷	三氯甲基硅烷	75-79-6	

续表

序号	品 名	别 名	CAS 号	备注
1145	甲基三乙氧基硅烷	三乙氧基甲基硅烷	2031-67-6	
1146	甲基胂酸锌	稻脚青	20324-26-9	
1147	甲基叔丁基甲酮	3,3-二甲基-2-丁酮;1,1,1-三甲基丙酮;甲基特丁基酮	75-97-8	
1148	甲基叔丁基醚	2-甲氧基-2-甲基丙烷;MTBE	1634-04-4	
1149	2-甲基四氢呋喃	四氢-2-甲基呋喃	96-47-9	
1150	1-甲基戊醇	仲己醇;2-己醇	626-93-7	
1151	甲基戊二烯		54363-49-4	
1152	4-甲基戊腈	异戊基氰;氰化异戊烷;异己腈	542-54-1	
1153	2-甲基戊醛	α-甲基戊醛	123-15-9	
1154	2-甲基戊烷	异己烷	107-83-5	
1155	3-甲基戊烷		96-14-0	
1156	2-甲基烯丙醇	异丁烯醇	513-42-8	
1157	甲基溴化镁[浸在乙醚中]		75-16-1	
1158	甲基乙烯醚[稳定的]	乙烯基甲醚	107-25-5	
1159	2-甲基己烷		591-76-4	
1160	甲基异丙基苯	伞花烃	99-87-6	
1161	甲基异丙烯甲酮[稳定的]		814-78-8	
1162	1-甲基异喹啉		1721-93-3	
1163	3-甲基异喹啉		1125-80-0	
1164	4-甲基异喹啉		1196-39-0	
1165	5-甲基异喹啉		62882-01-3	
1166	6-甲基异喹啉		42398-73-2	
1167	7-甲基异喹啉		54004-38-5	
1168	8-甲基异喹啉		62882-00-2	
1169	*N*-甲基正丁胺	*N*-甲基丁胺	110-68-9	
1170	甲基正丁基醚	1-甲氧基丁烷;甲丁醚	628-28-4	
1171	甲硫醇	巯基甲烷	74-93-1	
1172	甲硫醚	二甲硫;二甲基硫醚	75-18-3	
1173	甲醛溶液	福尔马林溶液	50-00-0	
1174	甲胂酸	甲基胂酸;甲次胂酸	56960-31-7	
1175	甲酸	蚁酸	64-18-6	

续表

序号	品　名	别　名	CAS 号	备注
1176	甲酸环己酯		4351-54-6	
1177	甲酸甲酯		107-31-3	
1178	甲酸烯丙酯		1838-59-1	
1179	甲酸亚铊	甲酸铊;蚁酸铊	992-98-3	
1180	甲酸乙酯		109-94-4	
1181	甲酸异丙酯		625-55-8	
1182	甲酸异丁酯		542-55-2	
1183	甲酸异戊酯		110-45-2	
1184	甲酸正丙酯		110-74-7	
1185	甲酸正丁酯		592-84-7	
1186	甲酸正己酯		629-33-4	
1187	甲酸正戊酯		638-49-3	
1188	甲烷		74-82-8	
1189	甲烷磺酰氟	甲磺氟酰;甲基磺酰氟	558-25-8	剧毒
1190	*N*-甲酰-2-硝甲基-1,3-全氢化噻嗪			
1191	4-甲氧基-4-甲基-2-戊酮		107-70-0	
1192	2-甲氧基苯胺	邻甲氧基苯胺;邻氨基苯甲醚;邻茴香胺	90-04-0	
1193	3-甲氧基苯胺	间甲氧基苯胺;间氨基苯甲醚;间茴香胺	536-90-3	
1194	4-甲氧基苯胺	对氨基苯甲醚;对甲氧基苯胺;对茴香胺	104-94-9	
1195	甲氧基苯甲酰氯	茴香酰氯	100-07-2	
1196	4-甲氧基二苯胺-4′-氯化重氮苯	凡拉明蓝盐 B;安安蓝 B 色盐	101-69-9	
1197	3-甲氧基乙酸丁酯	3-甲氧基丁基乙酸酯	4435-53-4	
1198	甲氧基乙酸甲酯		6290-49-9	
1199	2-甲氧基乙酸乙酯	乙酸甲基溶纤剂;乙二醇甲醚乙酸酯;乙酸乙二醇甲醚	110-49-6	
1200	甲氧基异氰酸甲酯	甲氧基甲基异氰酸酯	6427-21-0	
1201	甲乙醚	乙甲醚;甲氧基乙烷	540-67-0	
1202	甲藻毒素(二盐酸盐)	石房蛤毒素(盐酸盐)	35523-89-8	剧毒

续表

序号	品　名	别　名	CAS 号	备注
1203	钾	金属钾	7440-09-7	
1204	钾汞齐		37340-23-1	
1205	钾合金			
1206	钾钠合金	钠钾合金	11135-81-2	
1207	间苯二甲酰氯	二氯化间苯二甲酰	99-63-8	
1208	间苯三酚	1,3,5-三羟基苯;均苯三酚	108-73-6	
1209	间硝基苯磺酸		98-47-5	
1210	间异丙基苯酚		618-45-1	
1211	碱土金属汞齐			
1212	焦硫酸汞		1537199-53-3	
1213	焦砷酸		13453-15-1	
1214	焦油酸			
1215	金属锆		7440-67-7	
	金属锆粉[干燥的]	锆粉		
1216	金属铪粉	铪粉	7440-58-6	
1217	金属镧[浸在煤油中的]		7439-91-0	
1218	金属锰粉[含水≥25%]	锰粉	7439-96-5	
1219	金属钕[浸在煤油中的]		7440-00-8	
1220	金属铷	铷	7440-17-7	
1221	金属铯	铯	7440-46-2	
1222	金属锶	锶	7440-24-6	
1223	金属钛粉[干的]		7440-32-6	
	金属钛粉[含水不低于25%,机械方法生产的,粒径小于53微米;化学方法生产的,粒径小于840微米]			
1224	精蒽		120-12-7	
1225	肼水溶液[含肼≤64%]			
1226	酒石酸化烟碱		65-31-6	
1227	酒石酸锑钾	吐酒石;酒石酸钾锑;酒石酸氧锑钾	28300-74-5	
1228	聚苯乙烯珠体[可发性的]			

续表

序号	品　名	别　名	CAS 号	备注
1229	聚醚聚过氧叔丁基碳酸酯[含量≤52%,含B型稀释剂≥48%]			
1230	聚乙醛		9002-91-9	
1231	聚乙烯聚胺	多乙烯多胺;多乙撑多胺	29320-38-5	
1232	2-莰醇	冰片;龙脑	507-70-0	
1233	莰烯	樟脑萜;莰芬	79-92-5	
1234	糠胺	2-呋喃甲胺;麸胺	617-89-0	
1235	糠醛	呋喃甲醛	98-01-1	
1236	抗霉素 A		1397-94-0	剧毒
1237	氪[压缩的或液化的]		7439-90-9	
1238	喹啉	苯并吡啶;氮杂萘	91-22-5	
1239	雷汞[湿的,按质量含水或乙醇和水的混合物不低于20%]	二雷酸汞;雷酸汞	628-86-4	
1240	锂	金属锂	7439-93-2	
1241	连二亚硫酸钙		15512-36-4	
1242	连二亚硫酸钾	低亚硫酸钾	14293-73-3	
1243	连二亚硫酸钠	保险粉;低亚硫酸钠	7775-14-6	
1244	连二亚硫酸锌	亚硫酸氢锌	7779-86-4	
1245	联苯		92-52-4	
1246	3-[(3-联苯-4-基)-1,2,3,4-四氢-1-萘基]-4-羟基香豆素	鼠得克	56073-07-5	
1247	联十六烷基过氧重碳酸酯[含量≤100%]	过氧化二(十六烷基)二碳酸酯	26322-14-5	
	联十六烷基过氧重碳酸酯[含量≤42%,在水中稳定弥散]			
1248	镰刀菌酮 X		23255-69-8	剧毒
1249	邻氨基苯硫醇	2-氨基硫代苯酚;2-巯基胺;邻氨基苯硫酚苯	137-07-5	
1250	邻苯二甲酸苯胺		50930-79-5	
1251	邻苯二甲酸二异丁酯		84-69-5	
1252	邻苯二甲酸酐[含马来酸酐大于0.05%]	苯酐;酞酐	85-44-9	
1253	邻苯二甲酰氯	二氯化邻苯二甲酰	88-95-9	

续表

序号	品　名	别　名	CAS 号	备注
1254	邻苯二甲酰亚胺	酞酰亚胺	85-41-6	
1255	邻甲苯磺酰氯		133-59-5	
1256	邻硝基苯酚钾	邻硝基酚钾	824-38-4	
1257	邻硝基苯磺酸		80-82-0	
1258	邻硝基乙苯		612-22-6	
1259	邻异丙基苯酚	邻异丙基酚	88-69-7	
1260	磷化钙	二磷化三钙	1305-99-3	
1261	磷化钾		20770-41-6	
1262	磷化铝		20859-73-8	
1263	磷化铝镁			
1264	磷化镁	二磷化三镁	12057-74-8	
1265	磷化钠		12058-85-4	
1266	磷化氢	磷化三氢;膦	7803-51-2	剧毒
1267	磷化锶		12504-13-1	
1268	磷化锡		25324-56-5	
1269	磷化锌		1314-84-7	
1270	磷酸二乙基汞	谷乐生;谷仁乐生;乌斯普龙汞制剂	2235-25-8	
1271	磷酸三甲苯酯	磷酸三甲酚酯;增塑剂 TCP	1330-78-5	
1272	磷酸亚铊		13453-41-3	
1273	9-磷杂双环壬烷	环辛二烯膦		
1274	膦酸		10294-56-1	
1275	β,β'-硫代二丙腈		111-97-7	
1276	2-硫代呋喃甲醇	糠硫醇	98-02-2	
1277	硫代甲酰胺		115-08-2	
1278	硫代磷酰氯	硫代氯化磷酰;三氯化硫磷;三氯硫磷	3982-91-0	剧毒
1279	硫代氯甲酸乙酯	氯硫代甲酸乙酯	2941-64-2	
1280	4-硫代戊醛	甲基巯基丙醛	3268-49-3	
1281	硫代乙酸	硫代醋酸	507-09-5	
1282	硫代异氰酸甲酯	异硫氰酸甲酯;甲基芥子油	556-61-6	
1283	硫化铵溶液			

续表

序号	品　名	别　名	CAS 号	备注
1284	硫化钡		21109-95-5	
1285	硫化镉		1306-23-6	
1286	硫化汞	朱砂	1344-48-5	
1287	硫化钾	硫化二钾	1312-73-8	
1288	硫化钠	臭碱	1313-82-2	
1289	硫化氢		7783-06-4	
1290	硫黄	硫	7704-34-9	
1291	硫脲	硫代尿素	62-56-6	
1292	硫氢化钙		12133-28-7	
1293	硫氢化钠	氢硫化钠	16721-80-5	
1294	硫氰酸苄	硫氰化苄;硫氰酸苄酯	3012-37-1	
1295	硫氰酸钙	硫氰化钙	2092-16-2	
1296	硫氰酸汞		592-85-8	
1297	硫氰酸汞铵		20564-21-0	
1298	硫氰酸汞钾		14099-12-8	
1299	硫氰酸甲酯		556-64-9	
1300	硫氰酸乙酯	d542-90-5		
1301	硫氰酸异丙酯		625-59-2	
1302	硫酸		7664-93-9	
1303	硫酸-2,4-二氨基甲苯	2,4-二氨基甲苯硫酸	65321-67-7	
1304	硫酸 2,5 二氨基甲苯	2,5 二氨基甲苯硫酸	615-50-9	
1305	硫酸-2,5-二乙氧基-4-(4-吗啉基)-重氮苯		32178-39-5	
1306	硫酸-4,4′-二氨基联苯	硫酸联苯胺;联苯胺硫酸	531-86-2	
1307	硫酸-4-氨基-*N*,*N*-二甲基苯胺	*N*,*N*-二甲基对苯二胺硫酸;对氨基-*N*,*N*-二甲基苯胺硫酸	536-47-0	
1308	硫酸苯胺		542-16-5	
1309	硫酸苯肼	苯肼硫酸	2545-79-1	
1310	硫酸对苯二胺	硫酸对二氨基苯	16245-77-5	
1311	硫酸二甲酯	硫酸甲酯	77-78-1	
1312	硫酸二乙酯	硫酸乙酯	64-67-5	
1313	硫酸镉		10124-36-4	

续表

序号	品 名	别 名	CAS 号	备注
1314	硫酸汞	硫酸高汞	7783-35-9	
1315	硫酸钴		10124-43-3	
1316	硫酸间苯二胺	硫酸间二氨基苯	541-70-8	
1317	硫酸马钱子碱	二甲氧基士的宁硫酸盐	4845-99-2	
1318	硫酸镍		7786-81-4	
1319	硫酸铍		13510-49-1	
1320	硫酸铍钾		53684-48-3	
1321	硫酸铅[含游离酸>3%]		7446-14-2	
1322	硫酸羟胺	硫酸胲	10039-54-0	
1323	硫酸氢-2-(*N*-乙羰基甲氨基)-4-(3,4-二甲基苯磺酰)重氮苯			
1324	硫酸氢铵	酸式硫酸铵	7803-63-6	
1325	硫酸氢钾	酸式硫酸钾	7646-93-7	
1326	硫酸氢钠	酸式硫酸钠	7681-38-1	
	硫酸氢钠溶液	酸式硫酸钠溶液		
1327	硫酸三乙基锡		57-52-3	剧毒
1328	硫酸铊	硫酸亚铊	7446-18-6	剧毒
1329	硫酸亚汞		7783-36-0	
1330	硫酸氧钒	硫酸钒酰	27774-13-6	
1331	硫酰氟	氟化磺酰	2699-79-8	
1332	六氟-2,3-二氯-2-丁烯	2,3-二氯六氟-2-丁烯	303-04-8	剧毒
1333	六氟丙酮	全氟丙酮	684-16-2	
1334	六氟丙酮水合物	全氟丙酮水合物;水合六氟丙酮	13098-39-0	
1335	六氟丙烯	全氟丙烯	116-15-4	
1336	六氟硅酸镁	氟硅酸镁	16949-65-8	
1337	六氟合硅酸钡	氟硅酸钡	17125-80-3	
1338	六氟合硅酸锌	氟硅酸锌	16871-71-9	
1339	六氟合磷氢酸[无水]	六氟代磷酸	16940-81-1	
1340	六氟化碲		7783-80-4	
1341	六氟化硫		2551-62-4	
1342	六氟化钨		7783-82-6	
1343	六氟化硒		7783-79-1	

续表

序号	品 名	别 名	CAS 号	备注
1344	六氟乙烷	R116;全氟乙烷	76-16-4	
1345	3,3,6,6,9,9-六甲基-1,2,4,5-四氧环壬烷[含量 52%~100%]		22397-33-7	
	3,3,6,6,9,9-六甲基-1,2,4,5-四氧环壬烷[含量≤52%,含 A 型稀释剂≥48%]			
	3,3,6,6,9,9-六甲基-1,2,4,5-四氧环壬烷[含量≤52%,含 B 型稀释剂≥48%]			
1346	六甲基二硅醚	六甲基氧二硅烷	107-46-0	
1347	六甲基二硅烷		1450-14-2	
1348	六甲基二硅烷胺	六甲基二硅亚胺	999-97-3	
1349	六氢-3a,7a-二甲基-4,7-环氧异苯并呋喃-1,3-二酮	斑蝥素	56-25-7	
1350	六氯-1,3-丁二烯	六氯丁二烯;全氯-1,3-丁二烯	87-68-3	
1351	(1R,4S,4aS,5R,6R,7S,8S,8aR)-1,2,3,4,10,10-六氯-1,4,4a,5,6,7,8,8a-八氢-6,7-环氧-1,4,5,8-二亚甲基萘[含量 2%~90%]	狄氏剂	60-57-1	剧毒
1352	(1R,4S,5R,8S)-1,2,3,4,10,10-六氯-1,4,4a,5,6,7,8,8a-八氢-6,7-环氧-1,4;5,8-二亚甲基萘[含量>5%]	异狄氏剂	72-20-8	剧毒
1353	1,2,3,4,10,10-六氯-1,4,4a,5,8,8a-六氢-1,4-挂-5,8-挂二亚甲基萘[含量>10%]	异艾氏剂	465-73-6	剧毒
1354	1,2,3,4,10,10-六氯-1,4,4a,5,8,8a-六氢-1,4:5,8-桥,挂-二甲撑萘[含量>75%]	六氯-六氢-二甲撑萘;艾氏剂	309-00-2	剧毒
1355	(1,4,5,6,7,7-六氯-8,9,10-三降冰片-5-烯-2,3-亚基双亚甲基)亚硫酸酯	1,2,3,4,7,7-六氯双环[2,2,1]庚烯-(2)-双羟甲基-5,6-亚硫酸酯;硫丹	115-29-7	
1356	六氯苯	六氯代苯;过氯苯;全氯代苯	118-74-1	

续表

序号	品　名	别　名	CAS 号	备注
1357	六氯丙酮		116-16-5	
1358	六氯环戊二烯	全氯环戊二烯	77-47-4	剧毒
1359	α-六氯环己烷		319-84-6	
1360	β-六氯环己烷		319-85-7	
1361	γ-(1,2,4,5/3,6)-六氯环己烷	林丹	58-89-9	
1362	1,2,3,4,5,6-六氯环己烷	六氯化苯;六六六	608-73-1	
1363	六氯乙烷	全氯乙烷;六氯化碳	67-72-1	
1364	六硝基-1,2-二苯乙烯	六硝基芪	20062-22-0	
1365	六硝基二苯胺	六硝炸药;二苦基胺	131-73-7	
1366	六硝基二苯胺铵盐	曙黄	2844-92-0	
1367	六硝基二苯硫	二苦基硫	28930-30-5	
1368	六溴二苯醚		36483-60-0	
1369	2,2′,4,4′,5,5′-六溴二苯醚		68631-49-2	
1370	2,2′,4,4′,5,6′-六溴二苯醚		207122-15-4	
1371	六溴环十二烷			
1372	六溴联苯		36355-01-8	
1373	六亚甲基二异氰酸酯	六甲撑二异氰酸酯;1,6-二异氰酸己烷;己撑二异氰酸酯;1,6-己二异氰酸酯	822-06-0	
1374	N,N-六亚甲基硫代氨基甲酸-S-乙酯	禾草敌	2212-67-1	
1375	六亚甲基四胺	六甲撑四胺;乌洛托品	100-97-0	
1376	六亚甲基亚胺	高哌啶	111-49-9	
1377	铝粉		7429-90-5	
1378	铝镍合金氢化催化剂			
1379	铝酸钠[固体]		1302-42-7	
	铝酸钠[溶液]			
1380	铝铁熔剂			
1381	氯	液氯;氯气	7782-50-5	剧毒
1382	1-氯-1,1-二氟乙烷	R142;二氟氯乙烷	75-68-3	
1383	3-氯-1,2-丙二醇	α-氯代丙二醇;3-氯-1,2-二羟基丙烷;α-氯甘油;3-氯代丙二醇	96-24-2	

续表

序号	品　名	别　名	CAS 号	备注
1384	2-氯-1,3-丁二烯[稳定的]	氯丁二烯	126-99-8	
1385	2-氯-1-丙醇	2-氯-1-羟基丙烷	78-89-7	
1386	3-氯-1-丙醇	三亚甲基氯醇	627-30-5	
1387	3-氯-1-丁烯		563-52-0	
1388	1-氯-1-硝基丙烷	1-硝基-1-氯丙烷	600-25-9	
1389	2-氯-1-溴丙烷	1-溴-2-氯丙烷	3017-96-7	
1390	1-氯-2,2,2-三氟乙烷	R133a	75-88-7	
1391	1-氯-2,3-环氧丙烷	环氧氯丙烷;3-氯-1,2-环氧丙烷	106-89-8	
1392	1-氯-2,4-二硝基苯	2,4-二硝基氯苯	97-00-7	
1393	4-氯-2-氨基苯酚	2-氨基-4-氯苯酚;对氯邻氨基苯酚	95-85-2	
1394	1-氯-2-丙醇	氯异丙醇;丙氯仲醇	127-00-4	
1395	1-氯-2-丁烯		591-97-9	
1396	5-氯-2-甲基苯胺	5-氯邻甲苯胺;2-氨基-4-氯甲苯	95-79-4	
1397	*N*-(4-氯-2-甲基苯基)-*N*′,*N*′-二甲基甲脒	杀虫脒	6164-98-3	
1398	3-氯-2-甲基丙烯	2-甲基-3-氯丙烯;甲基烯丙基氯;氯化异丁烯;1-氯-2-甲基-2-丙烯	563-47-3	
1399	2-氯-2-甲基丁烷	叔戊基氯;氯代叔戊烷	594-36-5	
1400	5-氯-2-甲氧基苯胺	4-氯-2-氨基苯甲醚	95-03-4	
1401	4-氯-2-硝基苯胺	对氯邻硝基苯胺	89-63-4	
1402	4-氯-2-硝基苯酚		89-64-5	
1403	4-氯-2-硝基苯酚钠盐		52106-89-5	
1404	4-氯-2-硝基甲苯	对氯邻硝基甲苯	89-59-8	
1405	1-氯-2-溴丙烷	2-溴-1-氯丙烷	3017-95-6	
1406	1-氯-2-溴乙烷	1-溴-2-氯乙烷;氯乙基溴	107-04-0	
1407	4-氯间甲酚	2-氯-5-羟基甲苯;4-氯-3-甲酚	59-50-7	
1408	1-氯-3-甲基丁烷	异戊基氯;氯代异戊烷	107-84-6	
1409	1-氯-3-溴丙烷	3-溴-1-氯丙烷	109-70-6	

续表

序号	品　名	别　名	CAS 号	备注
1410	2-氯-4,5-二甲基苯基-*N*-甲基氨基甲酸酯	氯灭杀威	671-04-5	
1411	2-氯-4-二甲氨基-6-甲基嘧啶	鼠立死	535-89-7	
1412	3-氯-4-甲氧基苯胺	2-氯-4-氨基苯甲醚;邻氯对氨基苯甲醚	5345-54-0	
1413	2-氯-4-硝基苯胺	邻氯对硝基苯胺	121-87-9	
1414	氯苯	一氯化苯	108-90-7	
1415	2-氯苯胺	邻氯苯胺;邻氨基氯苯	95-51-2	
1416	3-氯苯胺	间氨基氯苯;间氯苯胺	108-42-9	
1417	4-氯苯胺	对氯苯胺;对氨基氯苯	106-47-8	
1418	2-氯苯酚	2-羟基氯苯;2-氯-1-羟基苯;邻氯苯酚;邻羟基氯苯	95-57-8	
1419	3-氯苯酚	3-羟基氯苯;3-氯-1-羟基苯;间氯苯酚;间羟基氯苯	108-43-0	
1420	4-氯苯酚	4-羟基氯苯;4-氯-1-羟基苯;对氯苯酚;对羟基氯苯	106-48-9	
1421	3-氯苯过氧甲酸[57%<含量≤86%,惰性固体含量≥14%]		937-14-4	
	3-氯苯过氧甲酸[含量≤57%,惰性固体含量≤3%,含水≥40%]			
	3-氯苯过氧甲酸[含量≤77%,惰性固体含量≥6%,含水≥17%]			
1422	2-[(RS)-2-(4-氯苯基)-2-苯基乙酰基]-2,3-二氢-1,3-茚二酮[含量>4%]	2-(苯基对氯苯基乙酰)茚满-1,3-二酮;氯鼠酮	3691-35-8	剧毒
1423	*N*(3-氯苯基)氨基甲酸(4-氯丁炔-2-基)脂	燕麦灵	101-27-9	
1424	氯苯基三氯硅烷		26571-79-9	
1425	2-氯苯甲酰氯	邻氯苯甲酰氯;氯化邻氯苯甲酰	609-65-4	
1426	4-氯苯甲酰氯	对氯苯甲酰氯;氯化对氯苯甲酰	122-01-0	
1427	2-氯苯乙酮	氯乙酰苯;氯苯乙酮;苯基氯甲基甲酮;苯酰甲基氯;α-氯苯乙酮	532-27-4	
1428	2-氯吡啶		109-09-1	
1429	4-氯苄基氯	对氯苄基氯;对氯苯甲基氯	104-83-6	

续表

序号	品　名	别　名	CAS 号	备注
1430	3-氯丙腈	β-氯丙腈;氰化-β-氯乙烷	542-76-7	
1431	2-氯丙酸	2-氯代丙酸	598-78-7	
1432	3-氯丙酸	3-氯代丙酸	107-94-8	
1433	2-氯丙酸甲酯		17639-93-9; 77287-29-7	
1434	2-氯丙酸乙酯		535-13-7	
1435	3-氯丙酸乙酯		623-71-2	
1436	2-氯丙酸异丙酯		40058-87-5; 79435-04-4	
1437	1-氯丙烷	氯正丙烷;丙基氯	540-54-5	
1438	2-氯丙烷	氯异丙烷;异丙基氯	75-29-6	
1439	2-氯丙烯	异丙烯基氯	557-98-2	
1440	3-氯丙烯	α-氯丙烯;烯丙基氯	107-05-1	
1441	氯铂酸		16941-12-1	
1442	氯代磷酸二乙酯	氯化磷酸二乙酯	814-49-3	剧毒
1443	氯代叔丁烷	叔丁基氯;特丁基氯	507-20-0	
1444	氯代异丁烷	异丁基氯	513-36-0	
1445	氯代正己烷	氯代己烷;己基氯	544-10-5	
1446	1-氯丁烷	正丁基氯;氯代正丁烷	109-69-3	
1447	2-氯丁烷	仲丁基氯;氯代仲丁烷	78-86-4	
1448	氯锇酸铵	氯化锇铵	12125-08-5	
1449	氯二氟甲烷和氯五氟乙烷共沸物	R502		
1450	氯二氟溴甲烷	R12B1;二氟氯溴甲烷;溴氯二氟甲烷;哈龙-1211	353-59-3	
1451	2-氯氟苯	邻氯氟苯;2-氟氯苯;邻氟氯苯	348-51-6	
1452	3-氯氟苯	间氯氟苯;3-氟氯苯;间氟氯苯	625-98-9	
1453	4-氯氟苯	对氯氟苯;4-氟氯苯;对氟氯苯	352-33-0	
1454	2-氯汞苯酚		90-03-9	
1455	4-氯汞苯甲酸	对氯化汞苯甲酸	59-85-8	
1456	氯化铵汞	白降汞,氯化汞铵	10124-48-8	
1457	氯化钡		10361-37-2	

续表

序号	品　名	别　名	CAS 号	备注
1458	氯化苯汞		100-56-1	
1459	氯化苄	α-氯甲苯;苄基氯	100-44-7	
1460	氯化二硫酰	二硫酰氯;焦硫酰氯	7791-27-7	
1461	氯化二烯丙托锡弗林		15180-03-7	
1462	氯化二乙基铝		96-10-6	
1463	氯化镉		10108-64-2	
1464	氯化汞	氯化高汞;二氯化汞;升汞	7487-94-7	剧毒
1465	氯化钴		7646-79-9	
1466	氯化琥珀胆碱	司克林;氯琥珀胆碱;氯化琥珀酰胆碱	71-27-2	
1467	氯化环戊烷		930-28-9	
1468	氯化甲基汞		115-09-3	
1469	氯化甲氧基乙基汞		123-88-6	
1470	氯化钾汞	氯化汞钾	20582-71-2	
1471	4-氯化联苯	对氯化联苯;联苯基氯	2051-62-9	
1472	1-氯化萘	α-氯化萘	90-13-1	
1473	氯化镍	氯化亚镍	7718-54-9	
1474	氯化铍		7787-47-5	
1475	氯化氢[无水]		7647-01-0	
1476	氯化氰	氰化氯;氯甲腈	506-77-4	剧毒
1477	氯化铜		7447-39-4	
1478	α-氯化筒箭毒碱	氯化南美防己碱;氢氧化吐巴寇拉令碱;氯化箭毒块茎碱;氯化管箭毒碱	57-94-3	
1479	氯化硒	二氯化二硒	10025-68-0	
1480	氯化锌		7646-85-7	
	氯化锌溶液			
1481	氯化锌-2-(2-羟乙氧基)-1(吡咯烷-1-基)重氮苯			
1482	氯化锌-2-(N-氧羰基苯氨基)-3-甲氧基-4-(N-甲基环己氨基)重氮苯			

续表

序号	品　名	别　名	CAS 号	备注
1483	氯化锌-2,5-二乙氧基-4-(4-甲苯磺酰)重氮苯			
1484	氯化锌-2,5-二乙氧基-4-苯磺酰重氮苯			
1485	氯化锌-2,5-二乙氧基-4-吗啉代重氮苯		26123-91-1	
1486	氯化锌-3-(2-羟乙氧基)-4(吡咯烷-1-基)重氮苯		105185-95-3	
1487	氯化锌-3-氯-4-二乙氨基重氮苯	晒图盐 BG	15557-00-3	
1488	氯化锌-4-苄甲氨基-3-乙氧基重氮苯		4421-50-5	
1489	氯化锌-4-苄乙氨基-3-乙氧基重氮苯		21723-86-4	
1490	氯化锌-4-二丙氨基重氮苯		33864-17-4	
1491	氯化锌-4-二甲氧基-6-(2-二甲氨乙氧基)-2-重氮甲苯			
1492	氯化溴	溴化氯	13863-41-7	
1493	氯化亚砜	亚硫酰二氯;二氯氧化硫;亚硫酰氯	7719-09-7	
1494	氯化亚汞	甘汞	10112-91-1	
1495	氯化亚铊	一氯化铊;一氧化二铊	7791-12-0	
1496	氯化乙基汞		107-27-7	
1497	氯磺酸	氯化硫酸;氯硫酸	7790-94-5	
1498	2-氯甲苯	邻氯甲苯	95-49-8	
1499	3-氯甲苯	间氯甲苯	108-41-8	
1500	4-氯甲苯	对氯甲苯	106-43-4	
1501	氯甲苯胺异构体混合物			
1502	氯甲基甲醚	甲基氯甲醚;氯二甲醚	107-30-2	剧毒
1503	氯甲基三甲基硅烷	三甲基氯甲硅烷	2344-80-1	
1504	氯甲基乙醚	氯甲基乙基醚	3188-13-4	
1505	氯甲酸-2-乙基己酯		24468-13-1	
1506	氯甲酸苯酯		1885-14-9	

续表

序号	品 名	别 名	CAS 号	备注
1507	氯甲酸苄酯	苯甲氧基碳酰氯	501-53-1	
1508	氯甲酸环丁酯		81228-87-7	
1509	氯甲酸甲酯	氯碳酸甲酯	79-22-1	剧毒
1510	氯甲酸氯甲酯		22128-62-7	
1511	氯甲酸三氯甲酯	双光气	503-38-8	
1512	氯甲酸烯丙基酯[稳定的]		2937-50-0	
1513	氯甲酸乙酯	氯碳酸乙酯	541-41-3	剧毒
1514	氯甲酸异丙酯		108-23-6	
1515	氯甲酸异丁酯		543-27-1	
1516	氯甲酸正丙酯	氯甲酸丙酯	109-61-5	
1517	氯甲酸正丁酯	氯甲酸丁酯	592-34-7	
1518	氯甲酸仲丁酯		17462-58-7	
1519	氯甲烷	R40;甲基氯;一氯甲烷	74-87-3	
1520	氯甲烷和二氯甲烷混合物			
1521	2-氯间甲酚	2-氯-3-羟基甲苯	608-26-4	
1522	6-氯间甲酚	4-氯-5-羟基甲苯	615-74-7	
1523	4-氯邻甲苯胺盐酸盐	盐酸-4-氯-2-甲苯胺	3165-93-3	
1524	*N*-(4-氯邻甲苯基)-*N*,*N*-二甲基甲脒盐酸盐	杀虫脒盐酸盐	19750-95-9	
1525	2-氯三氟甲苯	邻氯三氟甲苯	88-16-4	
1526	3-氯三氟甲苯	间氯三氟甲苯	98-15-7	
1527	4-氯三氟甲苯	对氯三氟甲苯	98-56-6	
1528	氯三氟甲烷和三氟甲烷共沸物	R503		
1529	氯四氟乙烷	R124	63938-10-3	
1530	氯酸铵		10192-29-7	
1531	氯酸钡		13477-00-4	
1532	氯酸钙		10137-74-3	
	氯酸钙溶液			
1533	氯酸钾		3811-04-9	
	氯酸钾溶液			
1534	氯酸镁		10326-21-3	

续表

序号	品　名	别　名	CAS 号	备注
1535	氯酸钠		7775-09-9	
	氯酸钠溶液			
1536	氯酸溶液[浓度≤10%]		7790-93-4	
1537	氯酸铯		13763-67-2	
1538	氯酸锶		7791-10-8	
1539	氯酸铊		13453-30-0	
1540	氯酸铜		26506-47-8	
1541	氯酸锌		10361-95-2	
1542	氯酸银		7783-92-8	
1543	1-氯戊烷	氯代正戊烷	543-59-9	
1544	2-氯硝基苯	邻氯硝基苯	88-73-3	
1545	3-氯硝基苯	间氯硝基苯	121-73-3	
1546	4-氯硝基苯	对氯硝基苯;1-氯-4-硝基苯	100-00-5	
1547	氯硝基苯异构体混合物	混合硝基氯化苯;冷母液	25167-93-5	
1548	氯溴甲烷	甲撑溴氯;溴氯甲烷	74-97-5	
1549	2-氯乙醇	乙撑氯醇;氯乙醇	107-07-3	剧毒
1550	氯乙腈	氰化氯甲烷;氯甲基氰	107-14-2	
1551	氯乙酸	氯醋酸;一氯醋酸	79-11-8	
1552	氯乙酸丁酯	氯醋酸丁酯	590-02-3	
1553	氯乙酸酐	氯醋酸酐	541-88-8	
1554	氯乙酸甲酯	氯醋酸甲酯	96-34-4	
1555	氯乙酸钠		3926-62-3	
1556	氯乙酸叔丁酯	氯醋酸叔丁酯	107-59-5	
1557	氯乙酸乙烯酯	氯醋酸乙烯酯;乙烯基氯乙酸酯	2549-51-1	
1558	氯乙酸乙酯	氯醋酸乙酯	105-39-5	
1559	氯乙酸异丙酯	氯醋酸异丙酯	105-48-6	
1560	氯乙烷	乙基氯	75-00-3	
1561	氯乙烯[稳定的]	乙烯基氯	75-01-4	
1562	2-氯乙酰-*N*-乙酰苯胺	邻氯乙酰-*N*-乙酰苯胺	93-70-9	
1563	氯乙酰氯	氯化氯乙酰	79-04-9	
1564	4-氯正丁酸乙酯		3153-36-4	

续表

序号	品　名	别　名	CAS 号	备注
1565	马来酸酐	马来酐;失水苹果酸酐;顺丁烯二酸酐	108-31-6	
1566	吗啉		110-91-8	
1567	煤焦酚	杂酚;粗酚	65996-83-0	
1568	煤焦沥青	焦油沥青;煤沥青;煤膏	65996-93-2	
1569	煤焦油		8007-45-2	
1570	煤气			
1571	煤油	火油;直馏煤油	8008-20-6	
1572	镁		7439-95-4	
1573	镁合金[片状、带状或条状,含镁>50%]			
1574	镁铝粉			
1575	锰酸钾		10294-64-1	
1576	迷迭香油		8000-25-7	
1577	米许合金[浸在煤油中的]			
1578	脒基亚硝氨基脒基叉肼[含水≥30%]			
1579	脒基亚硝氨基脒基四氮烯[湿的,按质量含水或乙醇和水的混合物不低于30%]	四氮烯;特屈拉辛	109-27-3	
1580	木防己苦毒素	苦毒浆果(木防己属)	124-87-8	
1581	木馏油	木焦油	8021-39-4	
1582	钠	金属钠	7440-23-5	
1583	钠石灰[含氢氧化钠>4%]	碱石灰	8006-28-8	
1584	氖[压缩的或液化的]		7440-01-9	
1585	萘	粗萘;精萘;萘饼	91-20-3	
1586	1-萘胺	α-萘胺;1-氨基萘	134-32-7	
1587	2-萘胺	β-萘胺;2-氨基萘	91-59-8	
1588	1,8-萘二甲酸酐	萘酐	81-84-5	
1589	萘磺汞	双苯汞亚甲基二萘磺酸酯;汞加芬;双萘磺酸苯汞	14235-86-0	
1590	1-萘基硫脲	α-萘硫脲;安妥	86-88-4	

续表

序号	品　名	别　名	CAS 号	备注
1591	1-萘甲腈	萘甲腈;α-萘甲腈	86-53-3	
1592	1-萘氧基二氯化膦		91270-74-5	
1593	镍催化剂[干燥的]			
1594	2,2′-偶氮-二-(2,4-二甲基-4-甲氧基戊腈)		15545-97-8	
1595	2,2′-偶氮-二-(2,4-二甲基戊腈)	偶氮二异庚腈	4419-11-8	
1596	2,2′-偶氮二-(2-甲基丙酸乙脂)		3879-07-0	
1597	2,2′-偶氮-二-(2-甲基丁腈)		13472-08-7	
1598	1,1′-偶氮-二-(六氢苄腈)	1,1′-偶氮二(环己基甲腈)	2094-98-6	
1599	偶氮二甲酰胺	发泡剂 AC;二氮烯二甲酰胺	123-77-3	
1600	2,2′-偶氮二异丁腈	发泡剂 N;ADIN;2-甲基丙腈	78-67-1	
1601	哌啶	六氢吡啶;氮己环	110-89-4	
1602	哌嗪	对二氮己环	110-85-0	
1603	α-蒎烯	α-松油萜	80-56-8	
1604	β-蒎烯		127-91-3	
1605	硼氢化钾	氢硼化钾	13762-51-1	
1606	硼氢化锂	氢硼化锂	16949-15-8	
1607	硼氢化铝	氢硼化铝	16962-07-5	
1608	硼氢化钠	氢硼化钠	16940-66-2	
1609	硼酸		10043-35-3	
1610	硼酸三甲酯	三甲氧基硼烷	121-43-7	
1611	硼酸三乙酯	三乙氧基硼烷	150-46-9	
1612	硼酸三异丙酯	硼酸异丙酯	5419-55-6	
1613	铍粉		7440-41-7	
1614	偏钒酸铵		7803-55-6	
1615	偏钒酸钾		13769-43-2	
1616	偏高碘酸钾			
1617	偏高碘酸钠			
1618	偏硅酸钠	三氧硅酸二钠	6834-92-0	
1619	偏砷酸		10102-53-1	

续表

序号	品 名	别 名	CAS 号	备注
1620	偏砷酸钠		15120-17-9	
1621	漂白粉			
1622	漂粉精[含有效氯>39%]	高级晒粉		
1623	葡萄糖酸汞		63937-14-4	
1624	七氟丁酸	全氟丁酸	375-22-4	
1625	七硫化四磷	七硫化磷	12037-82-0	
1626	七溴二苯醚		68928-80-3	
1627	2,2′,3,3′,4,5′,6′-七溴二苯醚		446255-22-7	
1628	2,2′,3,4,4′,5′,6-七溴二苯醚		207122-16-5	
1629	1,4,5,6,7,8,8-七氯-3a,4,7,7a-四氢-4,7-亚甲基茚	七氯	76-44-8	
1630	汽油		86290-81-5	
	乙醇汽油			
	甲醇汽油			
1631	铅汞齐			
1632	1-羟环丁-1-烯-3,4-二酮	半方形酸	31876-38-7	
1633	3-羟基-1,1-二甲基丁基过氧新癸酸[含量≤52%,含A型稀释剂≥48%]		95718-78-8	
	3-羟基-1,1-二甲基丁基过氧新癸酸[含量≤52%,在水中稳定弥散]			
	3-羟基-1,1-二甲基丁基过氧新癸酸[含量≤77%,含A型稀释剂≥23%]			
1634	*N*-3-[1-羟基-2-(甲氨基)乙基]苯基甲烷磺酰胺甲磺酸盐	酰胺福林-甲烷磺酸盐	1421-68-7	
1635	3-羟基-2-丁酮	乙酰甲基甲醇	513-86-0	
1636	4-羟基-4-甲基-2-戊酮	双丙酮醇	123-42-2	
1637	2-羟基丙腈	乳腈	78-97-7	剧毒
1638	2-羟基丙酸甲酯	乳酸甲酯	547-64-8	
1639	2-羟基丙酸乙酯	乳酸乙酯	97-64-3	
1640	3-羟基丁醛	3-丁醇醛;丁间醇醛	107-89-1	

续表

序号	品　名	别　名	CAS 号	备注
1641	羟基甲基汞		1184-57-2	
1642	羟基乙腈	乙醇腈	107-16-4	剧毒
1643	羟基乙硫醚	α-乙硫基乙醇	110-77-0	
1644	3-(2-羟基乙氧基)-4-吡咯烷基-1-苯重氮氯化锌盐			
1645	2-羟基异丁酸乙酯	2-羟基-2-甲基丙酸乙酯	80-55-7	
1646	羟间唑啉(盐酸盐)		2315-02-8	剧毒
1647	*N*-(2-羟乙基)-*N*-甲基全氟辛基磺酰胺		24448-09-7	
1648	氢	氢气	1333-74-0	
1649	氢碘酸	碘化氢溶液	10034-85-2	
1650	氢氟酸	氟化氢溶液	7664-39-3	
1651	氢过氧化蒎烷[56%<含量≤100%]		28324-52-9	
	氢过氧化蒎烷[含量≤56%,含A型稀释剂≥44%]			
1652	氢化钡		13477-09-3	
1653	氢化钙		7789-78-8	
1654	氢化锆		7704-99-6	
1655	氢化钾		7693-26-7	
1656	氢化锂		7580-67-8	
1657	氢化铝		7784-21-6	
1658	氢化铝锂	四氢化铝锂	16853-85-3	
1659	氢化铝钠	四氢化铝钠	13770-96-2	
1660	氢化镁	二氢化镁	7693-27-8	
1661	氢化钠		7646-69-7	
1662	氢化钛		7704-98-5	
1663	氢气和甲烷混合物			
1664	氢氰酸[含量≤20%]		74-90-8	
	氢氰酸蒸熏剂			
1665	氢溴酸	溴化氢溶液	10035-10-6	
1666	氢氧化钡		17194-00-2	

续表

序号	品　名	别　名	CAS 号	备注
1667	氢氧化钾	苛性钾	1310-58-3	
	氢氧化钾溶液[含量≥30%]			
1668	氢氧化锂		1310-65-2	
	氢氧化锂溶液			
1669	氢氧化钠	苛性钠;烧碱	1310-73-2	
	氢氧化钠溶液[含量≥30%]			
1670	氢氧化铍		13327-32-7	
1671	氢氧化铷		1310-82-3	
	氢氧化铷溶液			
1672	氢氧化铯		21351-79-1	
	氢氧化铯溶液			
1673	氢氧化铊		17026-06-1	
1674	柴油[闭杯闪点≤60℃]			
1675	氰	氰气	460-19-5	
1676	氰氨化钙[含碳化钙>0.1%]	石灰氮	156-62-7	
1677	氰胍甲汞	氰甲汞胍	502-39-6	剧毒
1678	氰化钡		542-62-1	
1679	氰化碘	碘化氰	506-78-5	
1680	氰化钙		592-01-8	
1681	氰化镉		542-83-6	剧毒
1682	氰化汞	氰化高汞;二氰化汞	592-04-1	
1683	氰化汞钾	汞氰化钾;氰化钾汞	591-89-9	
1684	氰化钴(Ⅱ)		542-84-7	
1685	氰化钴(Ⅲ)		14965-99-2	
1686	氰化钾	山奈钾	151-50-8	剧毒
1687	氰化金		506-65-0	
1688	氰化钠	山奈	143-33-9	剧毒
1689	氰化钠铜锌			
1690	氰化镍	氰化亚镍	557-19-7	
1691	氰化镍钾	氰化钾镍	14220-17-8	
1692	氰化铅		592-05-2	

续表

序号	品 名	别 名	CAS 号	备注
1693	氰化氢	无水氢氰酸	74-90-8	剧毒
1694	氰化铈			
1695	氰化铜	氰化高铜	14763-77-0	
1696	氰化锌		557-21-1	
1697	氰化溴	溴化氰	506-68-3	
1698	氰化金钾		14263-59-3	
1699	氰化亚金钾		13967-50-5	
1700	氰化亚铜		544-92-3	
1701	氰化亚铜三钾	氰化亚铜钾	13682-73-0	
1702	氰化亚铜三钠	紫铜盐;紫铜矾;氰化铜钠	14264-31-4	
	氰化亚铜三钠溶液			
1703	氰化银		506-64-9	
1704	氰化银钾	银氰化钾	506-61-6	剧毒
1705	(RS)-α-氰基-3-苯氧基苄基(SR)-3-(2,2-二氯乙烯基)-2,2-二甲基环丙烷羧酸酯	氯氰菊酯	52315-07-8	
1706	4-氰基苯甲酸	对氰基苯甲酸	619-65-8	
1707	氰基乙酸	氰基醋酸	372-09-8	
1708	氰基乙酸乙酯	氰基醋酸乙酯;乙基氰基乙酸酯	105-56-6	
1709	氰尿酰氯	三聚氰酰氯;三聚氯化氰	108-77-0	
1710	氰熔体			
1711	2-巯基丙酸	硫代乳酸	79-42-5	
1712	5-巯基四唑并-1-乙酸			
1713	2-巯基乙醇	硫代乙二醇;2-羟基-1-乙硫醇	60-24-2	
1714	巯基乙酸	氢硫基乙酸;硫代乙醇酸	68-11-1	
1715	全氟辛基磺酸		1763-23-1	
1716	全氟辛基磺酸铵		29081-56-9	
1717	全氟辛基磺酸二癸二甲基铵		251099-16-8	
1718	全氟辛基磺酸二乙醇铵		70225-14-8	
1719	全氟辛基磺酸钾		2795-39-3	
1720	全氟辛基磺酸锂		29457-72-5	
1721	全氟辛基磺酸四乙基铵		56773-42-3	

续表

序号	品　名	别　名	CAS 号	备注
1722	全氟辛基磺酰氟		307-35-7	
1723	全氯甲硫醇	三氯硫氯甲烷;过氯甲硫醇;四氯硫代碳酰	594-42-3	剧毒
1724	全氯五环癸烷	灭蚁灵	2385-85-5	
1725	壬基酚	壬基苯酚	25154-52-3	
1726	壬基酚聚氧乙烯醚		9016-45-9	
1727	壬基三氯硅烷		5283-67-0	
1728	壬烷及其异构体			
1729	1-壬烯		124-11-8	
1730	2-壬烯		2216-38-8	
1731	3-壬烯		20063-92-7	
1732	4-壬烯		2198-23-4	
1733	溶剂苯			
1734	溶剂油[闭杯闪点≤60℃]			
1735	乳酸苯汞三乙醇铵		23319-66-6	剧毒
1736	乳酸锑		58164-88-8	
1737	乳香油		8016-36-2	
1738	噻吩	硫杂茂;硫代呋喃	110-02-1	
1739	三-(1-吖丙啶基)氧化膦	三吖啶基氧化膦	545-55-1	
1740	三-(2,3-二溴丙磷酸脂)磷酸盐		126-72-7	
1741	三-(2-甲基氮丙啶)氧化磷	三-(2-甲基氮杂环丙烯)氧化膦	57-39-6	
1742	三-(环己基)-1,2,4-三唑-1-基)锡	三唑锡	41083-11-8	
1743	三苯基磷		603-35-0	
1744	三苯基氯硅烷		76-86-8	
1745	三苯基氢氧化锡	三苯基羟基锡	76-87-9	
1746	三苯基乙酸锡		900-95-8	
1747	三丙基铝		102-67-0	
1748	三丙基氯化锡	氯丙锡;三丙锡氯	2279-76-7	
1749	三碘化砷	碘化亚砷	7784-45-4	

续表

序号	品　名	别　名	CAS 号	备注
1750	三碘化铊		13453-37-7	
1751	三碘化锑		64013-16-7	
1752	三碘甲烷	碘仿	75-47-8	
1753	三碘乙酸	三碘醋酸	594-68-3	
1754	三丁基氟化锡		1983-10-4	
1755	三丁基铝		1116-70-7	
1756	三丁基氯化锡		1461-22-9	
1757	三丁基硼		122-56-5	
1758	三丁基氢化锡		688-73-3	
1759	*S*,*S*,*S*-三丁基三硫代磷酸酯	三硫代磷酸三丁酯;脱叶磷	78-48-8	
1760	三丁基锡苯甲酸		4342-36-3	
1761	三丁基锡环烷酸		85409-17-2	
1762	三丁基锡亚油酸		24124-25-2	
1763	三丁基氧化锡		56-35-9	
1764	三丁锡甲基丙烯酸		2155-70-6	
1765	三氟丙酮		421-50-1	
1766	三氟化铋		7787-61-3	
1767	三氟化氮		7783-54-2	
1768	三氟化磷		7783-55-3	
1769	三氟化氯		7790-91-2	
1770	三氟化硼	氟化硼	7637-07-2	
1771	三氟化硼丙酸络合物			
1772	三氟化硼甲醚络合物		353-42-4	
1773	三氟化硼乙胺		75-23-0	
1774	三氟化硼乙醚络合物		109-63-7	
1775	三氟化硼乙酸酐	三氟化硼醋酸酐	591-00-4	
1776	三氟化硼乙酸络合物	乙酸三氟化硼	7578-36-1	
1777	三氟化砷	氟化亚砷	7784-35-2	
1778	三氟化锑	氟化亚锑	7783-56-4	
1779	三氟化溴		7787-71-5	
1780	三氟甲苯		98-08-8	

续表

序号	品　名	别　名	CAS 号	备注
1781	(RS)-2-[4-(5-三氟甲基-2-吡啶氧基)苯氧基]丙酸丁酯	吡氟禾草灵丁酯	69806-50-4	
1782	2-三氟甲基苯胺	2-氨基三氟甲苯	88-17-5	
1783	3-三氟甲基苯胺	3-氨基三氟甲苯;间三氟甲基苯胺	98-16-8	
1784	三氟甲烷	R23;氟仿	75-46-7	
1785	三氟氯化甲苯	三氟甲基氯苯		
1786	三氟氯乙烯[稳定的]	R1113;氯三氟乙烯	79-38-9	
1787	三氟溴乙烯	溴三氟乙烯	598-73-2	
1788	2,2,2-三氟乙醇		75-89-8	
1789	三氟乙酸	三氟醋酸	76-05-1	
1790	三氟乙酸酐	三氟醋酸酐	407-25-0	
1791	三氟乙酸铬	三氟醋酸铬	16712-29-1	
1792	三氟乙酸乙酯	三氟醋酸乙酯	383-63-1	
1793	1,1,1-三氟乙烷	R143	420-46-2	
1794	三氟乙酰氯	氯化三氟乙酰	354-32-5	
1795	三环己基氢氧化锡	三环锡	13121-70-5	
1796	三甲胺[无水]		75-50-3	
	三甲胺溶液			
1797	2,4,4-三甲基-1-戊烯		107-39-1	
1798	2,4,4-三甲基-2-戊烯		107-40-4	
1799	1,2,3-三甲基苯	连三甲基苯	526-73-8	
1800	1,2,4-三甲基苯	假枯烯	95-63-6	
1801	1,3,5-三甲基苯	均三甲苯	108-67-8	
1802	2,2,3-三甲基丁烷		464-06-2	
1803	三甲基环己胺		15901-42-5	
1804	3,3,5-三甲基己撑二胺	3,3,5-三甲基六亚甲基二胺	25620-58-0; 25513-64-8	
1805	三甲基己基二异氰酸酯	二异氰酸三甲基六亚甲基酯		
1806	2,2,4-三甲基己烷		16747-26-5	
1807	2,2,5-三甲基己烷		3522-94-9	
1808	三甲基铝		75-24-1	

续表

序号	品　名	别　名	CAS 号	备注
1809	三甲基氯硅烷	氯化三甲基硅烷	75-77-4	
1810	三甲基硼	甲基硼	593-90-8	
1811	2,4,4-三甲基戊基-2-过氧化苯氧基乙酸酯[在溶液中,含量≤37%]	2,4,4-三甲基戊基-2-过氧化苯氧基醋酸酯	59382-51-3	
1812	2,2,3-三甲基戊烷		564-02-3	
1813	2,2,4-三甲基戊烷		540-84-1	
1814	2,3,4-三甲基戊烷		565-75-3	
1815	三甲基乙酰氯	三甲基氯乙酰;新戊酰氯	3282-30-2	
1816	三甲基乙氧基硅烷	乙氧基三甲基硅烷	1825-62-3	
1817	三聚丙烯	三丙烯	13987-01-4	
1818	三聚甲醛	三氧杂环己烷;三聚蚁醛;对称三噁烷	110-88-3	
1819	三聚氰酸三烯丙酯		101-37-1	
1820	三聚乙醛	仲乙醛;三聚醋醛	123-63-7	
1821	三聚异丁烯	三异丁烯	7756-94-7	
1822	三硫化二磷	三硫化磷	12165-69-4	
1823	三硫化二锑	硫化亚锑	1345-04-6	
1824	三硫化四磷		1314-85-8	
1825	1,1,2-三氯-1,2,2-三氟乙烷	R113;1,2,2-三氯三氟乙烷	76-13-1	
1826	2,3,4-三氯-1-丁烯	三氯丁烯	2431-50-7	
1827	1,1,1-三氯-2,2-双(4-氯苯基)乙烷	滴滴涕	50-29-3	
1828	2,4,5-三氯苯胺	1-氨基-2,4,5-三氯苯	636-30-6	
1829	2,4,6-三氯苯胺	1-氨基-2,4,6-三氯苯	634-93-5	
1830	2,4,5-三氯苯酚	2,4,5-三氯酚	95-95-4	
1831	2,4,6-三氯苯酚	2,4,6-三氯酚	88-06-2	
1832	2-(2,4,5-三氯苯氧基)丙酸	2,4,5-涕丙酸	93-72-1	
1833	2,4,5-三氯苯氧乙酸	2,4,5-涕	93-76-5	
1834	1,2,3-三氯丙烷		96-18-4	
1835	1,2,3-三氯代苯	1,2,3-三氯苯	87-61-6	
1836	1,2,4-三氯代苯	1,2,4-三氯苯	120-82-1	

续表

序号	品　名	别　名	CAS 号	备注
1837	1,3,5-三氯代苯	1,3,5-三氯苯	108-70-3	
1838	三氯硅烷	硅仿;硅氯仿;三氯氢硅	10025-78-2	
1839	三氯化碘		865-44-1	
1840	三氯化钒		7718-98-1	
1841	三氯化磷	氯化磷,氯化亚磷	7719-12-2	
1842	三氯化铝[无水]	氯化铝	7446-70-0	
	三氯化铝溶液	氯化铝溶液		
1843	三氯化钼		13478-18-7	
1844	三氯化硼		10294-34-5	
1845	三氯化三甲基二铝	三氯化三甲基铝	12542-85-7	
1846	三氯化三乙基二铝	三氯三乙基络铝	12075-68-2	
1847	三氯化砷	氯化亚砷	7784-34-1	
1848	三氯化钛	氯化亚钛	7705-07-9	
	三氯化钛溶液	氯化亚钛溶液		
	三氯化钛混合物			
1849	三氯化锑		10025-91-9	
1850	三氯化铁	氯化铁	7705-08-0	
	三氯化铁溶液	氯化铁溶液		
1851	三氯甲苯	三氯化苯;苯基三氯甲烷;α,α,α-三氯甲苯	98-07-7	
1852	三氯甲烷	氯仿	67-66-3	
1853	三氯三氟丙酮	1,1,3-三氯-1,3,3-三氟丙酮	79-52-7	
1854	三氯硝基甲烷	氯化苦;硝基三氯甲烷	76-06-2	剧毒
1855	1-三氯锌酸-4-二甲氨基重氮苯			
1856	1,2-*O*-[(1R)-2,2,2-三氯亚乙基]-*α*-D-呋喃葡糖	*α*-氯醛糖	15879-93-3	
1857	三氯氧化钒	三氯化氧钒	7727-18-6	
1858	三氯氧磷	氧氯化磷;氯化磷酰;磷酰氯;三氯化磷酰;磷酰三氯	10025-87-3	
1859	三氯一氟甲烷	R11	75-69-4	
1860	三氯乙腈	氰化三氯甲烷	545-06-2	

续表

序号	品　名	别　名	CAS 号	备注
1861	三氯乙醛[稳定的]	氯醛;氯油	75-87-6	
1862	三氯乙酸	三氯醋酸	76-03-9	
1863	三氯乙酸甲酯	三氯醋酸甲酯	598-99-2	
1864	1,1,1-三氯乙烷	甲基氯仿	71-55-6	
1865	1,1,2-三氯乙烷		79-00-5	
1866	三氯乙烯		79-01-6	
1867	三氯乙酰氯		76-02-8	
1868	三氯异氰脲酸		87-90-1	
1869	三烯丙基胺	三烯丙胺;三(2-丙烯基)胺	102-70-5	
1870	1,3,5-三硝基苯	均三硝基苯	99-35-4	
1871	2,4,6-三硝基苯胺	苦基胺	489-98-5	
1872	2,4,6-三硝基苯酚	苦味酸	88-89-1	
1873	2,4,6-三硝基苯酚铵[干的或含水<10%] 2,4,6-三硝基苯酚铵[含水≥10%]	苦味酸铵	131-74-8	
1874	2,4,6-三硝基苯酚钠	苦味酸钠	3324-58-1	
1875	2,4,6-三硝基苯酚银[含水≥30%]	苦味酸银	146-84-9	
1876	三硝基苯磺酸		2508-19-2	
1877	2,4,6-三硝基苯磺酸钠		5400-70-4	
1878	三硝基苯甲醚	三硝基茴香醚	28653-16-9	
1879	2,4,6-三硝基苯甲酸	三硝基安息香酸	129-66-8	
1880	2,4,6-三硝基苯甲硝胺	特屈儿	479-45-8	
1881	三硝基苯乙醚		4732-14-3	
1882	2,4,6-三硝基二甲苯	2,4,6-三硝基间二甲苯	632-92-8	
1883	2,4,6-三硝基甲苯	梯恩梯;TNT	118-96-7	
1884	三硝基甲苯与六硝基-1,2-二苯乙烯混合物	三硝基甲苯与六硝基芪混合物		
1885	2,4,6-三硝基甲苯与铝混合物	特里托纳尔		
1886	三硝基甲苯与三硝基苯和六硝基-1,2-二苯乙烯混合物	三硝基甲苯与三硝基苯和六硝基芪混合物		

续表

序号	品 名	别 名	CAS 号	备注
1887	三硝基甲苯与三硝基苯混合物			
1888	三硝基甲苯与硝基萘混合物	梯萘炸药		
1889	2,4,6-三硝基间苯二酚	收敛酸	82-71-3	
1890	2,4,6-三硝基间苯二酚铅[湿的,按质量含水或乙醇和水的混合物不低于 20%]	收敛酸铅	15245-44-0	
1891	三硝基间甲酚		602-99-3	
1892	2,4,6-三硝基氯苯	苦基氯	88-88-0	
1893	三硝基萘		55810-17-8	
1894	三硝基芴酮		129-79-3	
1895	2,4,6-三溴苯胺		147-82-0	
1896	三溴化碘		7789-58-4	
1897	三溴化磷		7789-60-8	
1898	三溴化铝[无水]	溴化铝	7727-15-3	
	三溴化铝溶液	溴化铝溶液		
1899	三溴化硼		10294-33-4	
1900	三溴化三甲基二铝	三溴化三甲基铝	12263-85-3	
1901	三溴化砷	溴化亚砷	7784-33-0	
1902	三溴化锑		7789-61-9	
1903	三溴甲烷	溴仿	75-25-2	
1904	三溴乙醛	溴醛	115-17-3	
1905	三溴乙酸	三溴醋酸	75-96-7	
1906	三溴乙烯		598-16-3	
1907	2,4,6-三亚乙基氨基-1,3,5-三嗪	曲他胺	51-18-3	
1908	三亚乙基四胺	二缩三乙二胺;三乙撑四胺	112-24-3	
1909	三氧化二氮	亚硝酐	10544-73-7	
1910	三氧化二钒		1314-34-7	
1911	三氧化二磷	亚磷酸酐	1314-24-5	
1912	三氧化二砷	白砒;砒霜;亚砷酸酐	1327-53-3	剧毒
1913	三氧化铬[无水]	铬酸酐	1333-82-0	
1914	三氧化硫[稳定的]	硫酸酐	7446-11-9	

续表

序号	品　名	别　名	CAS 号	备注
1915	三乙胺		121-44-8	
1916	3,6,9-三乙基-3,6,9-三甲基-1,4,7-三过氧壬烷[含量≤42%,含A型稀释剂≥58%]		24748-23-0	
1917	三乙基铝		97-93-8	
1918	三乙基硼		97-94-9	
1919	三乙基砷酸酯		15606-95-8	
1920	三乙基锑		617-85-6	
1921	三异丁基铝		100-99-2	
1922	三正丙胺	*N*,*N*-二丙基-1-丙胺	102-69-2	
1923	三正丁胺	三丁胺	102-82-9	剧毒
1924	砷		7440-38-2	
1925	砷化汞		749262-24-6	
1926	砷化镓		1303-00-0	
1927	砷化氢	砷化三氢;胂	7784-42-1	剧毒
1928	砷化锌		12006-40-5	
1929	砷酸		7778-39-4	
1930	砷酸铵		24719-13-9	
1931	砷酸钡		13477-04-8	
1932	砷酸二氢钾			
1933	砷酸二氢钠		10103-60-3	
1934	砷酸钙	砷酸三钙	7778-44-1	
1935	砷酸汞	砷酸氢汞	7784-37-4	
1936	砷酸钾		7784-41-0	
1937	砷酸镁		10103-50-1	
1938	砷酸钠	砷酸三钠	13464-38-5	
1939	砷酸铅		7645-25-2	
1940	砷酸氢二铵		7784-44-3	
1941	砷酸氢二钠		7778-43-0	
1942	砷酸锑		28980-47-4	
1943	砷酸铁		10102-49-5	
1944	砷酸铜		10103-61-4	

续表

序号	品 名	别 名	CAS号	备注
1945	砷酸锌		1303-39-5	
1946	砷酸亚铁		10102-50-8	
1947	砷酸银		13510-44-6	
1948	生漆	大漆		
1949	生松香	焦油松香;松脂		
1950	十八烷基三氯硅烷		112-04-9	
1951	十八烷基乙酰胺	十八烷基醋酸酰胺		
1952	十八烷酰氯	硬脂酰氯	112-76-5	
1953	十二烷基硫醇	月桂硫醇;十二硫醇	112-55-0	
1954	十二烷基三氯硅烷		4484-72-4	
1955	十二烷酰氯	月桂酰氯	112-16-3	
1956	十六烷基三氯硅烷		5894-60-0	
1957	十六烷酰氯	棕榈酰氯	112-67-4	
1958	十氯酮	十氯代八氢-亚甲基-环丁异[CD]戊搭烯-2-酮;开蓬	143-50-0	
1959	1,1,2,2,3,3,4,4,5,5,6,6,7,7,8,8,8-十七氟-1-辛烷磺酸		45298-90-6	
1960	十氢化萘	萘烷	91-17-8	
1961	十四烷酰氯	肉豆蔻酰氯	112-64-1	
1962	十溴联苯		13654-09-6	
1963	石棉[含:阳起石石棉、铁石棉、透闪石石棉、直闪石石棉、青石棉]		1332-21-4	
1964	石脑油		8030-30-6	
1965	石油醚	石油精	8032-32-4	
1966	石油气	原油气		
1967	石油原油	原油	8002-05-9	
1968	铈[粉、屑]		7440-45-1	
	金属铈[浸在煤油中的]			
1969	铈镁合金粉			
1970	叔丁胺	2-氨基-2-甲基丙烷;特丁胺	75-64-9	
1971	5-叔丁基-2,4,6-三硝基间二甲苯	二甲苯麝香;1-(1,1-二甲基乙基)-3,5-二甲基-2,4,6-三硝基苯	81-15-2	

续表

序号	品 名	别 名	CAS号	备注
1972	叔丁基苯	叔丁苯	98-06-6	
1973	2-叔丁基苯酚	邻叔丁基苯酚	88-18-6	
1974	4-叔丁基苯酚	对叔丁基苯酚;对特丁基苯酚;4-羟基-1-叔丁基苯	98-54-4	
1975	叔丁基过氧-2-甲基苯甲酸酯[含量≤100%]		22313-62-8	
1976	叔丁基过氧-2-乙基己酸酯[52%<含量≤100%]	过氧化-2-乙基己酸叔丁酯	3006-82-4	
	叔丁基过氧-2-乙基己酸酯[32%<含量≤52%,含B型稀释剂≥48%]			
	叔丁基过氧-2-乙基己酸酯[含量≤32%,含B型稀释剂≥68%]			
	叔丁基过氧-2-乙基己酸酯[含量≤52%,惰性固体含量≥48%]			
1977	叔丁基过氧-2-乙基己酸酯和2,2-二-(叔丁基过氧)丁烷的混合物[叔丁基过氧-2-乙基己酸酯≤12%,2,2-二-(叔丁基过氧)丁烷的混合物≤14%,含A型稀释剂≥14%,含惰性固体≥60%]			
	叔丁基过氧-2-乙基己酸酯和2,2-二-(叔丁基过氧)丁烷的混合物[叔丁基过氧-2-乙基己酸酯≤31%,2,2-二-(叔丁基过氧)丁烷≤36%,含B型稀释剂≥33%]			
1978	叔丁基过氧-2-乙基己碳酸酯[含量≤100%]		34443-12-4	
1979	叔丁基过氧丁基延胡索酸酯[含量≤52%,含A型稀释剂≥48%]			
1980	叔丁基过氧二乙基乙酸酯[含量≤100%]	过氧化二乙基乙酸叔丁酯;过氧化叔丁基二乙基乙酸酯		

续表

序号	品　名	别　名	CAS 号	备注
1981	叔丁基过氧新癸酸酯[77%<含量≤100%]	过氧化新癸酸叔丁酯	26748-41-4	
	叔丁基过氧新癸酸酯[含量≤32%,含A型稀释剂≥68%]			
	叔丁基过氧新癸酸酯[含量≤42%,在水(冷冻)中稳定弥散]			
	叔丁基过氧新癸酸酯[含量≤52%,在水中稳定弥散]			
	叔丁基过氧新癸酸酯[含量≤77%]			
1982	叔丁基过氧新戊酸酯[27%<含量≤67%,含B型稀释剂≥33%]		927-07-1	
	叔丁基过氧新戊酸酯[67%<含量≤77%,含A型稀释剂≥23%]			
	叔丁基过氧新戊酸酯[含量≤27%,含B型稀释剂≥73%]			
1983	1-(2-叔丁基过氧异丙基)-3-异丙烯基苯[含量≤42%,惰性固体含量≥58%]		96319-55-0	
	1-(2-叔丁基过氧异丙基)-3-异丙烯基苯[含量≤77%,含A型稀释剂≥23%]			
1984	叔丁基过氧异丁酸酯[52%<含量≤77%,含B型稀释剂≥23%]	过氧化异丁酸叔丁酯	109-13-7	
	叔丁基过氧异丁酸酯[含量≤52%,含B型稀释剂≥48%]			
1985	叔丁基过氧硬酯酰碳酸酯[含量≤100%]			
1986	叔丁基环己烷	环己基叔丁烷;特丁基环己烷	3178-22-1	
1987	叔丁基硫醇	叔丁硫醇	75-66-1	
1988	叔戊基过氧-2-乙基己酸酯[含量≤100%]	过氧化-2-乙基己酸叔戊酯	686-31-7	
1989	叔戊基过氧化氢[含量≤88%,含A型稀释剂≥6%,含水≥6%]		3425-61-4	

续表

序号	品　名	别　名	CAS 号	备注
1990	叔戊基过氧戊酸酯[含量≤77%,含B型稀释剂≥23%]	过氧化叔戊基新戊酸酯	29240-17-3	
1991	叔戊基过氧新癸酸酯[含量≤77%,含B型稀释剂≥23%]	过氧化叔戊基新癸酸酯	68299-16-1	
1992	叔辛胺		107-45-9	
1993	树脂酸钙		9007-13-0	
1994	树脂酸钴		68956-82-1	
1995	树脂酸铝		61789-65-9	
1996	树脂酸锰		9008-34-8	
1997	树脂酸锌		9010-69-9	
1998	双(1-甲基乙基)氟磷酸酯	二异丙基氟磷酸酯;丙氟磷	55-91-4	剧毒
1999	双(2-氯乙基)甲胺	氮芥;双(氯乙基)甲胺	51-75-2	剧毒
2000	5-[双(2-氯乙基)氨基]-2,4-(1H,3H)嘧啶二酮	尿嘧啶芳芥;嘧啶苯芥	66-75-1	剧毒
2001	2,2-双-[4,4-二(叔丁基过氧化)环己基]丙烷[含量≤42%,惰性固体含量≥58%]			
	2,2-双-[4,4-二(叔丁基过氧化)环己基]丙烷[含量≤22%,含B型稀释剂≥78%]			
2002	2,2-双(4-氯苯基)-2-羟基乙酸乙酯	4,4′-二氯二苯乙醇酸乙酯;乙酯杀螨醇	510-15-6	
2003	*O*,*O*-双(4-氯苯基)N-(1-亚氨基)乙基硫代磷酸胺	毒鼠磷	4104-14-7	剧毒
2004	双(*N*,*N*-二甲基甲硫酰)二硫化物	四甲基二硫代秋兰姆;四甲基硫代过氧化二碳酸二酰胺;福美双	137-26-8	
2005	双(二甲胺基)磷酰氟[含量>2%]	甲氟磷	115-26-4	剧毒
2006	双(二甲基二硫代氨基甲酸)锌	福美锌	137-30-4	
2007	4,4-双-(过氧化叔丁基)戊酸正丁酯[52%<含量≤100%]	4,4-二(叔丁基过氧化)戊酸正丁酯	995-33-5	
	4,4-双-(过氧化叔丁基)戊酸正丁酯[含量≤52%,含惰性固体≥48%]			

续表

序号	品 名	别 名	CAS 号	备注
2009	双过氧化壬二酸[含量≤27%，惰性固体含量≥73%]		1941-79-3	
2009	双过氧化十二烷二酸[含量≤42%，含硫酸钠≥56%]		66280-55-5	
2010	双戊烯	苧烯；二聚戊烯；1,8-萜二烯	138-86-3	
2011	2,5-双(1-吖丙啶基)-3-(2-氨甲酰氧-1-甲氧乙基)-6-甲基-1,4-苯醌	卡巴醌	24279-91-2	
2012	水合肼[含肼≤64%]	水合联氨	10217-52-4	
2013	水杨醛	2-羟基苯甲醛；邻羟基苯甲醛	90-02-8	
2014	水杨酸汞		5970-32-1	
2015	水杨酸化烟碱		29790-52-1	
2016	丝裂霉素 C	自力霉素	50-07-7	
2017	四苯基锡		595-90-4	
2018	四碘化锡		7790-47-8	
2019	四丁基氢氧化铵		2052-49-5	
2020	四丁基氢氧化磷		14518-69-5	
2021	四丁基锡		1461-25-2	
2022	四氟代肼	四氟肼	10036-47-2	
2023	四氟化硅	氟化硅	7783-61-1	
2024	四氟化硫		7783-60-0	
2025	四氟化铅		7783-59-7	
2026	四氟甲烷	R14	75-73-0	
2027	四氟硼酸-2,5-二乙氧基-4-吗啉代重氮苯		4979-72-0	
2028	四氟乙烯[稳定的]		116-14-3	
2029	1,2,4,5-四甲苯	均四甲苯	95-93-2	
2030	1,1,3,3-四甲基-1-丁硫醇	特辛硫醇；叔辛硫醇	141-59-3	
2031	1,1,3,3-四甲基丁基过氧-2-乙基已酸酯[含量≤100%]	过氧化-2-乙基已酸-1,1,3,3-四甲基丁酯；过氧化-1,1,3,3-四甲基丁基-2-乙基乙酸酯；过氧化-2-乙基已酸叔辛酯	22288-43-3	

续表

序号	品名	别名	CAS号	备注
2032	1,1,3,3-四甲基丁基过氧新癸酸酯[含量≤52%,在水中稳定弥散]		51240-95-0	
	1,1,3,3-四甲基丁基过氧新癸酸酯[含量≤72%,含B型稀释剂≥28%]			
2033	1,1,3,3-四甲基丁基氢过氧化物[含量≤100%]	过氧化氢叔辛基	5809-08-5	
2034	2,2,3′,3′-四甲基丁烷	六甲基乙烷;双叔丁基	594-82-1	
2035	四甲基硅烷	四甲基硅	75-76-3	
2036	四甲基铅		75-74-1	
2037	四甲基氢氧化铵		75-59-2	
2038	*N*,*N*,*N*′,*N*′-四甲基乙二胺	1,2-双(二甲基氨基)乙烷	110-18-9	
2039	四聚丙烯	四丙烯	6842-15-5	
2040	四磷酸六乙酯	乙基四磷酸酯	757-58-4	
2041	四磷酸六乙酯和压缩气体混合物			
2042	2,3,4,6-四氯苯酚	2,3,4,6-四氯酚	58-90-2	
2043	1,1,3,3-四氯丙酮	1,1,3,3-四氯-2-丙酮	632-21-3	
2044	1,2,3,4-四氯代苯		634-66-2	
2045	1,2,3,5-四氯代苯		634-90-2	
2046	1,2,4,5-四氯代苯		95-94-3	
2047	2,3,7,8-四氯二苯并对二噁英	二噁英;2,3,7,8-TCDD;四氯二苯二噁英	1746-01-6	剧毒
2048	四氯化碲		10026-07-0	
2049	四氯化钒		7632-51-1	
2050	四氯化锆		10026-11-6	
2051	四氯化硅	氯化硅	10026-04-7	
2052	四氯化硫		13451-08-6	
2053	1,2,3,4-四氯化萘	四氯化萘	1335-88-2	
2054	四氯化铅		13463-30-4	
2055	四氯化钛		7550-45-0	
2056	四氯化碳	四氯甲烷	56-23-5	

续表

序号	品　名	别　名	CAS 号	备注
2057	四氯化硒		10026-03-6	
2058	四氯化锡[无水]	氯化锡	7646-78-8	
2059	四氯化锡五水合物		10026-06-9	
2060	四氯化锗	氯化锗	10038-98-9	
2061	四氯邻苯二甲酸酐		117-08-8	
2062	四氯锌酸-2,5-二丁氧基-4-(4-吗啉基)-重氮苯(2:1)		14726-58-0	
2063	1,1,2,2-四氯乙烷		79-34-5	
2064	四氯乙烯	全氯乙烯	127-18-4	
2065	*N*-四氯乙硫基四氢酞酰亚胺	敌菌丹	2425-06-1	
2066	5,6,7,8-四氢-1-萘胺	1-氨基-5,6,7,8-四氢萘	2217-41-6	
2067	3-(1,2,3,4-四氢-1-萘基)-4-羟基香豆素	杀鼠醚	5836-29-3	剧毒
2068	1,2,5,6-四氢吡啶		694-05-3	
2069	四氢吡咯	吡咯烷;四氢氮杂茂	123-75-1	
2070	四氢吡喃	氧己环	142-68-7	
2071	四氢呋喃	氧杂环戊烷	109-99-9	
2072	1,2,3,6-四氢化苯甲醛		100-50-5	
2073	四氢糠胺		4795-29-3	
2074	四氢邻苯二甲酸酐[含马来酐>0.05%]	四氢酞酐	2426-02-0	
2075	四氢噻吩	四甲撑硫;四氢硫杂茂	110-01-0	
2076	四氰基代乙烯	四氰代乙烯	670-54-2	
2077	2,3,4,6-四硝基苯胺		3698-54-2	
2078	四硝基甲烷		509-14-8	剧毒
2079	四硝基萘		28995-89-3	
2080	四硝基萘胺			
2081	四溴二苯醚		40088-47-9	
2082	四溴化硒		7789-65-3	
2083	四溴化锡		7789-67-5	
2084	四溴甲烷	四溴化碳	558-13-4	
2085	1,1,2,2-四溴乙烷		79-27-6	

续表

序号	品　名	别　名	CAS 号	备注
2086	四亚乙基五胺	三缩四乙二胺;四乙撑五胺	112-57-2	
2087	四氧化锇	锇酸酐	20816-12-0	剧毒
2088	四氧化二氮		10544-72-6	
2089	四氧化三铅	红丹;铅丹;铅橙	1314-41-6	
2090	O,O,O',O'-四乙基-S,S'-亚甲基双(二硫代磷酸酯)	乙硫磷	563-12-2	
2091	O,O,O',O'-四乙基二硫代焦磷酸酯	治螟磷	3689-24-5	剧毒
2092	四乙基焦磷酸酯	特普	107-49-3	剧毒
2093	四乙基铅	发动机燃料抗爆混合物	78-00-2	剧毒
2094	四乙基氢氧化铵		77-98-5	
2095	四乙基锡	四乙锡	597-64-8	
2096	四唑并-1-乙酸	四唑乙酸;四氮杂茂-1-乙酸	21732-17-2	
2097	松焦油		8011-48-1	
2098	松节油		8006-64-2	
2099	松节油混合萜	松脂萜;芸香烯	1335-76-8	
2100	松油		8002-09-3	
2101	松油精	松香油	8002-16-2	
2102	酸式硫酸三乙基锡		57875-67-9	
2103	铊	金属铊	7440-28-0	
2104	钛酸四乙酯	钛酸乙酯;四乙氧基钛	3087-36-3	
2105	钛酸四异丙酯	钛酸异丙酯	546-68-9	
2106	钛酸四正丙酯	钛酸正丙酯	3087-37-4	
2107	碳化钙	电石	75-20-7	
2108	碳化铝		1299-86-1	
2109	碳酸二丙酯	碳酸丙酯	623-96-1	
2110	碳酸二甲酯		616-38-6	
2111	碳酸二乙酯	碳酸乙酯	105-58-8	
2112	碳酸铍		13106-47-3	
2113	碳酸亚铊	碳酸铊	6533-73-9	
2114	碳酸乙丁酯		30714-78-4	
2115	碳酰氯	光气	75-44-5	剧毒

续表

序号	品　名	别　名	CAS 号	备注
2116	羰基氟	碳酰氟;氟化碳酰	353-50-4	
2117	羰基硫	硫化碳酰	463-58-1	
2118	羰基镍	四羰基镍;四碳酰镍	13463-39-3	剧毒
2119	2-特丁基-4,6-二硝基酚	2-(1,1-二甲基乙基)-4,6-二硝酚;特乐酚	1420-07-1	
2120	2-特戊酰-2,3-二氢-1,3-茚二酮	鼠完	83-26-1	
2121	锑粉		7440-36-0	
2122	锑化氢	三氢化锑;锑化三氢;睇	7803-52-3	
2123	天然气[富含甲烷的]	沼气	8006-14-2	
2124	萜品油烯	异松油烯	586-62-9	
2125	萜烃		63394-00-3	
2126	铁铈齐	铈铁合金	69523-06-4	
2127	铜钙合金			
2128	铜乙二胺溶液		13426-91-0	
2129	土荆芥油	藜油;除蛔油	8006-99-3	
2130	烷基、芳基或甲苯磺酸[含游离硫酸]			
2131	烷基锂			
2132	烷基铝氢化物			
2133	乌头碱	附子精	302-27-2	剧毒
2134	无水肼[含肼>64%]	无水联胺	302-01-2	
2135	五氟化铋		7787-62-4	
2136	五氟化碘		7783-66-6	
2137	五氟化磷		7647-19-0	
2138	五氟化氯		13637-63-3	剧毒
2139	五氟化锑		7783-70-2	
2140	五氟化溴		7789-30-2	
2141	五甲基庚烷		30586-18-6	
2142	五硫化二磷	五硫化磷	1314-80-3	
2143	五氯苯		608-93-5	
2144	五氯苯酚	五氯酚	87-86-5	剧毒

续表

序号	品 名	别 名	CAS 号	备注
2145	五氯苯酚苯基汞			
2146	五氯苯酚汞			
2147	2,3,4,7,8-五氯二苯并呋喃	2,3,4,7,8-PCDF	57117-31-4	剧毒
2148	五氯酚钠		131-52-2	
2149	五氯化磷		10026-13-8	
2150	五氯化钼		10241-05-1	
2151	五氯化铌		10026-12-7	
2152	五氯化钽		7721-01-9	
2153	五氯化锑	过氯化锑;氯化锑	7647-18-9	剧毒
2154	五氯硝基苯	硝基五氯苯	82-68-8	
2155	五氯乙烷		76-01-7	
2156	五氰金酸四钾		68133-87-9	
2157	五羰基铁	羰基铁	13463-40-6	剧毒
2158	五溴二苯醚		32534-81-9	
2159	五溴化磷		7789-69-7	
2160	五氧化二碘	碘酐	12029-98-0	
2161	五氧化二钒	钒酸酐	1314-62-1	
2162	五氧化二磷	磷酸酐	1314-56-3	
2163	五氧化二砷	砷酸酐;五氧化砷;氧化砷	1303-28-2	剧毒
2164	五氧化二锑	锑酸酐	1314-60-9	
2165	1-戊醇	正戊醇	71-41-0	
2166	2-戊醇	仲戊醇	6032-29-7	
2167	1,5-戊二胺	1,5-二氨基戊烷;五亚甲基二胺;尸毒素	462-94-2	
2168	戊二腈	1,3-二氰基丙烷	544-13-8	
2169	戊二醛	1,5-戊二醛	111-30-8	
2170	2,4-戊二酮	乙酰丙酮	123-54-6	
2171	1,3-戊二烯[稳定的]		504-60-9	
2172	1,4-戊二烯[稳定的]		591-93-5	
2173	戊基三氯硅烷		107-72-2	
2174	戊腈	丁基氰;氰化丁烷	110-59-8	
2175	1-戊硫醇	正戊硫醇	110-66-7	

续表

序号	品 名	别 名	CAS 号	备注
2176	戊硫醇异构体混合物			
2177	戊硼烷	五硼烷	19624-22-7	剧毒
2178	1-戊醛	正戊醛	110-62-3	
2179	1-戊炔	丙基乙炔	627-19-0	
2180	2-戊酮	甲基丙基甲酮	107-87-9	
2181	3-戊酮	二乙基酮	96-22-0	
2182	1-戊烯		109-67-1	
2183	2-戊烯		109-68-2	
2184	1-戊烯-3-酮	乙烯乙基甲酮	1629-58-9	
2185	戊酰氯		638-29-9	
2186	烯丙基三氯硅烷[稳定的]		107-37-9	
2187	烯丙基缩水甘油醚		106-92-3	
2188	硒		7782-49-2	
2189	硒化镉		1306-24-7	
2190	硒化铅		12069-00-0	
2191	硒化氢[无水]		7783-07-5	
2192	硒化铁		1310-32-3	
2193	硒化锌		1315-09-9	
2194	硒脲		630-10-4	
2195	硒酸		7783-08-6	
2196	硒酸钡		7787-41-9	
2197	硒酸钾		7790-59-2	
2198	硒酸钠		13410-01-0	剧毒
2199	硒酸铜	硒酸高铜	15123-69-0	
2200	氙[压缩的或液化的]		7440-63-3	
2201	硝铵炸药	铵梯炸药		
2202	硝化甘油[按质量含有不低于40%不挥发、不溶于水的减敏剂]	硝化丙三醇;甘油三硝酸酯	55-63-0	
2203	硝化甘油乙醇溶液[含硝化甘油≤10%]	硝化丙三醇乙醇溶液;甘油三硝酸酯乙醇溶液		
2204	硝化淀粉		9056-38-6	
2205	硝化二乙醇胺火药			

续表

序号	品 名	别 名	CAS 号	备注
2206	硝化沥青			
2207	硝化酸混合物	硝化混合酸	51602-38-1	
2208	硝化纤维素[干的或含水(或乙醇)<25%]	硝化棉	9004-70-0	
	硝化纤维素[含氮≤12.6%,含乙醇≥25%]			
	硝化纤维素[含氮≤12.6%]			
	硝化纤维素[含水≥25%]			
	硝化纤维素[含乙醇≥25%]			
	硝化纤维素[未改型的,或增塑的,含增塑剂<18%]			
	硝化纤维素溶液[含氮量≤12.6%,含硝化纤维素≤55%]	硝化棉溶液		
2209	硝化纤维塑料[板、片、棒、管、卷等状,不包括碎屑]	赛璐珞	8050-88-2	
	硝化纤维塑料碎屑	赛璐珞碎屑		
2210	3-硝基-1,2-二甲苯	1,2-二甲基-3-硝基苯;3-硝基邻二甲苯	83-41-0	
2211	4-硝基-1,2-二甲苯	1,2-二甲基-4-硝基苯;4-硝基邻二甲苯;4,5-二甲基硝基苯	99-51-4	
2212	2-硝基-1,3-二甲苯	1,3-二甲基-2-硝基苯;2-硝基间二甲苯	81-20-9	
2213	4-硝基-1,3-二甲苯	1,3-二甲基-4-硝基苯;4-硝基间二甲苯;2,4-二甲基硝基苯;对硝基间二甲苯	89-87-2	
2214	5-硝基-1,3-二甲苯	1,3-二甲基-5-硝基苯;5-硝基间二甲苯;3,5-二甲基硝基苯	99-12-7	
2215	4-硝基-2-氨基苯酚	2-氨基-4-硝基苯酚;邻氨基对硝基苯酚;对硝基邻氨基苯酚	99-57-0	
2216	5-硝基-2-氨基苯酚	2-氨基-5-硝基苯酚	121-88-0	
2217	4-硝基-2-甲苯胺	对硝基邻甲苯胺	99-52-5	
2218	4-硝基-2-甲氧基苯胺	5-硝基-2-氨基苯甲醚;对硝基邻甲氧基苯胺	97-52-9	
2219	2-硝基-4-甲苯胺	邻硝基对甲苯胺	89-62-3	

续表

序号	品　名	别　名	CAS 号	备注
2220	3-硝基-4-甲苯胺	间硝基对甲苯胺	119-32-4	
2221	2-硝基-4-甲苯酚	4-甲基-2-硝基苯酚	119-33-5	
2222	2-硝基-4-甲氧基苯胺	枣红色基 GP	96-96-8	剧毒
2223	3-硝基-4-氯三氟甲苯	2-氯-5-三氟甲基硝基苯	121-17-5	
2224	3-硝基-4-羟基苯胂酸	4-羟基-3-硝基苯胂酸	121-19-7	
2225	3-硝基-*N*,*N*-二甲基苯胺	*N*,*N*-二甲基间硝基苯胺;间硝基二甲苯胺	619-31-8	
2226	4-硝基-*N*,*N*-二甲基苯胺	*N*,*N*-二甲基对硝基苯胺;对硝基二甲苯胺	100-23-2	
2227	4-硝基-*N*,*N*-二乙基苯胺	*N*,*N*-二乙基对硝基苯胺;对硝基二乙基苯胺	2216-15-1	
2228	硝基苯		98-95-3	
2229	2-硝基苯胺	邻硝基苯胺;1-氨基-2-硝基苯	88-74-4	
2230	3-硝基苯胺	间硝基苯胺;1-氨基-3-硝基苯	99-09-2	
2231	4-硝基苯胺	对硝基苯胺;1-氨基-4-硝基苯	100-01-6	
2232	5-硝基苯并三唑	硝基连三氮杂茚	2338-12-7	
2233	2-硝基苯酚	邻硝基苯酚	88-75-5	
2234	3-硝基苯酚	间硝基苯酚	554-84-7	
2235	4-硝基苯酚	对硝基苯酚	100-02-7	
2236	2-硝基苯磺酰氯	邻硝基苯磺酰氯	1694-92-4	
2237	3-硝基苯磺酰氯	间硝基苯磺酰氯	121-51-7	
2238	4-硝基苯磺酰氯	对硝基苯磺酰氯	98-74-8	
2239	2-硝基苯甲醚	邻硝基苯甲醚;邻硝基茴香醚;邻甲氧基硝基苯	91-23-6	
2240	3-硝基苯甲醚	间硝基苯甲醚;间硝基茴香醚;间甲氧基硝基苯	555-03-3	
2241	4-硝基苯甲醚	对硝基苯甲醚;对硝基茴香醚;对甲氧基硝基苯	100-17-4	
2242	4-硝基苯甲酰胺	对硝基苯甲酰胺	619-80-7	
2243	2-硝基苯甲酰氯	邻硝基苯甲酰氯	610-14-0	
2244	3-硝基苯甲酰氯	间硝基苯甲酰氯	121-90-4	
2245	4-硝基苯甲酰氯	对硝基苯甲酰氯	122-04-3	

续表

序号	品　名	别　名	CAS 号	备注
2246	2-硝基苯肼	邻硝基苯肼	3034-19-3	
2247	4-硝基苯肼	对硝基苯肼	100-16-3	
2248	2-硝基苯胂酸	邻硝基苯胂酸	5410-29-7	
2249	3-硝基苯胂酸	间硝基苯胂酸	618-07-5	
2250	4-硝基苯胂酸	对硝基苯胂酸	98-72-6	
2251	4-硝基苯乙腈	对硝基苯乙腈;对硝基苄基氰;对硝基氰化苄	555-21-5	
2252	2-硝基苯乙醚	邻硝基苯乙醚;邻乙氧基硝基苯	610-67-3	
2253	4-硝基苯乙醚	对硝基苯乙醚;对乙氧基硝基苯	100-29-8	
2254	3-硝基吡啶		2530-26-9	
2255	1-硝基丙烷		108-03-2	
2256	2-硝基丙烷		79-46-9	
2257	2-硝基碘苯	2-碘硝基苯;邻硝基碘苯;邻碘硝基苯	609-73-4	
2258	3-硝基碘苯	3-碘硝基苯;间硝基碘苯;间碘硝基苯	645-00-1	
2259	4-硝基碘苯	4-碘硝基苯;对硝基碘苯;对碘硝基苯	636-98-6	
2260	1-硝基丁烷		627-05-4	
2261	2-硝基丁烷		600-24-8	
2262	硝基苊		602-87-9	
2263	硝基胍	橄苦岩	556-88-7	
2264	2-硝基甲苯	邻硝基甲苯	88-72-2	
2265	3-硝基甲苯	间硝基甲苯	99-08-1	
2266	4-硝基甲苯	对硝基甲苯	99-99-0	
2267	硝基甲烷		75-52-5	
2268	2-硝基联苯	邻硝基联苯	86-00-0	
2269	4-硝基联苯	对硝基联苯	92-93-3	
2270	2-硝基氯化苄	邻硝基苄基氯;邻硝基氯化苄;邻硝基苯氯甲烷	612-23-7	
2271	3-硝基氯化苄	间硝基苯氯甲烷;间硝基苄基氯;间硝基氯化苄	619-23-8	

续表

序号	品　名	别　名	CAS 号	备注
2272	4-硝基氯化苄	对硝基氯化苄;对硝基苄基氯;对硝基苯氯甲烷	100-14-1	
2273	硝基马钱子碱	卡可西灵	561-20-6	
2274	2-硝基萘		581-89-5	
2275	1-硝基萘		86-57-7	
2276	硝基胍		556-89-8	
2277	硝基三氟甲苯			
2278	硝基三唑酮	NTO	932-64-9	
2279	2-硝基溴苯	邻硝基溴苯;邻溴硝基苯	577-19-5	
2280	3-硝基溴苯	间硝基溴苯;间溴硝基苯	585-79-5	
2281	4-硝基溴苯	对硝基溴苯;对溴硝基苯	586-78-7	
2282	4-硝基溴化苄	对硝基溴化苄;对硝基苯溴甲烷;对硝基苄基溴	100-11-8	
2283	硝基盐酸	王水	8007-56-5	
2284	硝基乙烷		79-24-3	
2285	硝酸		7697-37-2	
2286	硝酸铵[含可燃物>0.2%,包括以碳计算的任何有机物,但不包括任何其他添加剂]		6484-52-2	
	硝酸铵[含可燃物≤0.2%]			
2287	硝酸铵肥料[比硝酸铵(含可燃物>0.2%,包括以碳计算的任何有机物,但不包括任何其他添加剂)更易爆炸]			
	硝酸铵肥料[含可燃物≤0.4%]			
2288	硝酸钡		10022-31-8	
2289	硝酸苯胺		542-15-4	
2290	硝酸苯汞		55-68-5	
2291	硝酸铋		10361-44-1	
2292	硝酸镝		10143-38-1	
2293	硝酸铒		10168-80-6	
2294	硝酸钙		10124-37-5	

续表

序号	品 名	别 名	CAS 号	备注
2295	硝酸锆		13746-89-9	
2296	硝酸镉		10325-94-7	
2297	硝酸铬		13548-38-4	
2298	硝酸汞	硝酸高汞	10045-94-0	
2299	硝酸钴	硝酸亚钴	10141-05-6	
2300	硝酸胍	硝酸亚氨脲	506-93-4	
2301	硝酸镓		13494-90-1	
2302	硝酸甲胺		22113-87-7	
2303	硝酸钾		7757-79-1	
2304	硝酸镧		10099-59-9	
2305	硝酸铑		10139-58-9	
2306	硝酸锂		7790-69-4	
2307	硝酸镥		10099-67-9	
2308	硝酸铝		7784-27-2	
2309	硝酸镁		10377-60-3	
2310	硝酸锰	硝酸亚锰	20694-39-7	
2311	硝酸钠		7631-99-4	
2312	硝酸脲		124-47-0	
2313	硝酸镍	二硝酸镍	13138-45-9	
2314	硝酸镍铵	四氨硝酸镍		
2315	硝酸钕		16454-60-7	
2316	硝酸钕镨	硝酸镨钕	134191-62-1	
2317	硝酸铍		13597-99-4	
2318	硝酸镨		10361-80-5	
2319	硝酸铅		10099-74-8	
2320	硝酸羟胺		13465-08-2	
2321	硝酸铯		7789-18-6	
2322	硝酸钐		13759-83-6	
2323	硝酸铈	硝酸亚铈	10108-73-3	
2324	硝酸铈铵		16774-21-3	
2325	硝酸铈钾			
2326	硝酸铈钠			

续表

序号	品　名	别　名	CAS 号	备注
2327	硝酸锶		10042-76-9	
2328	硝酸铊	硝酸亚铊	10102-45-1	
2329	硝酸铁	硝酸高铁	10421-48-4	
2330	硝酸铜		10031-43-3	
2331	硝酸锌		7779-88-6	
2332	硝酸亚汞		7782-86-7	
2333	硝酸氧锆	硝酸锆酰	13826-66-9	
2334	硝酸乙酯醇溶液			
2335	硝酸钇		13494-98-9	
2336	硝酸异丙酯		1712-64-7	
2337	硝酸异戊酯		543-87-3	
2338	硝酸镱		35725-34-9; 13768-67-7	
2339	硝酸铟		13770-61-1	
2340	硝酸银		7761-88-8	
2341	硝酸正丙酯		627-13-4	
2342	硝酸正丁酯		928-45-0	
2343	硝酸正戊酯		1002-16-0	
2344	硝酸重氮苯		619-97-6	
2345	辛二腈	1,6-二氰基戊烷	629-40-3	
2346	辛二烯		3710-30-3	
2347	辛基苯酚		27193-28-8	
2348	辛基三氯硅烷		5283-66-9	
2349	1-辛炔		629-05-0	
2350	2-辛炔		2809-67-8	
2351	3-辛炔		15232-76-5	
2352	4-辛炔		1942-45-6	
2353	辛酸亚锡	含锡稳定剂	301-10-0	
2354	3-辛酮	乙基戊基酮;乙戊酮	106-68-3	
2355	1-辛烯		111-66-0	
2356	2-辛烯		111-67-1	
2357	辛酰氯		111-64-8	

续表

序号	品　名	别　名	CAS 号	备注
2358	锌尘		7440-66-6	
	锌粉			
	锌灰			
2359	锌汞齐	锌汞合金		
2360	D 型 2-重氮-1-萘酚磺酸酯混合物			
2361	溴	溴素	7726-95-6	
	溴水[含溴≥3.5%]			
2362	3-溴-1,2-二甲基苯	间溴邻二甲苯;2,3-二甲基溴化苯	576-23-8	
2363	4-溴-1,2-二甲基苯	对溴邻二甲苯;3,4-二甲基溴	583-71-1	
2364	3-溴-1,2-环氧丙烷	环氧溴丙烷;溴甲基环氧乙烷;表溴醇	3132-64-7	
2365	3-溴-1-丙烯	3-溴丙烯;烯丙基溴	106-95-6	
2366	1-溴-2,4-二硝基苯	3,4-二硝基溴化苯;1,3-二硝基-4-溴化苯;2,4-二硝基溴化苯	584-48-5	
2367	2-溴-2-甲基丙酸乙酯	2-溴异丁酸乙酯	600-00-0	
2368	1-溴-2-甲基丙烷	异丁基溴;溴代异丁烷	78-77-3	
2369	2-溴-2-甲基丙烷	叔丁基溴;特丁基溴;溴代叔丁烷	507-19-7	
2370	4-溴-2-氯氟苯		60811-21-4	
2371	1-溴-3-甲基丁烷	异戊基溴;溴代异戊烷	107-82-4	
2372	溴苯		108-86-1	
2373	2-溴苯胺	邻溴苯胺;邻氨基溴化苯	615-36-1	
2374	3-溴苯胺	间溴苯胺;间氨基溴化苯	591-19-5	
2375	4-溴苯胺	对溴苯胺;对氨基溴化苯	106-40-1	
2376	2-溴苯酚	邻溴苯酚	95-56-7	
2377	3-溴苯酚	间溴苯酚	591-20-8	
2378	4-溴苯酚	对溴苯酚	106-41-2	
2379	4-溴苯磺酰氯		98-58-8	
2380	4-溴苯甲醚	对溴苯甲醚;对溴茴香醚	104-92-7	
2381	2-溴苯甲酰氯	邻溴苯甲酰氯	7154-66-7	

续表

序号	品 名	别 名	CAS号	备注
2382	4-溴苯甲酰氯	对溴苯甲酰氯;氯化对溴代苯甲酰	586-75-4	
2383	溴苯乙腈	溴苄基腈	5798-79-8	
2384	4-溴苯乙酰基溴	对溴苯乙酰基溴	99-73-0	
2385	3-溴丙腈	β-溴丙腈;溴乙基氰	2417-90-5	
2386	3-溴丙炔		106-96-7	
2387	2-溴丙酸	α-溴丙酸	598-72-1	
2388	3-溴丙酸	β-溴丙酸	590-92-1	
2389	溴丙酮		598-31-2	
2390	1-溴丙烷	正丙基溴;溴代正丙烷	106-94-5	
2391	2-溴丙烷	异丙基溴;溴代异丙烷	75-26-3	
2392	2-溴丙酰溴	溴化-2-溴丙酰	563-76-8	
2393	3-溴丙酰溴	溴化-3-溴丙酰	7623-16-7	
2394	溴代环戊烷	环戊基溴	137-43-9	
2395	溴代正戊烷	正戊基溴	110-53-2	
2396	1-溴丁烷	正丁基溴;溴代正丁烷	109-65-9	
2397	2-溴丁烷	仲丁基溴;溴代仲丁烷	78-76-2	
2398	溴化苄	α-溴甲苯;苄基溴	100-39-0	
2399	溴化丙酰	丙酰溴	598-22-1	
2400	溴化汞	二溴化汞;溴化高汞	7789-47-1	
2401	溴化氢		10035-10-6	
2402	溴化氢乙酸溶液	溴化氢醋酸溶液		
2403	溴化硒		7789-52-8	
2404	溴化亚汞	一溴化汞	10031-18-2	
2405	溴化亚铊	一溴化铊	7789-40-4	
2406	溴化乙酰	乙酰溴	506-96-7	
2407	溴已烷	己基溴	111-25-1	
2408	2-溴甲苯	邻溴甲苯;邻甲基溴苯;2-甲基溴苯	95-46-5	
2409	3-溴甲苯	间溴甲苯;间甲基溴苯;3-甲基溴苯	591-17-3	

续表

序号	品　名	别　名	CAS 号	备注
2410	4-溴甲苯	对溴甲苯;对甲基溴苯;4-甲基溴苯	106-38-7	
2411	溴甲烷	甲基溴	74-83-9	
2412	溴甲烷和二溴乙烷液体混合物			
2413	3-[3-(4′-溴联苯-4-基)-1,2,3,4-四氢-1-萘基]-4-羟基香豆素	溴鼠灵	56073-10-0	剧毒
2414	3-[3-(4-溴联苯-4-基)-3-羟基-1-苯丙基]-4-羟基香豆素	溴敌隆	28772-56-7	剧毒
2415	溴三氟甲烷	R13B1;三氟溴甲烷	75-63-8	
2416	溴酸		7789-31-3	
2417	溴酸钡		13967-90-3	
2418	溴酸镉		14518-94-6	
2419	溴酸钾		7758-01-2	
2420	溴酸镁		7789-36-8	
2421	溴酸钠		7789-38-0	
2422	溴酸铅		34018-28-5	
2423	溴酸锶		14519-18-7	
2424	溴酸锌		14519-07-4	
2425	溴酸银		7783-89-3	
2426	2-溴戊烷	仲戊基溴;溴代仲戊烷	107-81-3	
2427	2-溴乙醇		540-51-2	
2428	2-溴乙基乙醚		592-55-2	
2429	溴乙酸	溴醋酸	79-08-3	
2430	溴乙酸甲酯	溴醋酸甲酯	96-32-2	
2431	溴乙酸叔丁酯	溴醋酸叔丁酯	5292-43-3	
2432	溴乙酸乙酯	溴醋酸乙酯	105-36-2	
2433	溴乙酸异丙酯	溴醋酸异丙酯	29921-57-1	
2434	溴乙酸正丙酯	溴醋酸正丙酯	35223-80-4	
2435	溴乙烷	乙基溴;溴代乙烷	74-96-4	
2436	溴乙烯[稳定的]	乙烯基溴	593-60-2	
2437	溴乙酰苯	苯甲酰甲基溴	70-11-1	

续表

序号	品　名	别　名	CAS 号	备注
2438	溴乙酰溴	溴化溴乙酰	598-21-0	
2439	β,β′-亚氨基二丙腈	双(β-氰基乙基)胺	111-94-4	
2440	亚氨基二亚苯	咔唑;9-氮杂芴	86-74-8	
2441	亚胺乙汞	埃米	2597-93-5	
2442	亚碲酸钠		10102-20-2	
2443	4,4′-亚甲基双苯胺	亚甲基二苯胺;4,4′-二氨基二苯基甲烷;防老剂 MDA	101-77-9	
2444	亚磷酸		13598-36-2	
2445	亚磷酸二丁酯		1809-19-4	
2446	亚磷酸二氢铅	二盐基亚磷酸铅	1344-40-7; 12141-20-7	
2447	亚磷酸三苯酯		101-02-0	
2448	亚磷酸三甲酯	三甲氧基磷	121-45-9	
2449	亚磷酸三乙酯		122-52-1	
2450	亚硫酸		7782-99-2	
2451	亚硫酸氢铵	酸式亚硫酸铵	10192-30-0	
2452	亚硫酸氢钙	酸式亚硫酸钙	13780-03-5	
2453	亚硫酸氢钾	酸式亚硫酸钾	7773-03-7	
2454	亚硫酸氢镁	酸式亚硫酸镁	13774-25-9	
2455	亚硫酸氢钠	酸式亚硫酸钠	7631-90-5	
2456	亚硫酸氢锌	酸式亚硫酸锌	15457-98-4	
2457	亚氯酸钙		14674-72-7	
2458	亚氯酸钠		7758-19-2	
	亚氯酸钠溶液[含有效氯>5%]			
2459	亚砷酸钡		125687-68-5	
2460	亚砷酸钙	亚砒酸钙	27152-57-4	剧毒
2461	亚砷酸钾	偏亚砷酸钾	10124-50-2	
2462	亚砷酸钠	偏亚砷酸钠	7784-46-5	
	亚砷酸钠水溶液			
2463	亚砷酸铅		10031-13-7	
2464	亚砷酸锶	原亚砷酸锶	91724-16-2	
2465	亚砷酸锑			

续表

序号	品　名	别　名	CAS 号	备注
2466	亚砷酸铁		63989-69-5	
2467	亚砷酸铜	亚砷酸氢铜	10290-12-7	
2468	亚砷酸锌		10326-24-6	
2469	亚砷酸银	原亚砷酸银	7784-08-9	
2470	亚硒酸		7783-00-8	
2471	亚硒酸钡		13718-59-7	
2472	亚硒酸钙		13780-18-2	
2473	亚硒酸钾		10431-47-7	
2474	亚硒酸铝		20960-77-4	
2475	亚硒酸镁		15593-61-0	
2476	亚硒酸钠	亚硒酸二钠	10102-18-8	
2477	亚硒酸氢钠	重亚硒酸钠	7782-82-3	剧毒
2478	亚硒酸铈		15586-47-7	
2479	亚硒酸铜		15168-20-4	
2480	亚硒酸银		28041-84-1	
2481	4-亚硝基-*N*,*N*-二甲基苯胺	对亚硝基二甲基苯胺;*N*,*N*-二甲基-4-亚硝基苯胺	138-89-6	
2482	4-亚硝基-*N*,*N*-二乙基苯胺	对亚硝基二乙基苯胺;*N*,*N*-二乙基-4-亚硝基苯胺	120-22-9	
2483	4-亚硝基苯酚	对亚硝基苯酚	104-91-6	
2484	*N*-亚硝基二苯胺	二苯亚硝胺	86-30-6	
2485	*N*-亚硝基二甲胺	二甲基亚硝胺	62-75-9	
2486	亚硝基硫酸	亚硝酰硫酸	7782-78-7	
2487	亚硝酸铵		13446-48-5	
2488	亚硝酸钡		13465-94-6	
2489	亚硝酸钙		13780-06-8	
2490	亚硝酸甲酯		624-91-9	
2491	亚硝酸钾		7758-09-0	
2492	亚硝酸钠		7632-00-0	
2493	亚硝酸镍		17861-62-0	
2494	亚硝酸锌铵		63885-01-8	
2495	亚硝酸乙酯		109-95-5	

续表

序号	品　名	别　名	CAS 号	备注
2496	亚硝酸乙酯醇溶液			
2497	亚硝酸异丙酯		541-42-4	
2498	亚硝酸异丁酯		542-56-3	
2499	亚硝酸异戊酯		110-46-3	
2500	亚硝酸正丙酯		543-67-9	
2501	亚硝酸正丁酯	亚硝酸丁酯	544-16-1	
2502	亚硝酸正戊酯	亚硝酸戊酯	463-04-7	
2503	亚硝酰氯	氯化亚硝酰	2696-92-6	
2504	1,2-亚乙基双二硫代氨基甲酸二钠	代森钠	142-59-6	
2505	氩[压缩的或液化的]		7440-37-1	
2506	烟碱氯化氢	烟碱盐酸盐	2820-51-1	
2507	盐酸	氢氯酸	7647-01-0	
2508	盐酸-1-萘胺	α-萘胺盐酸	552-46-5	
2509	盐酸-1-萘乙二胺	α-萘乙二胺盐酸	1465-25-4	
2510	盐酸-2-氨基酚	盐酸邻氨基酚	51-19-4	
2511	盐酸-2-萘胺	β-萘胺盐酸	612-52-2	
2512	盐酸-3,3′-二氨基联苯胺	3,3′-二氨基联苯胺盐酸;3,4,3′,4′-四氨基联苯盐酸;硒试剂	7411-49-6	
2513	盐酸-3,3′-二甲基-4,4′-二氨基联苯	邻二氨基二甲基联苯盐酸;3,3′-二甲基联苯胺盐酸	612-82-8	
2514	盐酸-3,3′-二甲氧基-4,4′-二氨基联苯	邻联二茴香胺盐酸;3,3′-二甲氧基联苯胺盐酸	20325-40-0	
2515	盐酸-3,3′-二氯联苯胺	3,3′-二氯联苯胺盐酸	612-83-9	
2516	盐酸-3-氯苯胺	盐酸间氯苯胺;橙色基 GC	141-85-5	
2517	盐酸-4,4′-二氨基联苯	盐酸联苯胺;联苯胺盐酸	531-85-1	
2518	盐酸-4-氨基-*N*,*N*-二乙基苯胺	*N*,*N*-二乙基对苯二胺盐酸;对氨基-*N*,*N*-二乙基苯胺盐酸	16713-15-8	
2519	盐酸-4-氨基酚	盐酸对氨基酚	51-78-5	
2520	盐酸-4-甲苯胺	对甲苯胺盐酸盐;盐酸-4-甲苯胺	540-23-8	
2521	盐酸苯胺	苯胺盐酸盐	142-04-1	
2522	盐酸苯肼	苯肼盐酸	27140-08-5	

续表

序号	品　名	别　名	CAS 号	备注
2523	盐酸邻苯二胺	邻苯二胺二盐酸盐;盐酸邻二氨基苯	615-28-1	
2524	盐酸间苯二胺	间苯二胺二盐酸盐;盐酸间二氨基苯	541-69-5	
2525	盐酸对苯二胺	对苯二胺二盐酸盐;盐酸对二氨基苯	624-18-0	
2526	盐酸马钱子碱	二甲氧基士的宁盐酸盐	5786-96-9	
2527	盐酸吐根碱	盐酸依米丁	316-42-7	剧毒
2528	氧[压缩的或液化的]		7782-44-7	
2529	氧化钡	一氧化钡	1304-28-5	
2530	氧化苯乙烯	环氧乙基苯	96-09-3	
2531	β,β'-氧化二丙腈	2,2′-二氰二乙基醚;3,3′-氧化二丙腈;双(2-氰乙基)醚	1656-48-0	
2532	氧化镉[非发火的]		1306-19-0	
2533	氧化汞	一氧化汞;黄降汞;红降汞	21908-53-2	剧毒
2534	氧化环己烯		286-20-4	
2535	氧化钾		12136-45-7	
2536	氧化钠		1313-59-3	
2537	氧化铍		1304-56-9	
2538	氧化铊	三氧化二铊	1314-32-5	
2539	氧化亚汞	黑降汞	15829-53-5	
2540	氧化亚铊	一氧化二铊	1314-12-1	
2541	氧化银		20667-12-3	
2542	氧氯化铬	氯化铬酰;二氯氧化铬;铬酰氯	14977-61-8	
2543	氧氯化硫	硫酰氯;二氯硫酰;磺酰氯	7791-25-5	
2544	氧氯化硒	氯化亚硒酰;二氯氧化硒	7791-23-3	
2545	氧氰化汞[减敏的]	氰氧化汞	1335-31-5	
2546	氧溴化磷	溴化磷酰;磷酰溴;三溴氧化磷	7789-59-5	
2547	腰果壳油	脱羧腰果壳液	8007-24-7	
2548	液化石油气	石油气[液化的]	68476-85-7	
2549	一氟乙酸对溴苯胺		351-05-3	剧毒
2550	一甲胺[无水]	氨基甲烷;甲胺	74-89-5	
	一甲胺溶液	氨基甲烷溶液;甲胺溶液		

<table>
<tr><th>序号</th><th>品 名</th><th>别 名</th><th>CAS 号</th><th>备注</th></tr>
<tr><td>2551</td><td>一氯丙酮</td><td>氯丙酮;氯化丙酮</td><td>78-95-5</td><td></td></tr>
<tr><td>2552</td><td>一氯二氟甲烷</td><td>R22;二氟一氯甲烷;氯二氟甲烷</td><td>75-45-6</td><td></td></tr>
<tr><td>2553</td><td>一氯化碘</td><td></td><td>7790-99-0</td><td></td></tr>
<tr><td>2554</td><td>一氯化硫</td><td>氯化硫</td><td>10025-67-9</td><td></td></tr>
<tr><td>2555</td><td>一氯三氟甲烷</td><td>R13</td><td>75-72-9</td><td></td></tr>
<tr><td>2556</td><td>一氯五氟乙烷</td><td>R115</td><td>76-15-3</td><td></td></tr>
<tr><td>2557</td><td>一氯乙醛</td><td>氯乙醛;2-氯乙醛</td><td>107-20-0</td><td></td></tr>
<tr><td>2558</td><td>一溴化碘</td><td></td><td>7789-33-5</td><td></td></tr>
<tr><td>2559</td><td>一氧化氮</td><td></td><td>10102-43-9</td><td></td></tr>
<tr><td>2560</td><td>一氧化氮和四氧化二氮混合物</td><td></td><td></td><td></td></tr>
<tr><td>2561</td><td>一氧化二氮[压缩的或液化的]</td><td>氧化亚氮;笑气</td><td>10024-97-2</td><td></td></tr>
<tr><td>2562</td><td>一氧化铅</td><td>氧化铅;黄丹</td><td>1317-36-8</td><td></td></tr>
<tr><td>2563</td><td>一氧化碳</td><td></td><td>630-08-0</td><td></td></tr>
<tr><td>2564</td><td>一氧化碳和氢气混合物</td><td>水煤气</td><td></td><td></td></tr>
<tr><td rowspan="2">2565</td><td>乙胺</td><td>氨基乙烷</td><td rowspan="2">75-04-7</td><td></td></tr>
<tr><td>乙胺水溶液[浓度 50%~70%]</td><td>氨基乙烷水溶液</td><td></td></tr>
<tr><td>2566</td><td>乙苯</td><td>乙基苯</td><td>100-41-4</td><td></td></tr>
<tr><td rowspan="2">2567</td><td>乙撑亚胺</td><td rowspan="2">吖丙啶;1-氮杂环丙烷;氮丙啶</td><td rowspan="2">151-56-4</td><td rowspan="2">剧毒</td></tr>
<tr><td>乙撑亚胺[稳定的]</td></tr>
<tr><td>2568</td><td>乙醇[无水]</td><td>无水酒精</td><td>64-17-5</td><td></td></tr>
<tr><td>2569</td><td>乙醇钾</td><td></td><td>917-58-8</td><td></td></tr>
<tr><td>2570</td><td>乙醇钠</td><td>乙氧基钠</td><td>141-52-6</td><td></td></tr>
<tr><td>2571</td><td>乙醇钠乙醇溶液</td><td>乙醇钠合乙醇</td><td></td><td></td></tr>
<tr><td>2572</td><td>1,2-乙二胺</td><td>1,2-二氨基乙烷;乙撑二胺</td><td>107-15-3</td><td></td></tr>
<tr><td>2573</td><td>乙二醇单甲醚</td><td>2-甲氧基乙醇;甲基溶纤剂</td><td>109-86-4</td><td></td></tr>
<tr><td>2574</td><td>乙二醇二乙醚</td><td>1,2-二乙氧基乙烷;二乙基溶纤剂</td><td>629-14-1</td><td></td></tr>
<tr><td>2575</td><td>乙二醇乙醚</td><td>2-乙氧基乙醇;乙基溶纤剂</td><td>110-80-5</td><td></td></tr>
<tr><td>2576</td><td>乙二醇异丙醚</td><td>2-异丙氧基乙醇</td><td>109-59-1</td><td></td></tr>
<tr><td>2577</td><td>乙二酸二丁酯</td><td>草酸二丁酯;草酸丁酯</td><td>2050-60-4</td><td></td></tr>
<tr><td>2578</td><td>乙二酸二甲酯</td><td>草酸二甲酯;草酸甲酯</td><td>553-90-2</td><td></td></tr>
</table>

续表

序号	品　名	别　名	CAS 号	备注
2579	乙二酸二乙酯	草酸二乙酯;草酸乙酯	95-92-1	
2580	乙二酰氯	氯化乙二酰;草酰氯	79-37-8	
2581	乙汞硫水杨酸钠盐	硫柳汞钠	54-64-8	
2582	2-乙基-1-丁醇	2-乙基丁醇	97-95-0	
2583	2-乙基-1-丁烯		760-21-4	
2584	*N*-乙基-1-萘胺	*N*-乙基-α-萘胺	118-44-5	
2585	*N*-(2-乙基-6-甲基苯基)-*N*-乙氧基甲基-氯乙酰胺	乙草胺	34256-82-1	
2586	*N*-乙基-*N*-(2-羟乙基)全氟辛基磺酰胺		1691-99-2	
2587	*O*-乙基-*O*-(3-甲基-4-甲硫基)苯基-*N*-异丙氨基磷酸酯	苯线磷	22224-92-6	
2588	*O*-乙基-*O*-(4-硝基苯基)苯基硫代膦酸酯[含量>15%]	苯硫膦	2104-64-5	剧毒
2589	*O*-乙基-*O*-[(2-异丙氧基酰基)苯基]-*N*-异丙基硫代磷酰胺	异柳磷	25311-71-1	
2590	*O*-乙基-*O*-2,4,5-三氯苯基-乙基硫代膦酸酯	*O*-乙基-*O*-2,4,5-三氯苯基-乙基硫代膦酸酯;毒壤膦	327-98-0	
2591	*O*-乙基-*S*,*S*-二苯基二硫代磷酸酯	敌瘟磷	17109-49-8	
2592	*O*-乙基-*S*,*S*-二丙基二硫代磷酸酯	灭线磷	13194-48-4	
2593	*O*-乙基-*S*-苯基乙基二硫代膦酸酯[含量>6%]	地虫硫膦	944-22-9	剧毒
2594	2-乙基苯胺	邻乙基苯胺;邻氨基乙苯	578-54-1	
2595	*N*-乙基苯胺		103-69-5	
2596	乙基苯基二氯硅烷		1125-27-5	
2597	2-乙基吡啶		100-71-0	
2598	3-乙基吡啶		536-78-7	
2599	4-乙基吡啶		536-75-4	
2600	乙基丙基醚	乙丙醚	628-32-0	
2601	1-乙基丁醇	3-己醇	623-37-0	
2602	2-乙基丁醛	二乙基乙醛	97-96-1	

续表

序号	品　名	别　名	CAS 号	备注
2603	*N*-乙基对甲苯胺	乙氨基对甲苯	622-57-1	
2604	乙基二氯硅烷		1789-58-8	
2605	乙基二氯胂	二氯化乙基胂	598-14-1	
2606	乙基环己烷		1678-91-7	
2607	乙基环戊烷		1640-89-7	
2608	2-乙基己胺	3-(氨基甲基)庚烷	104-75-6	
2609	乙基己醛		123-05-7	
2610	3-乙基己烷		619-99-8	
2611	*N*-乙基间甲苯胺	乙氨基间甲苯	102-27-2	
2612	乙基硫酸	酸式硫酸乙酯	540-82-9	
2613	*N*-乙基吗啉	*N*-乙基四氢-1,4-噁嗪	100-74-3	
2614	*N*-乙基哌啶	*N*-乙基六氢吡啶;1-乙基哌啶	766-09-6	
2615	*N*-乙基全氟辛基磺酰胺		4151-50-2	
2616	乙基三氯硅烷	三氯乙基硅烷	115-21-9	
2617	乙基三乙氧基硅烷	三乙氧基乙基硅烷	78-07-9	
2618	3-乙基戊烷		617-78-7	
2619	乙基烯丙基醚	烯丙基乙基醚	557-31-3	
2620	*S*-乙基亚磺酰甲基-*O*,*O*-二异丙基二硫代磷酸酯	丰丙磷	5827-05-4	
2621	乙基正丁基醚	乙氧基丁烷;乙丁醚	628-81-9	
2622	乙腈	甲基氰	75-05-8	
2623	乙硫醇	氢硫基乙烷;巯基乙烷	75-08-1	
2624	2-乙硫基苄基 *N*-甲基氨基甲酸酯	乙硫苯威	29973-13-5	
2625	乙醚	二乙基醚	60-29-7	
2626	乙硼烷	二硼烷	19287-45-7	剧毒
2627	乙醛		75-07-0	
2628	乙醛肟	亚乙基羟胺;亚乙基胲	107-29-9	
2629	乙炔	电石气	74-86-2	
2630	乙酸[含量>80%]	醋酸	64-19-7	
	乙酸溶液[10%<含量≤80%]	醋酸溶液		
2631	乙酸钡	醋酸钡	543-80-6	

续表

序号	品　名	别　名	CAS 号	备注
2632	乙酸苯胺	醋酸苯胺	542-14-3	
2633	乙酸苯汞		62-38-4	
2634	乙酸酐	醋酸酐	108-24-7	
2635	乙酸汞	乙酸高汞;醋酸汞	1600-27-7	剧毒
2636	乙酸环己酯	醋酸环己酯	622-45-7	
2637	乙酸甲氧基乙基汞	醋酸甲氧基乙基汞	151-38-2	剧毒
2638	乙酸甲酯	醋酸甲酯	79-20-9	
2639	乙酸间甲酚酯	醋酸间甲酚酯	122-46-3	
2640	乙酸铍	醋酸铍	543-81-7	
2641	乙酸铅	醋酸铅	301-04-2	
2642	乙酸三甲基锡	醋酸三甲基锡	1118-14-5	剧毒
2643	乙酸三乙基锡	三乙基乙酸锡	1907-13-7	剧毒
2644	乙酸叔丁酯	醋酸叔丁酯	540-88-5	
2645	乙酸烯丙酯	醋酸烯丙酯	591-87-7	
2646	乙酸亚汞		631-60-7	
2647	乙酸亚铊	乙酸铊;醋酸铊	563-68-8	
2648	乙酸乙二醇乙醚	乙酸乙基溶纤剂;乙二醇乙醚乙酸酯;2-乙氧基乙酸乙酯	111-15-9	
2649	乙酸乙基丁酯	醋酸乙基丁酯;乙基丁基乙酸酯	10031-87-5	
2650	乙酸乙烯酯[稳定的]	乙烯基乙酸酯;醋酸乙烯酯	108-05-4	
2651	乙酸乙酯	醋酸乙酯	141-78-6	
2652	乙酸异丙烯酯	醋酸异丙烯酯	108-22-5	
2653	乙酸异丙酯	醋酸异丙酯	108-21-4	
2654	乙酸异丁酯	醋酸异丁酯	110-19-0	
2655	乙酸异戊酯	醋酸异戊酯	123-92-2	
2656	乙酸正丙酯	醋酸正丙酯	109-60-4	
2657	乙酸正丁酯	醋酸正丁酯	123-86-4	
2658	乙酸正己酯	醋酸正己酯	142-92-7	
2659	乙酸正戊酯	醋酸正戊酯	628-63-7	
2660	乙酸仲丁酯	醋酸仲丁酯	105-46-4	
2661	乙烷		74-84-0	
2662	乙烯		74-85-1	

续表

序号	品　名	别　名	CAS 号	备注
2663	乙烯(2-氯乙基)醚	(2-氯乙基)乙烯醚	110-75-8	
2664	4-乙烯-1-环己烯	4-乙烯基环己烯	100-40-3	
2665	乙烯砜	二乙烯砜	77-77-0	剧毒
2666	2-乙烯基吡啶		100-69-6	
2667	4-乙烯基吡啶		100-43-6	
2668	乙烯基甲苯异构体混合物[稳定的]		25013-15-4	
2669	4-乙烯基间二甲苯	2,4-二甲基苯乙烯	1195-32-0	
2670	乙烯基三氯硅烷[稳定的]	三氯乙烯硅烷	75-94-5	
2671	*N*-乙烯基乙撑亚胺	*N*-乙烯基氮丙环	5628-99-9	剧毒
2672	乙烯基乙醚[稳定的]	乙基乙烯醚;乙氧基乙烯	109-92-2	
2673	乙烯基乙酸异丁酯		24342-03-8	
2674	乙烯三乙氧基硅烷	三乙氧基乙烯硅烷	78-08-0	
2675	*N*-乙酰对苯二胺	对氨基苯乙酰胺;对乙酰氨基苯胺	122-80-5	
2676	乙酰过氧化磺酰环己烷[含量≤32%,含B型稀释剂≥68%]	过氧化乙酰磺酰环己烷	3179-56-4	
	乙酰过氧化磺酰环己烷[含量≤82%,含水≥12%]			
2677	乙酰基乙烯酮[稳定的]	双烯酮;二乙烯酮	674-82-8	
2678	3-(α-乙酰甲基苄基)-4-羟基香豆素	杀鼠灵	81-81-2	
2679	乙酰氯	氯化乙酰	75-36-5	
2680	乙酰替硫脲	1-乙酰硫脲	591-08-2	
2681	乙酰亚砷酸铜	巴黎绿;祖母绿;醋酸亚砷酸铜;翡翠绿;帝绿;苔绿;维也纳绿;草地绿;翠绿	12002-03-8	
2682	2-乙氧基苯胺	邻氨基苯乙醚;邻乙氧基苯胺	94-70-2	
2683	3-乙氧基苯胺	间乙氧基苯胺;间氨基苯乙醚	621-33-0	
2684	4-乙氧基苯胺	对乙氧基苯胺;对氨基苯乙醚	156-43-4	
2685	1-异丙基-3-甲基吡唑-5-基*N*,*N*-二甲基氨基甲酸酯[含量>20%]	异索威	119-38-0	剧毒

序号	品　名	别　名	CAS 号	备注
2686	3-异丙基-5-甲基苯基 *N*-甲基氨基甲酸酯	猛杀威	2631-37-0	
2687	*N*-异丙基-*N*-苯基-氯乙酰胺	毒草胺	1918-16-7	
2688	异丙基苯	枯烯;异丙苯	98-82-8	
2689	3-异丙基苯基-*N*-氨基甲酸甲酯	间异丙威	64-00-6	
2690	异丙基异丙苯基氢过氧化物[含量≤72%,含 A 型稀释剂≥28%]	过氧化氢二异丙苯	26762-93-6	
2691	异丙硫醇	硫代异丙醇;2-巯基丙烷	75-33-2	
2692	异丙醚	二异丙基醚	108-20-3	
2693	异丙烯基乙炔		78-80-8	
2694	异丁胺	1-氨基-2-甲基丙烷	78-81-9	
2695	异丁基苯	异丁苯	538-93-2	
2696	异丁基环戊烷		3788-32-7	
2697	异丁基乙烯基醚[稳定的]	乙烯基异丁醚;异丁氧基乙烯	109-53-5	
2698	异丁腈	异丙基氰	78-82-0	
2699	异丁醛	2-甲基丙醛	78-84-2	
2700	异丁酸	2-甲基丙酸	79-31-2	
2701	异丁酸酐	异丁酐	97-72-3	
2702	异丁酸甲酯		547-63-7	
2703	异丁酸乙酯		97-62-1	
2704	异丁酸异丙酯		617-50-5	
2705	异丁酸异丁酯		97-85-8	
2706	异丁酸正丙酯		644-49-5	
2707	异丁烷	2-甲基丙烷	75-28-5	
2708	异丁烯	2-甲基丙烯	115-11-7	
2709	异丁酰氯	氯化异丁酰	79-30-1	
2710	异佛尔酮二异氰酸酯		4098-71-9	
2711	异庚烯		68975-47-3	
2712	异己烯		27236-46-0	
2713	异硫氰酸-1-萘酯		551-06-4	
2714	异硫氰酸苯酯	苯基芥子油	103-72-0	

续表

序号	品　名	别　名	CAS号	备注
2715	异硫氰酸烯丙酯	人造芥子油；烯丙基异硫氰酸酯；烯丙基芥子油	57-06-7	
2716	异氰基乙酸乙酯		2999-46-4	
2717	异氰酸-3-氯-4-甲苯酯	3-氯-4-甲基苯基异氰酸酯	28479-22-3	
2718	异氰酸苯酯	苯基异氰酸酯	103-71-9	剧毒
2719	异氰酸对硝基苯酯	对硝基苯异氰酸酯；异氰酸-4硝基苯酯	100-28-7	
2720	异氰酸对溴苯酯	4-溴异氰酸苯酯	2493-02-9	
2721	异氰酸二氯苯酯	3,4-二氯苯基异氰酸酯	102-36-3	
2722	异氰酸环己酯	环己基异氰酸酯	3173-53-3	
2723	异氰酸甲酯	甲基异氰酸酯	624-83-9	剧毒
2724	异氰酸三氟甲苯酯	三氟甲苯异氰酸酯	329-01-1	
2725	异氰酸十八酯	十八异氰酸酯	112-96-9	
2726	异氰酸叔丁酯		1609-86-5	
2727	异氰酸乙酯	乙基异氰酸酯	109-90-0	
2728	异氰酸异丙酯		1795-48-8	
2729	异氰酸异丁酯		1873-29-6	
2730	异氰酸正丙酯		110-78-1	
2731	异氰酸正丁酯		111-36-4	
2732	异山梨醇二硝酸酯混合物［含乳糖、淀粉或磷酸≥60%］	混合异山梨醇二硝酸酯		
2733	异戊胺	1-氨基-3-甲基丁烷	107-85-7	
2734	异戊醇钠	异戊氧基钠	19533-24-5	
2735	异戊腈	氰化异丁烷	625-28-5	
2736	异戊酸甲酯		556-24-1	
2737	异戊酸乙酯		108-64-5	
2738	异戊酸异丙酯		32665-23-9	
2739	异戊酰氯		108-12-3	
2740	异辛烷		26635-64-3	
2741	异辛烯		5026-76-6	
2742	萤蒽		206-44-0	
2743	油酸汞		1191-80-6	
2744	淤渣硫酸			

续表

序号	品　名	别　名	CAS 号	备注
2745	原丙酸三乙酯	原丙酸乙酯;1,1,1-三乙氧基丙烷	115-80-0	
2746	原甲酸三甲酯	原甲酸甲酯;三甲氧基甲烷	149-73-5	
2747	原甲酸三乙酯	三乙氧基甲烷;原甲酸乙酯	122-51-0	
2748	原乙酸三甲酯	1,1,1-三甲氧基乙烷	1445-45-0	
2749	月桂酸三丁基锡		3090-36-6	
2750	杂戊醇	杂醇油	8013-75-0	
2751	樟脑油	樟木油	8008-51-3	
2752	锗烷	四氢化锗	7782-65-2	
2753	赭曲毒素	棕曲霉毒素	37203-43-3	
2754	赭曲毒素 A	棕曲霉毒素 A	303-47-9	
2755	正丙苯	丙苯;丙基苯	103-65-1	
2756	正丙基环戊烷		2040-96-2	
2757	正丙硫醇	1-巯基丙烷;硫代正丙醇	107-03-9	
2758	正丙醚	二正丙醚	111-43-3	
2759	正丁胺	1-氨基丁烷	109-73-9	
2760	*N*-(1-正丁氨基甲酰基-2-苯并咪唑基)氨基甲酸甲酯	苯菌灵	17804-35-2	
2761	正丁醇		71-36-3	
2762	正丁基苯		104-51-8	
2763	*N*-正丁基苯胺		1126-78-9	
2764	正丁基环戊烷		2040-95-1	
2765	*N*-正丁基咪唑	*N*-正丁基-1,3-二氮杂茂	4316-42-1	
2766	正丁基乙烯基醚[稳定的]	正丁氧基乙烯;乙烯正丁醚	111-34-2	
2767	正丁腈	丙基氰	109-74-0	
2768	正丁硫醇	1-硫代丁醇	109-79-5	
2769	正丁醚	氧化二丁烷;二丁醚	142-96-1	
2770	正丁醛		123-72-8	
2771	正丁酸	丁酸	107-92-6	
2772	正丁酸甲酯		623-42-7	
2773	正丁酸乙烯酯[稳定的]	乙烯基丁酸酯	123-20-6	
2774	正丁酸乙酯		105-54-4	
2775	正丁酸异丙酯		638-11-9	

续表

序号	品　名	别　名	CAS 号	备注
2776	正丁酸正丙酯		105-66-8	
2777	正丁酸正丁酯	丁酸正丁酯	109-21-7	
2778	正丁烷	丁烷	106-97-8	
2779	正丁酰氯	氯化丁酰	141-75-3	
2780	正庚胺	氨基庚烷	111-68-2	
2781	正庚醛		111-71-7	
2782	正庚烷	庚烷	142-82-5	
2783	正硅酸甲酯	四甲氧基硅烷;硅酸四甲酯;原硅酸甲酯	681-84-5	
2784	正癸烷		124-18-5	
2785	正己胺	1-氨基己烷	111-26-2	
2786	正己醛		66-25-1	
2787	正己酸甲酯		106-70-7	
2788	正己酸乙酯		123-66-0	
2789	正己烷	己烷	110-54-3	
2790	正磷酸	磷酸	7664-38-2	
2791	正戊胺	1-氨基戊烷	110-58-7	
2792	正戊酸	戊酸	109-52-4	
2793	正戊酸甲酯		624-24-8	
2794	正戊酸乙酯		539-82-2	
2795	正戊酸正丙酯		141-06-0	
2796	正戊烷	戊烷	109-66-0	
2797	正辛腈	庚基氰	124-12-9	
2798	正辛硫醇	巯基辛烷	111-88-6	
2799	正辛烷		111-65-9	
2800	支链-4-壬基酚		84852-15-3	
2801	仲丁胺	2-氨基丁烷	13952-84-6	
2802	2-仲丁基-4,6-二硝基苯基-3-甲基丁-2-烯酸酯	乐杀螨	485-31-4	
2803	2-仲丁基-4,6-二硝基酚	二硝基仲丁基苯酚;4,6-二硝基-2-仲丁基苯酚;地乐酚	88-85-7	
2804	仲丁基苯	仲丁苯	135-98-8	
2805	仲高碘酸钾	仲过碘酸钾;一缩原高碘酸钾	14691-87-3	

续表

序号	品　名	别　名	CAS 号	备注
2806	仲高碘酸钠	仲过碘酸钠;一缩原高碘酸钠	13940-38-0	
2807	仲戊胺	1-甲基丁胺	625-30-9	
2808	2-重氮-1-萘酚-4-磺酸钠		64173-96-2	
2809	2-重氮-1-萘酚-5-磺酸钠		2657-00-3	
2810	2-重氮-1-萘酚-4-磺酰氯		36451-09-9	
2811	2-重氮-1-萘酚-5-磺酰氯		3770-97-6	
2812	重氮氨基苯	三氮二苯;苯氨基重氮苯	136-35-6	
2813	重氮甲烷		334-88-3	
2814	重氮乙酸乙酯	重氮醋酸乙酯	623-73-4	
2815	重铬酸铵	红矾铵	7789-09-5	
2816	重铬酸钡		13477-01-5	
2817	重铬酸钾	红矾钾	7778-50-9	
2818	重铬酸锂		13843-81-7	
2819	重铬酸铝			
2820	重铬酸钠	红矾钠	10588-01-9	
2821	重铬酸铯		13530-67-1	
2822	重铬酸铜		13675-47-3	
2823	重铬酸锌		14018-95-2	
2824	重铬酸银		7784-02-3	
2825	重质苯			
2826	D-苧烯		5989-27-5	
2827	左旋溶肉瘤素	左旋苯丙氨酸氮芥;米尔法兰	148-82-3	
2828	含易燃溶剂的合成树脂、油漆、辅助材料、涂料等制品[闭杯闪点≤60℃]			

注:(1) A 型稀释剂是指与有机过氧化物相容、沸点不低于 150℃的有机液体。A 型稀释剂可用来对所有有机过氧化物进行退敏。

(2) B 型稀释剂是指与有机过氧化物相容、沸点低于 150℃但不低于 60℃、闪点不低于 5℃的有机液体。B 型稀释剂可用来对所有有机过氧化物进行退敏,但沸点必须至少比 50 千克包件的自加速分解温度高 60℃。

(3) 条目 2828,闪点高于 35℃,但不超过 60℃的液体如果在持续燃烧性试验中得到否定结果,则可将其视为非易燃液体,不作为易燃液体管理。

国家安全监管总局关于
加强化工安全仪表系统管理的指导意见

安监总管三〔2014〕116号

各省、自治区、直辖市及新疆生产建设兵团安全生产监督管理局，有关中央企业：

为加强化工安全仪表系统管理，防止和减少危险化学品事故发生，现提出以下指导意见：

一、充分认识加强化工安全仪表系统管理工作的重要性

（一）化工安全仪表系统（SIS）包括安全联锁系统、紧急停车系统和有毒有害、可燃气体及火灾检测保护系统等。安全仪表系统独立于过程控制系统（例如分散控制系统等），生产正常时处于休眠或静止状态，一旦生产装置或设施出现可能导致安全事故的情况时，能够瞬间准确动作，使生产过程安全停止运行或自动导入预定的安全状态，必须有很高的可靠性（即功能安全）和规范的维护管理，如果安全仪表系统失效，往往会导致严重的安全事故，近年来发达国家发生的重大化工（危险化学品）事故大都与安全仪表失效或设置不当有关。根据安全仪表功能失效产生的后果及风险，将安全仪表功能划分为不同的安全完整性等级（SIL1-4，最高为4级）。不同等级安全仪表回路在设计、制造、安装调试和操作维护方面技术要求不同。

目前，我国安全仪表系统及其相关安全保护措施在设计、安装、操作和维护管理等生命周期各阶段，还存在危险与风险分析不足、设计选型不当、冗余容错结构不合理、缺乏明确的检验测试周期、预防性维护策略针对性不强等问题，规范安全仪表系统管理工作亟待加强。随着我国化工装置、危险化学品储存设施规模大型化、生产过程自动化水平逐步提高，同步加强和规范安全仪表系统管理，十分紧迫和必要。

二、加强化工安全仪表系统管理的基础工作

（二）加快安全仪表系统功能安全相关技术和管理人才的培养。化工设计、施工单位和危险化学品生产、储存单位要组织对相关负责人、工艺和仪表等工程技术人员开展安全仪表专业培训，普及功能安全相关知识，学习有关标准规范。要针对安全仪表系统全生命周期不同的环节，分别对设计、安装调试和操作维护管理人员进行具有针对性的培训，使相关人员熟练掌握安全仪表系统、风险分析和控制、风险降低等相关专业技术。各化工设计单位要利用一年左右的时间，培养一支胜任安全仪表系统功能安全设计的技术骨干队伍。涉及“两重点一重大”(即重点监管危险化学品、重点监管危险化工工艺和危险化学品重大危险源)在役生产装置的化工企业和危险化学品储存单位要加快人才培养工作，培养一批具备专业技术能力、掌握相关标准规范的工程技术人员，满足开展和加强化工安全仪表系统功能安全管理工作的需要。

(三) 进一步完善化工安全仪表系统技术标准和认证体系。加快制修订化工安全仪表系统技术标准体系。要组织研究、规划我国化工功能安全技术标准体系，有关部门和单位要制定工作计划，组织制定符合我国化工行业企业安全发展现状的功能安全相关技术标准及应用指南。推动形成并完善符合中国国情的功能安全认证体制机制。依据《电气\电子\可编程电子安全相关系统的功能安全》(GB/T 20438)和《过程工业领域安全仪表系统的功能安全》(GB/T 21109)，逐步建立相关人员、产品以及组织机构功能安全认证服务体系。

三、进一步加强安全仪表系统全生命周期的管理

(四) 设计安全仪表系统之前要明确安全仪表系统过程安全要求、设计意图和依据。要通过过程危险分析，充分辨识危险与危险事件，科学确定必要的安全仪表功能，并根据国家法律法规和标准规范对安全风险进行评估，确定必要的风险降低要求。根据所有安全仪表功能的功能性和完整性要求，编制安全仪表系统安全要求技术文件。

(五) 规范化工安全仪表系统的设计。严格按照安全仪表系统安全要求技术文件设计与实现安全仪表功能。通过仪表设备合理选择、结构约束(冗余容错)、检验测试周期以及诊断技术等手段，优化安全仪表功能设计，确保实现风险降低要求。要合理确定安全仪表功能(或子系统)检验测试周期，需要在线测试时，必须设计在线测试手段与相关措施。详细设计阶段要明确每个安全仪表功能(或子系统)的检验测试周期和测试方法等要求。

(六) 严格安全仪表系统的安装调试和联合确认。应制定完善的安装调试与联合确认计划并保证有效实施，详细记录调试(单台仪表调试与回路调试)、确认的过程和结果，并建立管理档案。施工单位按照设计文件安装调试完成后，企业在投运前应依据国家法律法规、标准规范、行业和企业安全管理规定以及安全要求技术文件，组织对安全仪表系统进行审查和联合确认，确保安全仪表功能具备既定的功能和满足完整性要求，具备安全投用条件。

(七) 加强化工企业安全仪表系统操作和维护管理。化工企业要编制安全仪表系统操作维护计划和规程，保证安全仪表系统能够可靠执行所有安全仪表功能，实现功能安全。

要按照符合安全完整性要求的检验测试周期，对安全仪表功能进行定期全面检验测试，并详细记录测试过程和结果。要加强安全仪表系统相关设备故障管理(包括设备失效、联锁动作、误动作情况等)和分析处理，逐步建立相关设备失效数据库。要规范安全仪表系统相关设备选用，建立安全仪表设备准入和评审制度以及变更审批制度，并根据企业应用和设备失效情况不断修订完善。

(八) 逐步完善安全仪表系统管理制度和内部规范。企业要制定和完善安全仪表系统相关管理制度或企业内部技术规范，把功能安全管理融入企业安全管理体系，不断提升过程安全管理水平。

四、高度重视其他相关仪表保护措施管理

(九) 加强过程报警管理，制定企业报警管理制度并严格执行。与安全仪表功能安全完整性要求相关的报警可以参照安全仪表功能进行管理和检验测试。

(十) 加强基本过程控制系统的管理，与安全完整性要求相关的控制回路，参照安全仪表功能进行管理和检验测试，并保证自动控制回路的投用率。

(十一) 严格按照相关标准设计和实施有毒有害和可燃气体检测保护系统，为确保其功能可靠，相关系统应独立于基本过程控制系统。

五、从源头加快规范新建项目安全仪表系统管理工作

(十二) 从2016年1月1日起，大型和外商独资合资等具备条件的化工企业新建涉及“两重点一重大”的化工装置和危险化学品储存设施，要按照本指导意见的要求设计符合相关标准规定的安全仪表系统。

(十三) 从2018年1月1日起，所有新建涉及“两重点一重大”的化工装置和危险化学品储存设施要设计符合要求的安全仪表系统。其他新建化工装置、危险化学品储存设施安全仪表系统，从2020年1月1日起，应执行功能安全相关标准要求，设计符合要求的安全仪表系统。

六、积极推进在役安全仪表系统评估工作

(十四) 涉及“两重点一重大”在役生产装置或设施的化工企业和危险化学品储存单位，要在全面开展过程危险分析(如危险与可操作性分析)基础上，通过风险分析确定安全仪表功能及其风险降低要求，并尽快评估现有安全仪表功能是否满足风险降低要求。

(十五) 企业应在评估基础上，制定安全仪表系统管理方案和定期检验测试计划。对于不满足要求的安全仪表功能，要制定相关维护方案和整改计划，2019年底前完成安全仪表系统评估和完善工作。其他化工装置、危险化学品储存设施，要参照本意见要求实施。

七、工作要求

(十六) 各有关企业和单位要按照相关法律法规、标准规范及本指导意见的要求，完善企业安全仪表系统管理制度和体系，加大资金投入，保障新建装置安全仪表系统达到功能安全标准的要求。对在役装置安全仪表系统不满足功能安全要求的，要列入整改计划限期整改，努力消除潜在的事故隐患，降低事故风险，遏制事故发生，切实提升企业本质安全水平。

（十七）地方各级安全监管部门要尽快开展调查研究，制定工作目标，确定试点单位，明确进度要求，指导和督促企业加强化工过程安全仪表系统及其相关安全保护措施的管理。要将安全仪表系统功能安全评估、安全仪表系统管理制度落实、人员培训开展等情况纳入安全监督检查内容。省级安全监管局要每年汇总相关检查情况，并于每年 2 月底前报送国家安全监管总局监管三司。

请各省级安全监管局及时将本指导意见精神传达至本辖区各级安全监管部门及有关企业和设计单位。

国家安全监管总局

2014 年 11 月 13 日

国家安全监管总局关于加强化工企业泄漏管理的指导意见

安监总管三〔2014〕94号

各省、自治区、直辖市及新疆生产建设兵团安全生产监督管理局，有关中央企业：

为进一步加强化工企业安全生产基础工作，推动企业落实安全生产主体责任，有效预防和控制泄漏，防止和减少由泄漏引起的事故，提升企业本质安全水平，现提出以下意见：

一、充分认识加强泄漏管理的意义

（一）加强泄漏管理是确保化工企业安全生产的必然要求。化工企业生产工艺过程复杂，工艺条件苛刻，设备管道种类和数量多，工艺波动、违规操作、使用不当、设备失效、缺乏正确维护等情况均可造成易燃易爆、有毒有害介质泄漏，从而导致事故发生。

（二）加强泄漏管理是预防事故发生的有效措施。泄漏是引起化工企业火灾、爆炸、中毒事故的主要原因，要树立“泄漏就是事故”的理念，从源头上预防和控制泄漏，减少作业人员接触有毒有害物质，提升化工企业本质安全水平。

二、化工企业泄漏表现形式和管理的主要内容

（三）化工企业泄漏的表现形式。化工生产过程中的泄漏主要包括易挥发物料的逸散性泄漏和各种物料的源设备泄漏两种形式。逸散性泄漏主要是易挥发物料从装置的阀门、法兰、机泵、人孔、压力管道焊接处等密闭系统密封处发生非预期或隐蔽泄漏；源设备泄漏主要是物料非计划、不受控制地以泼溅、渗漏、溢出等形式从储罐、管道、容器、槽车及其他用于转移物料的设备进入周围空间，产生无组织形式排放(设备失效泄漏是源设备泄漏的主要表现形式)。

（四）化工企业泄漏管理的主要内容。化工泄漏管理主要包括泄漏检测与维修和源设备泄漏管理两个方面。要通过预防性、周期性的泄漏检测发现早期泄漏并及时处理，避免泄漏发展为事故。泄漏检测与维修管理工作包括：配备监测仪器、培训监测人员、建立泄漏检测目录、编制泄漏检测与维修计划、验证维修效果等。源设备泄漏管理工作包括：泄漏根原因的调查和处理、泄漏事件的评定和上报、泄漏率统计、泄漏绩效考核等。泄漏检测维修工作要实行PDCA循环(戴明环)管理方式。对所有的泄漏事件都要参照事故调查要求严格管理。

三、优化装置设计，从源头全面提升防泄漏水平

（五）优化设计以预防和控制泄漏。在设计阶段，要全面识别和评估泄漏风险，从源头采取措施控制泄漏危害。要尽可能选用先进的工艺路线，减少设备密封、管道连接等易泄漏点，降低操作压力、温度等工艺条件。在设备和管线的排放口、采样口等排放阀设计时，要通过加装盲板、丝堵、管帽、双阀等措施，减少泄漏的可能性，对存在剧毒及高毒类物质的工艺环节要采用密闭取样系统设计，有毒、可燃气体的安全泄压排放要采取密闭措施设计。

（六）优化设备选型。企业要严格按照规范标准进行设备选型，属于重点监控范围的工艺以及重点部位要按照最高标准规范要求选择。设计要考虑必要的操作裕度和弹性，以适应加工负荷变化的需要。要根据物料特性选用符合要求的优质垫片，以减少管道、设备密封泄漏。

新建和改扩建装置的管道、法兰、垫片、紧固件选型，必须符合安全规范和国家强制性标准的要求；压力容器与压力管道要严格按照国家标准要求进行检验。选型不符合现行安全规范和强制性标准要求的已建成装置，泄漏率符合规定的，企业要加强泄漏检测，监护运行；泄漏率不符合要求的，企业要限期整改。

（七）科学选择密封配件及介质。动设备选择密封介质和密封件时，要充分兼顾润滑、散热。使用水作为密封介质时，要加强水质和流速的检测。输送有毒、强腐蚀介质时，要选用密封油作为密封介质，同时要充分考虑针对密封介质侧大量高温热油泄漏时的收集、降温等防护措施，对于易汽化介质要采用双端面或串联干气密封。

（八）完善自动化控制系统。涉及重点监管危险化工工艺和危险化学品的生产装置，要按安全控制要求设置自动化控制系统、安全联锁或紧急停车系统和可燃及有毒气体泄漏检测报警系统。紧急停车系统、安全联锁保护系统要符合功能安全等级要求。危险化学品储存装置要采取相应的安全技术措施，如高、低液位报警和高高、低低液位联锁以及紧急切断装置等。

四、系统识别泄漏风险，规范工艺操作行为

（九）全面开展泄漏危险源辨识与风险评估。企业要依据有关标准、规范，组织工程技术和管理人员或委托具有相应资质的设计、评价等中介机构对可能存在的泄漏风险进行辨识与评估，结合企业实际设备失效数据或历史泄漏数据分析，对风险分析结果、设备失效数据或历史泄漏数据进行分析，辨识出可能发生泄漏的部位，结合设备类型、物料危险性、泄漏量对泄漏部位进行分级管理，提出具体防范措施。当工艺系统发生变更时，要及时分析变更可能导致的泄漏风险并采取相应措施。

（十）全面开展化工设备逸散性泄漏检测及维修。企业要根据逸散性泄漏检

测的有关标准、规范，定期对易发生逸散性泄漏的部位(如管道、设备、机泵等密封点)进行泄漏检测，排查出发生泄漏的设备要及时维修或更换。企业要实施泄漏检测及维修全过程管理，对维修后的密封进行验证，达到减少或消除泄漏的目的。

（十一）加强化工装置源设备泄漏管理，提升泄漏防护等级。企业要根据物料危险性和泄漏量对源设备泄漏进行分级管理、记录统计。对于发生的源设备泄漏事件要及时采取消除、收集、限制范围等措施，对于可能发生严重泄漏的设备，要采取第一时间能切断泄漏源的技术手段和防护性措施。企业要实施源设备泄漏事件处置的全过程管理，加强对生产现场的泄漏检查，努力降低各类泄漏事件发生率。

（十二）规范工艺操作行为，降低泄漏几率。操作人员要严格按操作规程进行操作，避免工艺参数大的波动。装置开车过程中，对高温设备要严格按升温曲线要求控制温升速度，按操作规程要求对法兰、封头等部件的螺栓进行逐级热紧；对低温设备要严格按降温曲线要求控制降温速度，按操作规程要求对法兰、封头等部件的螺栓进行逐级冷紧。要加强开停车和设备检修过程中泄漏检测监控工作。

（十三）加强泄漏管理培训。企业要开展涵盖全员的泄漏管理培训，不断增强员工的泄漏管理意识，掌握泄漏辨识和预防处置方法。新员工要接受泄漏管理培训后方能上岗。当工艺、设备发生变更时，要对相关人员及时培训。对负责设备泄漏检测和设备维修的员工进行泄漏管理专项培训。

五、建立健全泄漏管理制度

（十四）建立泄漏常态化管理机制。要根据企业实际情况制定泄漏管理的工作目标，制定工作计划，责任落实到人，保证资金投入，统筹安排、严格考核，将泄漏管理与工艺、设备、检修、隐患排查等管理相结合，并在岗位安全操作规程中体现查漏、消漏、动静密封点泄漏率控制等要求。

（十五）建立和完善泄漏管理责任制。建立健全并严格执行以企业主要负责人为第一责任人、分管负责人为责任人、相关部门及人员责任明确的泄漏管理责任制。

（十六）建立和不断完善泄漏检测、报告、处理、消除等闭环管理制度。建立定期检测、报告制度，对于装置中存在泄漏风险的部位，尤其是受冲刷或腐蚀容易减薄的物料管线，要根据泄漏风险程度制定相应的周期性测厚和泄漏检测计划，并定期将检测记录的统计结果上报给企业的生产、设备和安全管理部门，所有记录数据要真实、完整、准确。企业发现泄漏要立即处置、及时登记、尽快消除，不能立即处置的要采取相应的防范措施并建立设备泄漏台账，限期整改。加强对有关管理规定、操作规程、作业指导书和记录文件以及采用的检测和评估技术标准等泄漏管理文件的管理。

（十七）建立激励机制。企业要鼓励员工积极参与泄漏隐患排查、报告和治理工作，充分调动全体员工的积极性，实现全员参与。

六、全面加强泄漏应急处置能力

（十八）建立和完善化工装置泄漏报警系统。企业要按照《石油化工可燃气体和有毒气体检测报警设计规范》（GB 50493）和《工作场所有毒气体检测报警装置设置规范》（GBZ/T 223）等标准要求，在生产装置、储运、公用工程和其他可能发生有毒有害、易燃易爆物料泄漏的场所安装相关气体监测报警系统，重点场所还要安装视频监控设备。要将法定检验与企业自检相结合，现场检测报警装置要设置声光报警，保证报警系统的准确、可靠性。

（十九）建立规范、统一的报警信息记录和处理程序。操作人员接到报警信号后，要立即通过工艺条件和控制仪表变化判别泄漏情况，评估泄漏程度，并根据泄漏级别启动相应的应急处置预案。操作人员和管理人员要对报警及处理情况做好记录，并定期对所发生的各种报警和处理情况进行分析。

（二十）建立泄漏事故应急处置程序，有效控制泄漏后果。企业要充分辨识安全风险，完善应急预案，对于可能发生泄漏的密闭空间，应当编制专项应急预案并组织进行预案演练，完善事故处置物资储备。要设置符合国家标准规定的泄漏物料收集装置，对泄漏物料要妥善处置，如采取带压堵漏、快速封堵等安全技术措施。对于高风险、不能及时消除的泄漏，要果断停车处置。处置过程中要做好检测、防火防爆、隔离、警戒、疏散等相关工作。

七、强化考核

（二十一）加强泄漏管理内部审核。企业要对泄漏台账、目标责任书、作业文件、现场检测或检查记录等泄漏管理文件定期进行审核，对作业现场进行抽检抽查，核实检测或检查记录的可靠性，对泄漏管理系统进行内部审计。

（二十二）加强对泄漏管理的检查考核。企业要加强对泄漏管理过程、结果的检查考核，确保泄漏管理实现持续改进。企业要按泄漏控制目标的量化要求，对各部门和岗位的泄漏管理状况进行绩效考核。

化工企业要依据本指导意见，进一步落实安全生产主体责任，结合自身生产实际建立和完善泄漏管理制度，将泄漏管理与安全生产标准化和隐患排查治理工作相结合，积极开展泄漏预防与控制，提高泄漏管理水平。

地方各级安全监管部门要结合本地区实际，指导和推动化工企业贯彻落实本指导意见，促进化工企业安全生产。

国家安全监管总局

2014 年 8 月 29 日

国家安全监管总局关于进一步加强化学品罐区安全管理的通知

安监总管三〔2014〕68号

各省、自治区、直辖市及新疆生产建设兵团安全生产监督管理局，有关中央企业：

近年来，我国化学品罐区多次发生泄漏、火灾或爆炸事故，先后发生的大连中石油国际储运有限公司2010年“7·16”输油管道爆炸火灾、中石油大连石化公司三苯罐区2013年“6·2”爆炸火灾、中石化扬子石化公司2014年“6·9”酸性水储罐爆燃等事故造成了重大社会影响，暴露出部分企业化学品罐区在监测监控、设备设施管理、日常运行、特殊作业管理、承包商管理、安全设计等方面仍存在突出问题。为进一步加强化学品罐区安全管理，有效防范化学品罐区生产安全事故，现就有关事项通知如下：

一、进一步提高对加强化学品罐区安全管理的认识

化学品罐区化学品数量大、种类多，大多易燃易爆、有毒有害，一旦发生事故，极易给人民生命财产安全等造成严重危害或威胁。有关企业和地方各级安全监管部门要进一步提高对加强化学品罐区安全生产工作重要性的认识，切实落实企业安全生产主体责任，严格监督检查，及时排查消除各类隐患，切实强化化学品罐区安全生产工作。

二、进一步加强化学品罐区安全管理工作

（一）进一步完善化学品罐区监测监控设施。根据规范要求设置储罐高低液位报警，采用超高液位自动联锁关闭储罐进料阀门和超低液位自动联锁停止物料输送措施。确保易燃易爆、有毒有害气体泄漏报警系统完好可用。大型、液化气体及剧毒化学品等重点储罐要设置紧急切断阀。

（二）强化化学品罐区生产运行管理。正常操作时严禁内浮顶罐浮盘和物料之间形成空间，特殊情况下确需超低液位操作时，在恢复进料时，要确保进料流速小于限定流速，以防产生静电引发事故。出现液位高低位报警时，必须立即采取处理措施。上游装置波动时，要加强进罐区物料的分析检测，防止高温物料或轻组分进入储罐引发事故。对有装卸栈台的罐区要严格装卸作业管理和车辆管理，防止违规作业影响罐区安全。严格按变更管理要求，加强罐区变更管理。立即暂停使用多个化学品储罐尾气联通回收系统，经安全论证合格后方可投用。

（三）进一步加强化学品罐区内特殊作业管理。要进一步规范动火、进入受限空间等特殊作业管理及检维修管理，严格执行作业票审批制度，认真进行风险分析，严格隔离、置换(蒸煮)吹扫，严格检测可燃气体浓度，进入受限空间作业时，还要严格检测有毒气体浓度、受限空间氧含量，切实落实防范措施，强化过程监控。严禁以阀门代替盲板作为隔断措施，严禁对未经清洗置换的储罐进行动火作业。作业出现险情时，救援人员要佩戴好劳动防护用品，科学施救。要进一步加强承包商管理，严格承包商资质审核，加强承包商员工培训，做好作业交底和现场监护。

（四）加强化学品罐区设备设施管理。对化学品罐区设备设施要定期检查检测，确保储罐管线阀门、机泵等设备设施完好。加强化学品储罐腐蚀监控，定期清罐检查，发现腐蚀减薄及时处理。确保储罐安全附件和防雷、防静电、防汛设施及消防系统完好；有氮气保护设施的储罐要确保氮封系统完好在用。

（五）强化化学品罐区人员培训。加强储罐区管理和操作人员培训，确保掌握岗位安全风险和操作规程。确保操作人员能够正确使用劳动保护用品和应急防护器材，具备应急处置能力，特别是初期火灾的扑救能力和中毒窒息的科学施救能力。

（六）进一步强化化学品罐区源头管控。对未经正规设计的储罐区进行设计复核，按照有关标准规范，完善设备设施。可燃液体储罐要按单罐单堤的要求设置防火堤或防火隔堤。涉及重点监管危险化学品的罐区要定期进行危险与可操作性分析。

（七）进一步加大化学品罐区隐患排查整治力度。建立健全隐患排查治理制度，强化日常巡回检查，定期全面排查隐患，及时整治消除隐患。对2013年国务院安委会办公室组织开展的石油化工企业石油库和油气装卸码头安全专项检查中查出的问题进行“回头看”，确保各项隐患得到及时整治。

三、集中开展化学品罐区安全专项整治

国家安全监管总局定于2014年7月至12月集中开展化学品罐区安全专项整治，确保各项措施尽快落实到位。各有关企业和地区要根据本通知的七项具体要求，结合实际，进一步细化措施，逐项进行集中排查整治。企业要切实落实主体责任，2014年9月30日前完成自查整改工作，并形成书面报告，报当地安全监管部门。各地区要采取明察暗访等方式对本通知落实情况加强监督检查，及时督促企业认真开展整治工作，各省级安全监管部门要于2014年11月30日前将本地区专项整治情况书面报告国家安全监管总局。

国家安全监管总局将结合年度大检查对专项整治工作进行监督检查。

国家安全监管总局

2014年7月11日

国家安全生产监督管理总局公告

2014 年第 13 号

《危险化学品生产、储存装置个人可接受风险标准和社会可接受风险标准（试行）》已经2014 年4 月22 日国家安全生产监督管理总局局长办公会议审议通过，现予以公布。

国家安全监管总局

2014 年 5 月 7 日

危险化学品生产、储存装置个人可接受风险标准和社会可接受风险标准（试行）

一、适用范围

《危险化学品生产、储存装置个人可接受风险标准和社会可接受风险标准（试行）》（以下简称《可接受风险标准》）用于确定陆上危险化学品企业新建、改建、扩建和在役生产、储存装置的外部安全防护距离。

二、个人可接受风险标准

我国个人可接受风险标准值表

防护目标	个人可接受风险标准（概率值）	
	新建装置（每年）≤	在役装置（每年）≤
低密度人员场所（人数<30 人）：单个或少量暴露人员。	1×10^{-5}	3×10^{-5}
居住类高密度场所（30 人≤人数<100 人）：居民区、宾馆、度假村等。 公众聚集类高密度场所（30 人≤人数<100 人）：办公场所、商场、饭店、娱乐场所等。	3×10^{-6}	1×10^{-5}
高敏感场所：学校、医院、幼儿园、养老院、监狱等。 重要目标：军事禁区、军事管理区、文物保护单位等。 特殊高密度场所（人数≥100 人）：大型体育场、交通枢纽、露天市场、居住区、宾馆、度假村、办公场所、商场、饭店、娱乐场所等。	3×10^{-7}	3×10^{-6}

三、社会可接受风险标准

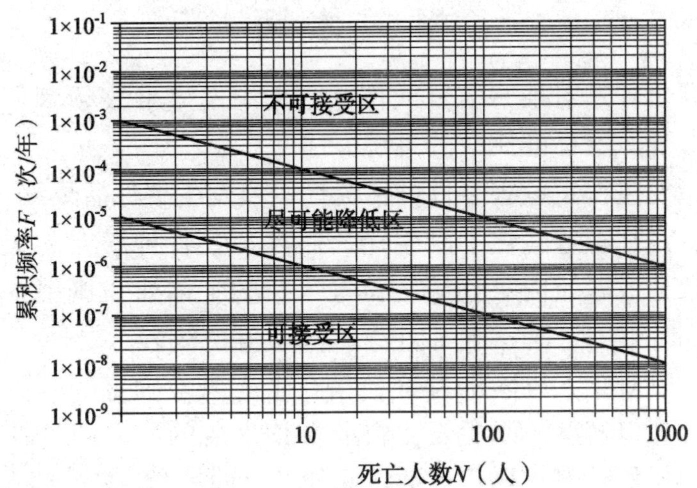

我国社会可接受风险标准图

附录：1. 相关术语

2. 危险化学品生产、储存装置外部安全防护距离推荐方法

附录 1

相关术语

定量风险评价：是对某一装置或作业活动中发生事故频率和后果进行定量分析，并与可接受风险标准比较的系统方法。

风险：是指发生特定危害事件的可能性以及发生事件后果严重性的结合。

个人风险：是指因危险化学品生产、储存装置各种潜在的火灾、爆炸、有毒气体泄漏事故造成区域内某一固定位置人员的个体死亡概率，即单位时间内(通常为一年)的个体死亡率。通常用个人风险等值线表示。

社会风险：是对个人风险的补充，指在个人风险确定的基础上，考虑到危险源周边区域的人口密度，以免发生群死群伤事故的概率超过社会公众的可接受范围。通常用累积频率和死亡人数之间的关系曲线(F-N 曲线)表示。

防护目标：指在发生危险化学品事故时，易造成群死群伤的危险化学品单位周边的人员密集场所或敏感场所，包括居民区、村镇、商业中心、公园、学校、医院、影剧院、体育场(馆)、养老院、车站等。

不可接受区：指风险不能被接受。

可接受区：指风险可以被接受，无需采取安全改进措施。

尽可能降低区：指需要尽可能采取安全措施，降低风险。

外部安全防护距离：是指危险化学品生产、储存装置危险源在发生火灾、爆炸、有毒气体泄漏时，为避免事故造成防护目标处人员伤亡而设定的安全防护距离。

附录 2

危险化学品生产、储存装置外部安全防护距离推荐方法

根据不同适用范围，一般采用事故后果计算法、定量风险评价法或危险指数法计算外部安全防护距离。

一、事故后果计算法

是以爆炸事故后果模型为基础，根据装置可能发生的最严重爆炸事故情景，计算确定外部安全防护距离的方法。

(一) 适用范围。

涉及爆炸品类危险化学品(如：硝酸铵、三硝基甲苯、硝基胍)的生产、储存装置。

(二) 计算步骤。

事故后果计算法确定外部安全防护距离的计算步骤如下：

1. 确定最严重事故情景。

参照《民用爆破器材工程设计安全规范》(GB 50089—2007)中第 3 条的有关规定，确定该生产、储存装置内能够发生同时爆炸的最大爆炸品量作为计算药量，选择计算药量同时发生爆炸的情景作为最严重事故情景进行后果计算。

2. 计算事故后果。

最严重事故情景下距爆炸点中心某距离处的冲击波超压可按下式计算：

$$\Delta p=14\frac{Q}{R^3}+4.3\frac{Q^{\frac{2}{3}}}{R^2}+1.1\frac{Q^{\frac{1}{3}}}{R} \tag{1}$$

式中 Δp——空气冲击波超压值，单位为 10^5 帕斯卡(Pa)；

Q——一次爆炸的梯恩梯(TNT)炸药当量，根据计算药量折算，单位为千克(kg)；

R——爆炸点距防护目标的距离，单位为米(m)。

3. 确定外部安全防护距离。

根据空气冲击波超压的安全允许强度(一般取 $\Delta p=0.02\times10^5$ Pa；可以影响建筑物玻璃破损的强度)，通过计算得出生产、储存装置与防护目标间的外部安全防护距离。

二、定量风险评价法

是对危险化学品生产、储存装置发生事故频率和后果进行定量分析和计算，以可接受风险标准确定外部安全防护距离的方法。

（一）适用范围。

危险化学品生产、储存装置符合下列情形之一的，应当选用定量风险评价法确定外部安全防护距离：

1. 涉及国家安全监管总局公布的重点监管的危险化工工艺的；

2. 构成一级、二级重大危险源，且涉及国家安全监管总局公布的重点监管的危险化学品的；

3. 构成重大危险源，且涉及毒性气体的。

但是危险化学品生产、储存装置符合《危险化学品重大危险源监督管理暂行规定》（国家安全监管总局令第 40 号）第九条规定的情形，按照《危险化学品重大危险源监督管理暂行规定》中规定的风险标准执行。

（二）计算步骤。

定量风险评价法确定外部安全防护距离的计算步骤如下：

1. 定量风险评价。

个人风险计算中的危害辨识和评价单元选择、失效场景分析、失效后果分析、个人风险计算和社会风险计算可参照《化工企业定量风险评价导则》（AQ/T 3046—2013）中有关规定执行。其中设备设施的失效场景频率及修正可参照《基于风险检验的基础方法》（SY/T 6714—2008）中有关规定执行。

2. 确定外部安全防护距离。

根据本公告公布的可接受风险标准，通过定量风险评价法得到生产、储存装置的个人可接受风险等值线及社会可接受风险图，以此确定该装置与防护目标的外部安全防护距离。

三、危险指数法

根据危险化学品的数量、性质、位置和生产类型，评估和计算危险化学品生产、储存装置的危险指数，并确定外部安全防护距离的方法。

（一）适用范围。

危险化学品生产、储存装置同时符合下列所有情形的，应当选用危险指数法确定外部安全防护距离：

1. 未列入国家安全监管总局公布的重点监管的危险化工工艺的；

2. 不涉及国家安全监管总局公布的重点监管危险化学品，或涉及重点监管的危险化学品但不构成一级、二级重大危险源的；

3. 涉及毒性气体但危险化学品生产、储存装置不构成重大危险源的。

（二）计算步骤。

危险指数法确定外部安全防护距离的流程图如图 1 所示：

计算步骤如下：

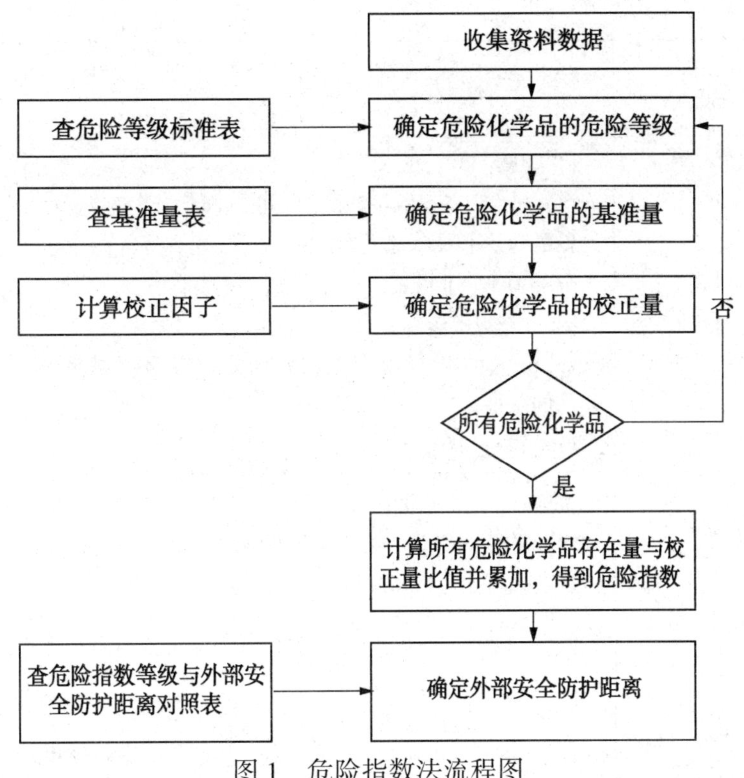

图 1　危险指数法流程图

1. 确定危险化学品的危险等级。

危险化学品的危险等级是按物理危险性(火灾/爆炸)或健康危害性(人员健康)进行的危险性分级。根据收集的危险化学品资料，通过查表 1，可得到其危险等级。

表 1　危险化学品的危险等级标准表

危险化学品	危险货物分类	说明	危险种类	危险等级
易燃气体	2.1	a）与空气的混合物按体积分数占 13%或更少时可点燃的气体； b）不论易燃下限如何，与空气混合，燃烧范围的体积分数至少为 12%的气体。	火灾爆炸	高
	2.1	易燃成分占 45%或更多的气溶胶。	火灾爆炸	高
	液化石油气（LPG）		火灾爆炸	中
易燃液体	3PG Ⅰ	闪点<23℃，初沸点≤35℃	火灾爆炸	高
	3PG Ⅱ	闪点<23℃，初沸点>35℃	火灾爆炸	高
	3PG Ⅲ	23℃≤闪点≤60℃	火灾爆炸	中
	可燃液体	60℃<闪点≤93℃	火灾爆炸	低

续表

危险化学品	危险货物分类	说明	危险种类	危险等级
液态退敏爆炸品	3 PG Ⅰ PG Ⅱ PG Ⅲ	a）物质： （i）列为液态退敏爆炸品，在联合国《关于危险货物运输的建议书-规章范本》（以下简称《规章范本》）中包装分类为Ⅰ、Ⅱ或Ⅲ； b）液态退敏爆炸品： （i）是一类爆炸品添加退敏剂形成液体，不再满足爆炸品的条件； （ii）没有列在《规章范本》中，没有包装分类。	火灾爆炸	高
易燃固体—易燃固体和摩擦易着火的固体	4.1(a) PG Ⅱ	按联合国《关于危险货物运输的建议书-试验和标准手册》（以下简称《试验和标准手册》），迅速燃烧或反应迅速或可能通过摩擦起火的物质。	火灾爆炸	中
	4.1(a) PG Ⅲ	按《试验和标准手册》相关测试方法测试，危险性比 4.1(a)PG Ⅱ低的物质。	火灾爆炸	低
自反应性物质	4.1(b) A 类 B 类	按《试验和标准手册》相关测试方法测试，会传播爆轰或快速爆燃或剧烈反应或热爆炸的热不稳定物质。	火灾爆炸	高
	4.1(b) C 类 D 类	按《试验和标准手册》相关测试方法测试，危险性比 4.1(b)A 类、B 类低的物质。	火灾爆炸	中
	4.1(b) E 类 F 类	按《试验和标准手册》相关测试方法测试，危险性比 4.1(b)C 类、D 类低的物质。	火灾爆炸	低
固体退敏爆炸品	4.1(c) PG Ⅰ PG Ⅱ PG Ⅲ	a）列入《规章范本》的几种物质； b）是一类爆炸品添加退敏剂形成固体，不再满足一类爆炸品的条件。	火灾爆炸	高
自燃物质	4.2 PG Ⅰ	a）不满足《规章范本》4.1.2 判定标准，但按《试验和标准手册》，与空气接触 5 分钟内发生燃烧的固体； b）不满足《规章范本》4.1.2 判定标准，但是依据相关测试条件，可以燃烧或使滤纸燃烧的液体。	火灾爆炸	高
	4.2 PG Ⅱ	不满足《规章范本》4.1.2 判定标准，但按相关测试方法，满足特定标准的物质。	火灾爆炸	高
	4.2 PG Ⅲ	不满足《规章范本》4.1.2 判定标准，但按相关测试方法，一定数量满足特定标准的物质。	火灾爆炸	中

续表

危险化学品	危险货物分类	说明	危险种类	危险等级
遇湿易燃固体	4.3 PG Ⅰ	a）少量物质与水接触释放出易燃气体的物质； b）常温下易与水反应的物质，易燃气体释放率在任一分钟内大于 10L/kg。	火灾爆炸	高
	4.3 PG Ⅱ	常温下易与水反应的物质，易燃气体释放率每小时大于 20L/kg。	火灾爆炸	高
	4.3 PG Ⅲ	常温下与水反应缓慢的物质，易燃气体释放率每小时大于 1L/kg。	火灾爆炸	中
氧化物—固体或液体	5.1 PG Ⅰ	a）《规章范本》中属于 5.1 类物质，包装分类为Ⅰ的物质； b）与干纤维素混合自燃或平均燃烧时间小于特定参考物的固体； c）与干纤维素混合自燃或平均燃烧时间小于特定参考物的液体。	火灾爆炸	高
	5.1 PG Ⅱ	a）《规章范本》中属于 5.1 类物质，包装分类为Ⅱ的物质； b）与干纤维素混合形成的混合物平均燃烧时间大于或等于特定参考物，不符合 5.1PG Ⅰ标准的固体； c）与干纤维素混合形成的混合物平均燃烧时间大于或等于特定参考物，不符合 5.1PG Ⅰ标准的液体。	火灾爆炸	高
	5.1 PG Ⅲ	a）《规章范本》中属于 5.1 类物质，包装分类为Ⅲ物质； b）与干纤维素混合形成的混合物平均燃烧时间大于或等于特定参考物，不符合 5.1PG Ⅰ或Ⅱ标准的固体； c）与干纤维素混合形成的混合物平均燃烧时间大于或等于特定参考物，不符合 5.1PG Ⅰ或Ⅱ标准的液体。	火灾爆炸	中
氧化物—气体	2.2	a）《规章范本》中属于 5.1 类的气体； b）引起或有助于其他物质比在空气中燃烧更快的气体。	火灾爆炸	高
有机过氧化物	5.2 A 类 B 类	按《试验和标准手册》相关测试方法测试，会传播爆轰或快速爆燃或剧烈反应或热爆炸的物质。	火灾爆炸	高
	5.2 C 类 D 类	按《试验和标准手册》相关测试方法测试，危险性比 5.2A 类、B 类低的物质。	火灾爆炸	中

续表

危险化学品	危险货物分类	说明	危险种类	危险等级
有机过氧化物	5.2 E类 F类 G类	按《试验和标准手册》相关测试方法测试，危险性比5.2C类、D类低的物质。	火灾爆炸	低
有毒物质	6.1 PG Ⅰ 2.3(气体)	食入毒性：$LD_{50}\leq5mg/kg$ 皮肤毒性：$LD_{50}\leq50mg/kg$ 吸入毒性(气体)：$LC_{50}\leq100ppm$ 吸入毒性(蒸气)：$LC_{50}\leq0.5mg/L$ 吸入毒性(粉尘/雾滴)：$LC_{50}\leq0.05mg/L$	人员健康	高
	6.1 PG Ⅱ 2.3(气体)	食入毒性：$5mg/kg<LD_{50}\leq50mg/kg$ 皮肤毒性：$50mg/kg<LD_{50}\leq200mg/kg$ 吸入毒性(气体)：$100ppm<LC_{50}\leq500ppm$ 吸入毒性(蒸气)$0.5mg/L<LC_{50}\leq2.0mg/L$ 吸入毒性(粉尘/雾滴)：$0.05mg/L<LC_{50}\leq0.5mg/L$	人员健康	高
	6.1 PG Ⅲ	食入毒性：$50mg/kg<LD_{50}\leq300mg/kg$ 皮肤毒性：$200mg/kg<LD_{50}\leq1000mg/kg$ 吸入毒性(气体)：$500ppm<LC_{50}\leq2500ppm$ 吸入毒性(蒸气)：$2.0mg/L<LC_{50}\leq10.0mg/L$ 吸入毒性(粉尘/雾滴)：$0.5mg/L<LC_{50}\leq1.0mg/L$	人员健康	中
	6.1 PG Ⅲ	食入毒性：$300mg/kg<LD_{50}\leq2000mg/kg$ 皮肤毒性：$1000mg/kg<LD_{50}\leq2000mg/kg$ 吸入毒性(气体)：$2500ppm<LC_{50}\leq5000ppm$ 吸入毒性(蒸气)：$10mg/L<LC_{50}\leq20mg/L$ 吸入毒性(粉尘/雾滴)：$1.0mg/L<LC_{50}\leq5.0mg/L$	人员健康	低
腐蚀物质	8 PG Ⅰ	资料表明短期暴露会造成皮肤不可逆毁坏。	人员健康	高
	8 PG Ⅱ	资料表明中期暴露会造成皮肤不可逆毁坏。	人员健康	中
	8 PG Ⅲ	资料表明长期暴露会造成皮肤不可逆毁坏。	人员健康	低

2. 确定危险化学品基准量。

通过查表2，按危险化学品的物理危险性确定其火灾爆炸基准量，或按危险化学品的健康危害性确定其人员健康基准量。

表2 危险化学品基准量

危险货物分类	危险等级	单位	基准量	
			火灾爆炸	人员健康
易燃气体				
2.1	高	立方米(m^3) 吨(t)	10 000 10	—
2.1	高	立方米(m^3) 吨(t)	10 000 10	—
液化石油气(LPG)	中	吨(t)	30	—
易燃液体				
3PG Ⅰ	高	吨(t)	10	—
3PG Ⅱ	高	吨(t)	10	—
3PG Ⅲ	中	吨(t)	30	—
可燃液体	低	吨(t)	100	—
液态退敏爆炸品				
3 PG Ⅰ PG Ⅱ PG Ⅲ	高	吨(t)	1	—
易燃固体				
4.1(a)PG Ⅱ	中	吨(t)	10	—
4.1(a)PG Ⅲ	低	吨(t)	20	—
自反应性物质				
4.1(b)A类B类	高	吨(t)	1	—
4.1(b)C类D类	中	吨(t)	10	—
4.1(b)E类F类	低	吨(t)	30	—
固体退敏爆炸品				
4.1(c) PG Ⅰ PG Ⅱ PG Ⅲ	高	吨(t)	1	—

续表

危险货物分类	危险等级	单位	基准量	
			火灾爆炸	人员健康
自燃物质				
4.2 PGⅠ	高	吨(t)	1	—
4.2 PGⅡ	高	吨(t)	1	—
4.2 PGⅢ	中	吨(t)	10	—
遇湿易燃固体				
4.3 PGⅠ	高	吨(t)	1	—
4.3 PGⅡ	高	吨(t)	1	—
4.3 PGⅢ	中	吨(t)	10	—
氧化物——固体或液体				
5.1 PGⅠ	高	吨(t)	1	—
5.1 PGⅡ	高	吨(t)	1	—
5.1 PGⅢ	中	吨(t)	10	—
氧化物——气体				
2.2	高	立方米(m^3) 吨(t)	10 000 10	
有机过氧化物				
5.2 A类B类	高	吨(t)	1	
5.2 C类D类	中	吨(t)	10	
5.2 E类F类G类	低	吨(t)	30	
有毒物质				
6.1 PGⅠ 2.3(气体)	高	吨(t) 立方米(m^3)	—	1 50

续表

危险货物分类	危险等级	单位	基准量	
			火灾爆炸	人员健康
6.1 PGⅡ 2.3(气体)	高	吨(t) 立方米(m^3)	—	1 50
6.1 PGⅢ	中	吨(t) 立方米(m^3)	—	10 150
6.1 PGⅢ	低	吨(t) 立方米(m^3)	—	30 500
腐蚀物质				
8 PGⅠ	高	吨(t)	—	1
8 PGⅡ	中	吨(t)	—	10
8 PGⅢ	低	吨(t)	—	30

3. 计算校正因子。

根据危险化学品的危险类型，校正因子分为针对火灾、爆炸影响的最终火灾/爆炸校正因子和针对人员健康的最终人员健康校正因子。计算校正因子时，主要考虑以下因素：1)危险化学品的物理状态；2)危险化学品生产、储存装置与边界的距离；3)危险化学品的使用状态。同时还要考虑理论模型的计算结果以及专家的意见和经验。

最终火灾/爆炸校正因子的计算公式如下：

$$\beta = FF_1 \times FF_2 \times FF_3 \tag{2}$$

式中 FF_1——取决于危险化学品的物理状态：当危险化学品为固体或粉末、液体时，$FF_1=1$；当危险化学品为气体时，$FF_1=0.1$；

FF_2——取决于危险化学品生产、储存装置距厂区边界的距离：当危险化学品生产、储存装置距厂区边界的距离小于或等于30米时，$FF_2=1$；当危险化学品生产、储存装置距厂区边界的距离大于30米时，$FF_2=3$。

FF_3——取决于危险化学品装置的类型：当装置类型为生产装置时，$FF_3=0.3$；当装置类型为地面储存装置时，$FF_3=1$；当装置类型为地下储存装置时，$FF_3=10$。

最终人员健康校正因子的计算公式如下：

$$\beta=FH_1\times FH_2\times FH_3 \tag{3}$$

式中 FH_1——取决于危险化学品的物理状态：当危险化学品为固体时，$FH_1=3$；当危险化学品为液体或粉末时，$FH_1=1$；当危险化学品为气体时，$FH_1=0.1$；

FH_2——取决于危险化学品生产、储存装置距厂区边界的距离：当危险化学品生产、储存装置距厂区边界的距离小于或等于 30 米时，$FH_2=1$；当危险化学品生产、储存装置距厂区边界的距离大于 30 米时，$FH_2=3$。

FH_3——取决于危险化学品装置的类型：当装置类型为生产装置时，$FH_3=0.3$；当装置类型为地面储存装置时，$FH_3=1$；当装置类型为地下储存装置时，$FH_3=10$。

校正因子用来校正危险化学品基准量，以得到该危险化学品生产、储存装置的危险化学品校正量。

4. 计算危险指数。

危险指数根据危险化学品生产、储存装置涉及的每一种危险化学品的实际存在量与校正量比值之和得到。计算公式如下：

$$F=\frac{q_1}{\beta_1\times Q_1}+\frac{q_2}{\beta_2\times Q_2}+\cdots+\frac{q_n}{\beta_n\times Q_n} \tag{4}$$

式中 q_1，q_2，…，q_n——每种危险化学品实际存在量，吨或立方米；

Q_1，Q_2，…，Q_n——与各危险化学品相对应的基准量，吨或立方米；

β_1，β_2，…，β_n——与各危险化学品相对应的校正因子。

5. 确定外部安全防护距离。

通过查表 3，确定危险化学品生产、储存装置与防护目标间的外部安全防护距离。

表 3　危险指数与外部安全防护距离对照表

危险指数	危险程度	标识	外部安全防护距离(米)
$F<10$	较轻	Ⅰ	40
$10\leqslant F<100$	中等	Ⅱ	50
$100\leqslant F<1000$	很大	Ⅲ	70
$F\geqslant 1000$	非常大	Ⅳ	80

国家安全监管总局关于加强化工过程安全管理的指导意见

安监总管三〔2013〕88 号

各省、自治区、直辖市及新疆生产建设兵团安全生产监督管理局，有关中央企业：

化工过程(Chemical Process)伴随易燃易爆、有毒有害等物料和产品，涉及工艺、设备、仪表、电气等多个专业和复杂的公用工程系统。加强化工过程安全管理，是国际先进的重大工业事故预防和控制方法，是企业及时消除安全隐患、预防事故、构建安全生产长效机制的重要基础性工作。为深入贯彻落实《国务院关于进一步加强企业安全生产工作的通知》(国发〔2010〕23 号)和《国务院关于坚持科学发展安全发展促进安全生产形势持续稳定好转的意见》(国发〔2011〕40 号)精神，加强化工企业安全生产基础工作，全面提升化工过程安全管理水平，现提出以下指导意见：

一、化工过程安全管理的主要内容和任务

(一) 化工过程安全管理的主要内容和任务包括：收集和利用化工过程安全生产信息；风险辨识和控制；不断完善并严格执行操作规程；通过规范管理，确保装置安全运行；开展安全教育和操作技能培训；严格新装置试车和试生产的安全管理；保持设备设施完好性；作业安全管理；承包商安全管理；变更管理；应急管理；事故和事件管理；化工过程安全管理的持续改进等。

二、安全生产信息管理

(二) 全面收集安全生产信息。企业要明确责任部门，按照《化工企业工艺安全管理实施导则》(AQ/T 3034)的要求，全面收集生产过程涉及的化学品危险性、工艺和设备等方面的全部安全生产信息，并将其文件化。

(三) 充分利用安全生产信息。企业要综合分析收集到的各类信息，明确提出生产过程安全要求和注意事项。通过建立安全管理制度、制定操作规程、制定应急救援预案、制作工艺卡片、编制培训手册和技术手册、编制化学品间的安全相容矩阵表等措施，将各项安全要求和注意事项纳入自身的安全管理中。

(四) 建立安全生产信息管理制度。企业要建立安全生产信息管理制度，及时更新信息文件。企业要保证生产管理、过程危害分析、事故调查、符合性审

核、安全监督检查、应急救援等方面的相关人员能够及时获取最新安全生产信息。

三、风险管理

（五）建立风险管理制度。企业要制定化工过程风险管理制度，明确风险辨识范围、方法、频次和责任人，规定风险分析结果应用和改进措施落实的要求，对生产全过程进行风险辨识分析。

对涉及重点监管危险化学品、重点监管危险化工工艺和危险化学品重大危险源（以下统称“两重点一重大”）的生产储存装置进行风险辨识分析，要采用危险与可操作性分析（HAZOP）技术，一般每3年进行一次。对其他生产储存装置的风险辨识分析，针对装置不同的复杂程度，选用安全检查表、工作危害分析、预危险性分析、故障类型和影响分析（FMEA）、HAZOP技术等方法或多种方法组合，可每5年进行一次。企业管理机构、人员构成、生产装置等发生重大变化或发生生产安全事故时，要及时进行风险辨识分析。企业要组织所有人员参与风险辨识分析，力求风险辨识分析全覆盖。

（六）确定风险辨识分析内容。化工过程风险分析应包括：工艺技术的本质安全性及风险程度；工艺系统可能存在的风险；对严重事件的安全审查情况；控制风险的技术、管理措施及其失效可能引起的后果；现场设施失控和人为失误可能对安全造成的影响。在役装置的风险辨识分析还要包括发生的变更是否存在风险，吸取本企业和其他同类企业事故及事件教训的措施等。

（七）制定可接受的风险标准。企业要按照《危险化学品重大危险源监督管理暂行规定》（国家安全监管总局令第40号）的要求，根据国家有关规定或参照国际相关标准，确定本企业可接受的风险标准。对辨识分析发现的不可接受风险，企业要及时制定并落实消除、减小或控制风险的措施，将风险控制在可接受的范围。

四、装置运行安全管理

（八）操作规程管理。企业要制定操作规程管理制度，规范操作规程内容，明确操作规程编写、审查、批准、分发、使用、控制、修改及废止的程序和职责。操作规程的内容应至少包括：开车、正常操作、临时操作、应急操作、正常停车和紧急停车的操作步骤与安全要求；工艺参数的正常控制范围，偏离正常工况的后果，防止和纠正偏离正常工况的方法及步骤；操作过程的人身安全保障、职业健康注意事项等。

操作规程应及时反映安全生产信息、安全要求和注意事项的变化。企业每年要对操作规程的适应性和有效性进行确认，至少每3年要对操作规程进行审核修订；当工艺技术、设备发生重大变更时，要及时审核修订操作规程。

企业要确保作业现场始终存有最新版本的操作规程文本，以方便现场操作人员随时查用；定期开展操作规程培训和考核，建立培训记录和考核成绩档案；鼓励从业人员分享安全操作经验，参与操作规程的编制、修订和审核。

（九）异常工况监测预警。企业要装备自动化控制系统，对重要工艺参数进行实时监控预警；要采用在线安全监控、自动检测或人工分析数据等手段，及时判断发生异常工况的根源，评估可能产生的后果，制定安全处置方案，避免因处理不当造成事故。

（十）开停车安全管理。企业要制定开停车安全条件检查确认制度。在正常开停车、紧急停车后的开车前，都要进行安全条件检查确认。开停车前，企业要进行风险辨识分析，制定开停车方案，编制安全措施和开停车步骤确认表，经生产和安全管理部门审查同意后，要严格执行并将相关资料存档备查。

企业要落实开停车安全管理责任，严格执行开停车方案，建立重要作业责任人签字确认制度。开车过程中装置依次进行吹扫、清洗、气密试验时，要制定有效的安全措施；引进蒸汽、氮气、易燃易爆介质前，要指定有经验的专业人员进行流程确认；引进物料时，要随时监测物料流量、温度、压力、液位等参数变化情况，确认流程是否正确。要严格控制进退料顺序和速率，现场安排专人不间断巡检，监控有无泄漏等异常现象。

停车过程中的设备、管线低点的排放要按照顺序缓慢进行，并做好个人防护；设备、管线吹扫处理完毕后，要用盲板切断与其他系统的联系。抽堵盲板作业应在编号、挂牌、登记后按规定的顺序进行，并安排专人逐一进行现场确认。

五、岗位安全教育和操作技能培训

（十一）建立并执行安全教育培训制度。企业要建立厂、车间、班组三级安全教育培训体系，制定安全教育培训制度，明确教育培训的具体要求，建立教育培训档案；要制定并落实教育培训计划，定期评估教育培训内容、方式和效果。从业人员应经考核合格后方可上岗，特种作业人员必须持证上岗。

（十二）从业人员安全教育培训。企业要按照国家和企业要求，定期开展从业人员安全培训，使从业人员掌握安全生产基本常识及本岗位操作要点、操作规程、危险因素和控制措施，掌握异常工况识别判定、应急处置、避险避灾、自救互救等技能与方法，熟练使用个体防护用品。当工艺技术、设备设施等发生改变时，要及时对操作人员进行再培训。要重视开展从业人员安全教育，使从业人员不断强化安全意识，充分认识化工安全生产的特殊性和极端重要性，自觉遵守企业安全管理规定和操作规程。企业要采取有效的监督检查评估措施，保证安全教育培训工作质量和效果。

（十三）新装置投用前的安全操作培训。新建企业应规定从业人员文化素质要求，变招工为招生，加强从业人员专业技能培养。工厂开工建设后，企业就应招录操作人员，使操作人员在上岗前先接受规范的基础知识和专业理论培训。装置试生产前，企业要完成全体管理人员和操作人员岗位技能培训，确保全体管理人员和操作人员考核合格后参加全过程的生产准备。

六、试生产安全管理

（十四）明确试生产安全管理职责。企业要明确试生产安全管理范围，合理界定项目建设单位、总承包商、设计单位、监理单位、施工单位等相关方的安全管理范围与职责。

项目建设单位或总承包商负责编制总体试生产方案、明确试生产条件，设计、施工、监理单位要对试生产方案及试生产条件提出审查意见。对采用专利技术的装置，试生产方案经设计、施工、监理单位审查同意后，还要经专利供应商现场人员书面确认。

项目建设单位或总承包商负责编制联动试车方案、投料试车方案、异常工况处置方案等。试生产前，项目建设单位或总承包商要完成工艺流程图、操作规程、工艺卡片、工艺和安全技术规程、事故处理预案、化验分析规程、主要设备运行规程、电气运行规程、仪表及计算机运行规程、联锁整定值等生产技术资料、岗位记录表和技术台账的编制工作。

（十五）试生产前各环节的安全管理。建设项目试生产前，建设单位或总承包商要及时组织设计、施工、监理、生产等单位的工程技术人员开展“三查四定”（三查：查设计漏项、查工程质量、查工程隐患；四定：整改工作定任务、定人员、定时间、定措施），确保施工质量符合有关标准和设计要求，确认工艺危害分析报告中的改进措施和安全保障措施已经落实。

系统吹扫冲洗安全管理。在系统吹扫冲洗前，要在排放口设置警戒区，拆除易被吹扫冲洗损坏的所有部件，确认吹扫冲洗流程、介质及压力。蒸汽吹扫时，要落实防止人员烫伤的防护措施。

气密试验安全管理。要确保气密试验方案全覆盖、无遗漏，明确各系统气密的最高压力等级。高压系统气密试验前，要分成若干等级压力，逐级进行气密试验。真空系统进行真空试验前，要先完成气密试验。要用盲板将气密试验系统与其他系统隔离，严禁超压。气密试验时，要安排专人监控，发现问题，及时处理；做好气密检查记录，签字备查。

单机试车安全管理。企业要建立单机试车安全管理程序。单机试车前，要编制试车方案、操作规程，并经各专业确认。单机试车过程中，应安排专人操作、监护、记录，发现异常立即处理。单机试车结束后，建设单位要组织设计、施工、监理及制造商等方面人员签字确认并填写试车记录。

联动试车安全管理。联动试车应具备下列条件：所有操作人员考核合格并已取得上岗资格；公用工程系统已稳定运行；试车方案和相关操作规程、经审查批准的仪表报警和联锁值已整定完毕；各类生产记录、报表已印发到岗位；负责统一指挥的协调人员已经确定。引入燃料或窒息性气体后，企业必须建立并执行每日安全调度例会制度，统筹协调全部试车的安全管理工作。

投料安全管理。投料前，要全面检查工艺、设备、电气、仪表、公用工程和应急准备等情况，具备条件后方可进行投料。投料及试生产过程中，管理人员要现场指挥，操作人员要持续进行现场巡查，设备、电气、仪表等专业人员要加强现场巡检，发现问题及时报告和处理。投料试生产过程中，要严格控制现场人数，严禁无关人员进入现场。

七、设备完好性(完整性)

(十六) 建立并不断完善设备管理制度。

建立设备台账管理制度。企业要对所有设备进行编号，建立设备台账、技术档案和备品配件管理制度，编制设备操作和维护规程。设备操作、维修人员要进行专门的培训和资格考核，培训考核情况要记录存档。

建立装置泄漏监(检)测管理制度。企业要统计和分析可能出现泄漏的部位、物料种类和最大量。定期监(检)测生产装置动静密封点，发现问题及时处理。定期标定各类泄漏检测报警仪器，确保准确有效。要加强防腐蚀管理，确定检查部位，定期检测，建立检测数据库。对重点部位要加大检测检查频次，及时发现和处理管道、设备壁厚减薄情况；定期评估防腐效果和核算设备剩余使用寿命，及时发现并更新更换存在安全隐患的设备。

建立电气安全管理制度。企业要编制电气设备设施操作、维护、检修等管理制度。定期开展企业电源系统安全可靠性分析和风险评估。要制定防爆电气设备、线路检查和维护管理制度。

建立仪表自动化控制系统安全管理制度。新(改、扩)建装置和大修装置的仪表自动化控制系统投用前、长期停用的仪表自动化控制系统再次启用前，必须进行检查确认。要建立健全仪表自动化控制系统日常维护保养制度，建立安全联锁保护系统停运、变更专业会签和技术负责人审批制度。

(十七) 设备安全运行管理。

开展设备预防性维修。关键设备要装备在线监测系统。要定期监(检)测检查关键设备、连续监(检)测检查仪表，及时消除静设备密封件、动设备易损件的安全隐患。定期检查压力管道阀门、螺栓等附件的安全状态，及早发现和消除设备缺陷。

加强动设备管理。企业要编制动设备操作规程，确保动设备始终具备规定的工况条件。自动监测大机组和重点动设备的转速、振动、位移、温度、压力、腐蚀性介质含量等运行参数，及时评估设备运行状况。加强动设备润滑管理，确保动设备运行可靠。

开展安全仪表系统安全完整性等级评估。企业要在风险分析的基础上，确定安全仪表功能(SIF)及其相应的功能安全要求或安全完整性等级(SIL)。企业要按照《过程工业领域安全仪表系统的功能安全》(GB/T 21109)和《石油化工安全仪表系统设计规范》的要求，设计、安装、管理和维护安全仪表系统。

八、作业安全管理

(十八) 建立危险作业许可制度。企业要建立并不断完善危险作业许可制度，规范动火、进入受限空间、动土、临时用电、高处作业、断路、吊装、抽堵盲板等特殊作业安全条件和审批程序。实施特殊作业前，必须办理审批手续。

(十九) 落实危险作业安全管理责任。实施危险作业前，必须进行风险分析、确认安全条件，确保作业人员了解作业风险和掌握风险控制措施、作业环境符合安全要求、预防和控制风险措施得到落实。危险作业审批人员要在现场检查确认后签发作业许可证。现场监护人员要熟悉作业范围内的工艺、设备和物料状态，具备应急救援和处置能力。作业过程中，管理人员要加强现场监督检查，严禁监护人员擅离现场。

九、承包商管理

(二十) 严格承包商管理制度。企业要建立承包商安全管理制度，将承包商在本企业发生的事故纳入企业事故管理。企业选择承包商时，要严格审查承包商有关资质，定期评估承包商安全生产业绩，及时淘汰业绩差的承包商。企业要对承包商作业人员进行严格的入厂安全培训教育，经考核合格的方可凭证入厂，禁止未经安全培训教育的承包商作业人员入厂。企业要妥善保存承包商作业人员安全培训教育记录。

(二十一) 落实安全管理责任。承包商进入作业现场前，企业要与承包商作业人员进行现场安全交底，审查承包商编制的施工方案和作业安全措施，与承包商签订安全管理协议，明确双方安全管理范围与责任。现场安全交底的内容包括：作业过程中可能出现的泄漏、火灾、爆炸、中毒窒息、触电、坠落、物体打击和机械伤害等方面的危害信息。承包商要确保作业人员接受了相关的安全培训，掌握与作业相关的所有危害信息和应急预案。企业要对承包商作业进行全程安全监督。

十、变更管理

(二十二) 建立变更管理制度。企业在工艺、设备、仪表、电气、公用工程、备件、材料、化学品、生产组织方式和人员等方面发生的所有变化，都要纳入变更管理。变更管理制度至少包含以下内容：变更的事项、起始时间，变更的技术基础、可能带来的安全风险，消除和控制安全风险的措施，是否修改操作规程，变更审批权限，变更实施后的安全验收等。实施变更前，企业要组织专业人员进行检查，确保变更具备安全条件；明确受变更影响的本企业人员和承包商作业人员，并对其进行相应的培训。变更完成后，企业要及时更新相应的安全生产信息，建立变更管理档案。

（二十三）严格变更管理。

工艺技术变更。主要包括生产能力，原辅材料（包括助剂、添加剂、催化剂等）和介质（包括成分比例的变化），工艺路线、流程及操作条件，工艺操作规程或操作方法，工艺控制参数，仪表控制系统（包括安全报警和联锁整定值的改变），水、电、汽、风等公用工程方面的改变等。

设备设施变更。主要包括设备设施的更新改造、非同类型替换（包括型号、材质、安全设施的变更）、布局改变，备件、材料的改变，监控、测量仪表的变更，计算机及软件的变更，电气设备的变更，增加临时的电气设备等。

管理变更。主要包括人员、供应商和承包商、管理机构、管理职责、管理制度和标准发生变化等。

（二十四）变更管理程序。

申请。按要求填写变更申请表，由专人进行管理。

审批。变更申请表应逐级上报企业主管部门，并按管理权限报主管负责人审批。

实施。变更批准后，由企业主管部门负责实施。没有经过审查和批准，任何临时性变更都不得超过原批准范围和期限。

验收。变更结束后，企业主管部门应对变更实施情况进行验收并形成报告，及时通知相关部门和有关人员。相关部门收到变更验收报告后，要及时更新安全生产信息，载入变更管理档案。

十一、应急管理

（二十五）编制应急预案并定期演练完善。企业要建立完整的应急预案体系，包括综合应急预案、专项应急预案、现场处置方案等。要定期开展各类应急预案的培训和演练，评估预案演练效果并及时完善预案。企业制定的预案要与周边社区、周边企业和地方政府的预案相互衔接，并按规定报当地政府备案。企业要与当地应急体系形成联动机制。

（二十六）提高应急响应能力。企业要建立应急响应系统，明确组成人员（必要时可吸收企外人员参加），并明确每位成员的职责。要建立应急救援专家库，对应急处置提供技术支持。发生紧急情况后，应急处置人员要在规定时间内到达各自岗位，按照应急预案的要求进行处置。要授权应急处置人员在紧急情况下组织装置紧急停车和相关人员撤离。企业要建立应急物资储备制度，加强应急物资储备和动态管理，定期核查并及时补充和更新。

十二、事故和事件管理

（二十七）未遂事故等安全事件的管理。企业要制定安全事件管理制度，加强未遂事故等安全事件(包括生产事故征兆、非计划停车、异常工况、泄漏、轻伤等)的管理。要建立未遂事故和事件报告激励机制。要深入调查分析安全事件，找出事件的根本原因，及时消除人的不安全行为和物的不安全状态。

（二十八）吸取事故(事件)教训。企业完成事故(事件)调查后，要及时落实防范措施，组织开展内部分析交流，吸取事故(事件)教训。要重视外部事故信息收集工作，认真吸取同类企业、装置的事故教训，提高安全意识和防范事故能力。

十三、持续改进化工过程安全管理工作

（二十九）企业要成立化工过程安全管理工作领导机构，由主要负责人负责，组织开展本企业化工过程安全管理工作。

（三十）企业要把化工过程安全管理纳入绩效考核。要组成由生产负责人或技术负责人负责，工艺、设备、电气、仪表、公用工程、安全、人力资源和绩效考核等方面的人员参加的考核小组，定期评估本企业化工过程安全管理的功效，分析查找薄弱环节，及时采取措施，限期整改，并核查整改情况，持续改进。要编制功效评估和整改结果评估报告，并建立评估工作记录。

化工企业要结合本企业实际，认真学习贯彻落实相关法律法规和本指导意见，完善安全生产责任制和安全生产规章制度，开展全员、全过程、全方位、全天候化工过程安全管理。

国家安全监管总局
2013 年 7 月 29 日

国家安全监管总局　住房城乡建设部
关于进一步加强危险化学品建设项目安全设计管理的通知

安监总管三〔2013〕76号

各省、自治区、直辖市及新疆生产建设兵团安全生产监督管理局、住房城乡建设主管部门，有关中央企业，有关设计单位：

为进一步加强危险化学品建设项目(以下简称建设项目)安全设计管理，切实提升危险化学品企业本质安全水平，从设计源头遏制事故发生，现就有关要求通知如下：

一、严格建设项目设计单位资质要求

(一)建设项目的设计单位必须取得原建设部《工程设计资质标准》(建市〔2007〕86号)规定的化工石化医药、石油天然气(海洋石油)等相关工程设计资质。

(二)涉及重点监管危险化工工艺、重点监管危险化学品和危险化学品重大危险源(以下简称“两重点一重大”)的大型建设项目，其设计单位资质应为工程设计综合资质或相应工程设计化工石化医药、石油天然气(海洋石油)行业、专业资质甲级。

二、切实落实建设项目安全管理职责

(三)建设单位应委托具备国家规定资质等级的设计单位承担建设项目工程设计，依法申请建设项目的安全审查并办理相关手续。对实行工程监理的建设项目，应将安全施工质量一并委托监理。

建设单位在建设项目设计合同中应主动要求设计单位对设计进行危险与可操作性(HAZOP)审查，并派遣有生产操作经验的人员参加审查，对HAZOP审查报告进行审核。涉及“两重点一重大”和首次工业化设计的建设项目，必须在基础设计阶段开展HAZOP分析。

(四)设计单位法定代表人对建设项目安全设计全面负责。设计单位应建立安全设计责任制，制定安全设计管理规定，明确各级管理岗位及设计岗位的安全设计职责，对建设项目的安全设计终身负责。应严格按照《危险化学品建设项目安全设施设计专篇编制导则》(安监总厅管三〔2013〕39号)的要求编制设计专篇，配合建设单位报送相关管理部门审查，并根据审查意见进行修改完善。

(五)施工单位必须按照审查批准的安全设施设计施工，并对安全设施的工程质量负责。

（六）安全监管部门应按照国家相关法规要求，对建设项目安全条件、安全设施设计及竣工验收等进行安全审查。参加审查的专家应具有建设项目的工程设计、生产运行或安全管理的相关经验，并具有相关专业高级技术职称。

三、强化安全设计过程管理

（七）在建设项目前期论证或可行性研究阶段，设计单位应开展初步的危险源辨识，认真分析拟建项目存在的工艺危险有害因素、当地自然地理条件、自然灾害和周边设施对拟建项目的影响，以及拟建项目一旦发生泄漏、火灾、爆炸等事故时对周边安全可能产生的影响。涉及"两重点一重大"建设项目的工艺包设计文件应当包括工艺危险性分析报告。

（八）在总体设计和基础工程设计阶段，设计单位应根据建设项目的特点，重点开展下列设计文件的安全评审：

1. 总平面布置图；
2. 装置设备布置图；
3. 爆炸危险区域划分图；
4. 工艺管道和仪表流程图（PID）；
5. 安全联锁、紧急停车系统及安全仪表系统；
6. 可燃及有毒物料泄漏检测系统；
7. 火炬和安全泄放系统；
8. 应急系统和设施。

（九）设计单位应加强对建设项目的安全风险分析，积极应用 HAZOP 分析等方法进行内部安全设计审查。

（十）加强设计变更的管理。在详细设计和施工安装阶段，设计发生重大变更的，设计单位应按管理程序重新报批。在采购和施工过程中的设计变更不应影响工程安全质量。设计单位在施工完成后应及时整理编制设计竣工图，涉及到危险化学品介质的地下管道、阀门和设备等地下隐蔽工程必须提供完整的竣工资料。

（十一）在投料试车阶段，设计单位应参加试车前的安全审查，提供相关技术资料和数据，为安全试车提供技术支持。

（十二）建立和落实设计回访制度。在所承担设计的建设项目竣工投产后两年以内，设计单位应对建设项目进行回访，了解装置开车及生产运行中暴露出的安全问题和现场对原设计的修改情况，不断提高设计质量。

（十三）设计单位应结合国内建设项目实际情况，积极采用国外先进的安全技术和风险管理方法，努力提高本质安全设计水平。

四、安全设计实施要点

（十四）设计单位应根据建设项目危险源特点和标准规范的适用范围，确定本项目采用的标准规范。对涉及“两重点一重大”的建设项目，应至少满足下列现行标准规范的要求，并以最严格的安全条款为准：

1.《工业企业总平面设计规范》（GB 50187）；

2.《化工企业总图运输设计规范》（GB 50489）；

3.《石油化工企业设计防火规范》（GB 50160）；

4.《石油天然气工程设计防火规范》（GB 50183）；

5.《建筑设计防火规范》（GB 50016）；

6.《石油库设计规范》（GB 50074）；

7.《石油化工可燃气体和有毒气体检测报警设计规范》（GB 50493）；

8.《化工建设项目安全设计管理导则》（AQ/T 3033）。

（十五）具有爆炸危险性的建设项目，其防火间距应至少满足 GB 50160 的要求。当国家标准规范没有明确要求时，可根据相关标准采用定量风险分析计算并确定装置或设施之间的安全距离。

（十六）液化烃罐组或可燃液体罐组不应毗邻布置在高于工艺装置、全厂性重要设施或人员集中场所的位置；可燃液体罐组不应阶梯布置。当受条件限制或有工艺要求时，应采取防止可燃液体流入低处设施或场所的措施。

（十七）建设项目可燃液体储罐均应单独设置防火堤或防火隔堤。防火堤内的有效容积不应小于罐组内 1 个最大储罐的容积，当浮顶罐组不能满足此要求时，应设置事故存液池储存剩余部分，但罐组防火堤内的有效容积不应小于罐组内 1 个最大储罐容积的 50%。

（十八）承重钢结构的设计应按照《工程结构可靠性设计统一标准》（GB 50153）和《钢结构设计规范》（GB 50017）等相关规范要求，根据结构破坏可能产生后果的严重性（人员伤亡、经济损失、对社会或环境产生影响等），确定采用的安全等级。对可能产生严重后果的结构，其设计安全等级不得低于二级。

（十九）新建化工装置必须设计装备自动化控制系统。应根据工艺过程危险和风险分析结果，确定是否需要装备安全仪表系统。涉及重点监管危险化工工艺的大、中型新建项目要按照《过程工业领域安全仪表系统的功能安全》（GB/T 21109）和《石油化工安全仪表系统设计规范》（GB 50770）等相关标准开展安全仪表系统设计。

（二十）液化石油气、液化天然气、液氯和液氨等易燃易爆有毒有害液化气体的充装应设计万向节管道充装系统，充装设备管道的静电接地、装卸软管及仪表和安全附件应配备齐全。

（二十一）危险化学品长输管道应设置防泄漏、实时检测系统（SCADA 数据采集与监控系统）及紧急切断设施。

（二十二）有毒物料储罐、低温储罐及压力球罐进出物料管道应设置自动或手动遥控的紧急切断设施。

（二十三）装置区内控制室、机柜间面向有火灾、爆炸危险性设备侧的外墙应为无门窗洞口、耐火极限不低于 3 小时的不燃烧材料实体墙。

各有关单位要按照相关法律法规、标准规范及本通知要求，强化建设项目安全设计管理，设计单位、设计人员应把满足装置安全平稳运行作为安全设计的目标，努力消除工程设计中潜在的事故隐患。

请各省级安全监管局、住房城乡建设主管部门及时将本通知精神传达至地方各级安全监管部门、住房城乡建设主管部门及有关单位。

国家安全监管总局
住房城乡建设部
2013 年 6 月 20 日